AUTEURS CÉLÈBRES

Ernest DAUDET

JOURDAN
COUPE-TÊTE

PARIS
RPON ET E. FLAMMARION
ÉDITEURS
UE RACINE, PRÈS L'ODÉON

JOURDAN COUPE-TÊTE

AUTEURS CÉLÈBRES A 60 CENT. LE VOLUME

1ʳᵉ Série
- Nº 1. Camille Flammarion, Lumen.
- 2. Alphonse Daudet, La Belle-Nivernaise.
- 3. Émile Zola, Thérèse Raquin.
- 4. Hector Malot, Une Bonne Affaire.
- 5. André Theuriet, Le Mariage de Gérard.
- 6. L'Abbé Prévost, Manon Lescaut.
- 7. Eugène Chavette, La Belle Alliette.
- 8. G. Duval, Le Tonnelier.
- 9. Maris Robert Halt, Histoire d'un Petit Homme.
- 10. Bernardin de St-Pierre, Paul et Virginie.

2ᵉ Série
- Nº 11. Catulle Mendès, Le Roman Rouge.
- 12. Alexis Bouvier, Colette.
- 13. Louis Jacolliot, Voyage aux Pays mystérieux.
- 14. Adolphe Belot, Deux Femmes.
- 15. Jules Sandeau, Madeleine.
- 16. Longus, Daphnis et Chloé.
- 17. Théophile Gautier, Jettatura.
- 18. Jules Claretie, La Mansarde.
- 19. Louis Noir, L'Auberge maudite.
- 20. Léopold Stapleaux, Le Château de la Rage.

3ᵉ Série
- Nº 21. Hector Malot, Séduction.
- 22. Maurice Talmeyr, Le Grisou.
- 23. Gœthe, Werther.
- 24. Ed. Drumont, Le dernier des Trémolin.
- 25. Vast-Ricouard, La Sirène.
- 26. G. Courteline, Le 51ᵉ Chasseurs.
- 27. Escoffier, Troppmann.
- 28. Goldsmith, Le Vicaire de Wakefield.
- 29. A. Delvau, Les Amours buissonnières.
- 30. E. Chavette, Lilie, Tutue, Bébeth.

4ᵉ Série
- Nº 31. Adolphe Belot, Hélène et Mathilde.
- 32. Hector Malot, Les Millions honteux.
- 33. X. de Maistre, Voyage autour de ma Chambre.
- 34. Alexis Bouvier, Le Mariage d'un Forçat.
- 35. Tony Revillon, Le Faubourg Saint-Antoine.
- 36. Paul Arène, Le Canot des six Capitaines.
- 37. Ch. Canivet, La Ferme des Gohel.
- 38. Ch. Leroy, Les Tribulations d'un Futur.
- 39. Swift, Voyages de Gulliver.
- 40. René Maizeroy, Souvenirs d'un Officier.

5ᵉ Série
- Nº 41. Arsène Houssaye, Lucia.
- 42. Théroulde, La Chanson de Roland.
- 43. Paul Bonnetain, Au Large.
- 44. Catulle Mendès, Pour lire au Bain.
- 45. Émile Zola, Jacques Damour.
- 46. Jean Richepin, Quatre petits Romans.
- 47. Armand Sylvestre, Histoires joyeuses.
- 48. Paul Dhormoys, Sous les Tropiques.
- 49. Villiers de l'Isle Adam, Le Secret de l'Échafaud.
- 50. Ernest Daudet, Jourdan Coupe-Tête.

CHAQUE OUVRAGE EST COMPLET EN UN VOLUME
Envoi franco contre mandat ou timbres-poste
LA SIXIÈME SÉRIE EST EN PRÉPARATION

ÉMILE COLIN — IMPRIMERIE DE LAGNY

ERNEST DAUD

URDAN COUPE-TÊTE

PARIS
MARPON & E. FLAMMARION, ÉDITEURS
26, RUE RACINE, PRÈS L'ODÉON

Tous droits réservés.

JOURDAN COUPE-TÊTE

I

Le sept octobre dix-sept cent quatre-vingt-onze, vers neuf heures du soir, le mistral soufflait impétueusement sur Avignon. Il secouait avec fureur les arbres des promenades, dont il brisait les branches en faisant tomber leurs dernières feuilles.

Bravant les dangers qui pouvaient naître sous ses pas, une femme, seule, marchait silencieusement dans la direction de la porte du Rhône, placée, comme toutes celles de la ville, sous la surveillance des gardes nationaux, chargés de ne laisser sortir personne après le coucher du soleil.

A l'aspect de la sentinelle qui se promenait rapidement de long en large, à dix pas du corps de garde, devant la [barr]ière entr'ouverte, elle s'arrêta. Puis elle se rejeta vive[m]ent en arrière, se cacha derrière les remparts afin de ne [p]as être vue par celui dont elle cherchait à tromper la [s]urveillance.

La violence du vent redoublait.

— La place n'est pas tenable, murmura le garde na[t]ional.

De l'intérieur du corps-de-garde, une voix se fit en[t]endre.

— Où vas-tu, La Violette? Tu oublies la consigne!

— Au diable la consigne, capitaine! répliqua La Violette. J'ai cru que le mistral allait m'emporter dans le Rhône.

— Eh bien, ferme la barrière et rentre. Tu resteras en faction à la croisée.

La Violette revint sur ses pas pour exécuter l'ordre qui lui était donné. Mais, pendant qu'il échangeait avec son capitaine les paroles qui précèdent, agile comme un oiseau, la femme que nous suivons avait violé la consigne. Elle se trouvait maintenant hors des remparts, dont l'ombre protégeait sa fuite. Elle entendit le bruit que fit la lourde porte en se refermant derrière elle. Accélérant le pas, elle se dirigea vers le pont de bois qui conduisait de l'autre côté du fleuve, à Villeneuve-lez-Avignon, en passant par-dessus l'île de la Barthelasse, à laquelle il donnait également accès et qui le divisait en deux parties.

Les charpentes du pont, sous les efforts du vent, criaient et gémissaient comme si elles allaient s'effondrer dans les eaux. La femme s'y engagea cependant, en ayant soin toutefois de s'accrocher au parapet, pour mieux résister à la tourmente qui, sans cette précaution, l'eût enlevée comme une plume. Au même moment, la lune déchira les nuages qui la couvraient. Sa clarté blanche éclaira d'une auréole argentée la nocturne voyageuse et la route qu'elle suivait.

C'était une jeune femme, grande, svelte, dont les mouvements, la démarche, révélaient la souplesse et la grâce. Sous sa mante de couleur brune, elle portait le costume provençal. Du large ruban qui ceignait sa tête s'échappaient deux bandeaux de cheveux noirs, moins noirs que ses yeux. A voir, à cette heure avancée, dans cette vaste solitude, sa fine silhouette se découper sur l'horizon, au-dessus du fleuve immense, on eût dit une de ces *trèves*, lutins légers qui, selon la légende de Provence, dansent la nuit sur le pont de Trinquetaille.

Soudain, un bruit de voix éclata, et plusieurs individus, — une douzaine environ, — sortant de la partie méridionale de l'île de la Barthelasse, débouchèrent sur le pont, en marchant de son côté. Instinctivement, elle demeura immobile. Puis elle mit la main dans ses poches, comme pour y chercher une arme, et laissa échapper ce cri qui exprimait toute sa terreur :

— Pas même un couteau !

Elle jeta derrière elle un regard alarmé, ne sachant à quel parti s'arrêter. Aller à la rencontre des inconnus, c'était s'exposer à un danger certain. Leurs cris ne prouvaient que trop l'état d'exaltation et d'ivresse dans lequel ils se trouvaient. Revenir sur ses pas ! il n'était plus temps. Alors elle s'accroupit contre le parapet, s'enveloppa dans sa mante et se tint immobile.

Les nouveaux venus s'avançaient vers elle. Celui qui marchait à leur tête vit la mante, et sous la mante devina la femme. Sans mot dire, il lui prit la main, l'obligea à se relever, et découvrit un charmant visage.

— Ohé ! Brandefouaille ! s'écria-t-il, arrive donc voir la jolie fille.

Tous les hommes s'avancèrent. Ils étaient, pour la plupart, vêtus d'uniformes en lambeaux. Ils appartenaient à ces bandes licenciées de l'armée de Vaucluse dont les héros s'appelaient eux-mêmes les braves brigands, et qui, après avoir pendant plusieurs mois porté la désolation et la mort dans le Comtat, saccagé Sarrians et Cavaillon, ssiégé Carpentras, s'étaient, après leur licenciement, rdonné par la Convention, abattus dans Avignon comme n essaim d'oiseaux de proie.

Celui d'entre eux qu'on avait appelé Brandefouaille egardait attentivement l'inconnue.

— La Ratapiole ! s'écria-t-il.

A ce nom, un troisième sortit des rangs. C'était un eune homme grand, brun, bien découplé.

— Qui a parlé de la Ratapiole ? demanda-t-il.

Celle-ci se précipita vers lui.

— Cardeline, lui dit-elle, tremblante, éperdue, Cardene, sauve-moi !

— La Ratapiole ici !

— Oui ! la Ratapiole ! Défends ses jours, Cardeline. Elle te bénira.

— Qui donc la menace ?
— Brandefouaille est là ! Il a juré ma mort.
— Ta mort !
— Il est au service de mes ennemis !

Tandis que la Ratapiole et Cardeline échangeaient rapidement et à voix basse ces quelques mots, les compagnons de ce dernier s'étaient groupés autour d'eux.

— Holà, les enfants! s'écria tout à coup Cardeline, éloignez-vous ! J'ai besoin de parler à la Ratapiole en secret.

La grande taille de Cardeline, sa vigueur bien connue, en imposaient à ses camarades. Ils s'écartèrent tous, Brandefouaille comme les autres, mais non sans maugréer.

— Tu as donc des ennemis, la Ratapiole ? reprit alors Cardeline.

— Madame Minvielle.

— Elle t'en veut ! pourquoi ?

— Elle dit que j'ai mal parlé d'elle

— Est-ce vrai ?

— Je me suis moquée, comme beaucoup d'autres, dans la ville, de ses toilettes excentriques et de ses prétentions.

— Mais ce n'est pas pour cela que Brandefouaille veut ta mort ? N'est-ce pas plutôt que tu ne cesses de calomnier les braves brigands de l'armée de Vaucluse ? Nous sommes douze ici et nous savons tous comment tu nous traites. Tu as la langue trop affilée : cela te perdra.

— Oh ! par pitié, Cardeline, retiens-les ici pendant que je fuirai, murmura la Ratapiole en se croisant les mains.

Cardeline la regarda, tout ébloui de sa beauté.

— Tu m'implores aujourd'hui ! Naguère tu repoussais mes supplications en riant, en te moquant. Comprends-tu maintenant ce que vaut une prière ?

— Exauce la mienne ! sauve-moi !

— Ecoute, dit alors Cardeline en se rapprochant d'elle, si je t'abandonne ici, c'en est fait de toi.

— Oh ! ne m'abandonne pas ; je voudrais vivre pour ma fille.

— Si, au contraire, continua Cardeline, je te prends sous ma protection, il ne t'arrivera rien. Je veux bien le faire ; mais j'y mets une condition. Je vais leur dire que tu te repens des propos que tu as tenus contre les braves brigands et que, pour le prouver, tu consens à épouser l'un d'eux, à devenir la femme de Cardeline.

La Ratapiole fit un pas en arrière.

— Oh ! c'est impossible !

— Impossible ! Moi qui t'aime depuis un an ! Ton mari vivant, je t'aimais déjà ; ton mari mort, je t'ai aimée plus encore. Ne sais-tu pas que tes refus seuls et le désespoir que j'en ai eu m'ont jeté dans l'armée de Jourdan ? Songes-y, tu peux me transformer, faire de moi un honnête homme...

— Je ne peux pas t'épouser !

— Tu ne peux pas ! Toujours la même réponse !

Il y eut un silence. Soudain, comme si une pensée subite eût traversé son cerveau, Cardeline reprit avec fureur :

— Tu as un galant ! Où allais-tu seule, à cette heure, sur la route de Villeneuve ? Répondras-tu ?

— J'aime mieux mourir que de répondre !

— Eh bien, tu mourras ! Tu ne m'aimes pas, tu me méprises. Du moins, tu ne seras pas à un autre.

Cardeline, dont des sanglots de rage soulevaient la poitrine, se retourna vers Brandefouaille, et, lui montrant la Ratapiole :

— Elle a dit que les braves brigands étaient des pillards, des assassins et des bandits.

— Oui ! s'écria Brandefouaille, elle l'a dit. Je le sais. C'est une aristocrate ! Au Rhône ! Au Rhône ! la Ratapiole !

En même temps, il s'avançait vers elle, suivi de ses compagnons ivres comme lui, tandis que Cardeline s'éloignait lentement.

La Ratapiole se redressa ; elle regarda son ennemi d'un œil dédaigneux.

— A moi ! fit celle-ci surprise, et effarée.

— Nous avons une bonne nouvelle à lui apprendre, continua la voix de la rue.

— Vous les entendez ! s'écria Jourdan.

Et, s'adressant à eux de nouveau :

— Montez, mes enfants. La maison des patriotes est toujours ouverte aux braves brigands.

Le beau Minvielle fit la grimace et regarda tendrement madame Lafleur, comme pour lui demander pardon par avance de l'invasion dont elle allait être témoin. Celle-ci disparut derrière un fauteuil avec le suprême dédain d'une grande dame que l'on oblige à recevoir des rustres, tandis que madame Minvielle, à la prière de son mari, s'avançait pour recevoir ses bruyants visiteurs.

— Songe à faire bonne contenance, ma chère, lui dit son mari. Ils ne te mangeront pas. Nous sommes là.

Ces paroles la rassurèrent, mais ce qui la rassura plus encore, ce fut la présence du général et du major Peytavin, qui s'étaient placés à ses côtés, prêts sans doute à lui faire un rempart de leur corps, si quelque danger l'eût menacée. Les braves brigands entrèrent au nombre de onze. Brandefouaille marchait à leur tête.

— Que souhaitez-vous, mes braves ? demanda Jourdan.

Brandefouaille prit la parole.

— Nous avons voulu faire connaître aux patriotes réunis ici, et spécialement à madame Minvielle, qu'une ennemie de l'armée de Vaucluse a cessé d'exister.

— Une ennemie ! s'écria madame Minvielle.

— La Ratapiole est morte !

— La Ratapiole !

— Madame Minvielle avait dit : « Il faut qu'elle y passe. » Elle y a passé !

Un sourire illumina le majestueux visage de madame Minvielle. Machinalement, elle répéta :

— Elle y a passé !

— Les braves brigands ici présents l'ont jetée dans le Rhône ! continua Brandefouaille.

Et, tout aussitôt, il raconta à sa façon les circonstances qui avaient amené la mort de la Ratapiole. Loin de le démentir, ses compagnons, auxquels revenait une part de sa gloire, couvrirent ses paroles d'applaudissements, auxquels succéda un grand silence. Il était évident que Minvielle et ses amis s'épouvantaient de cette justice expéditive qui avait coûté la vie à la Ratapiole et qui prouvait que les soldats de l'armée de Vaucluse restaient dignes de leur ancienne réputation.

Ce fut Minvielle qui le premier prit la parole.

— Les officiers municipaux et les chefs de l'armée de Vaucluse, ici présents, remercient les braves brigands de leur zèle et de leur valeur, dit-il. Mais ils vous supplient, mes enfants, de ne pas recommencer. Les ennemis du peuple appartiennent au peuple. Pas un cheveu ne doit tomber de leur tête, si le peuple n'y a consenti. A lui seul il appartient de se faire justice.

— L'ami Minvielle a raison, reprit Jourdan. Mais vous n'avez pas moins bien mérité de la nation. Encore une fois, merci !

III

Dans la nuit du quinze au seize octobre, vers trois heures, deux hommes masqués et enveloppés dans de vastes manteaux de couleur sombre, vinrent s'arrêter devant l'une des portes de l'église des Cordeliers. Cette église, l'une des plus belles d'Avignon, n'existe plus aujourd'hui. Elle était située non loin de la Sorgue, petite rivière qui coule aux pieds des remparts. A cette heure de la nuit, le pieux monument était enveloppé d'ombre et de solitude.

— Tout sourit à notre expédition, dit l'un des deux individus.

En même temps, il déposa sur l'escalier de pierre une lanterne sourde qu'il portait sous son manteau et se mit en devoir de poser contre la porte une affiche qu'il portait sous son manteau. Son compagnon l'aidait silencieusement et resta muet jusqu'a ce que l'affiche fût posée.

Alors, il demanda :

— Mais enfin, quels sont tes projets ?

— Mes projets sont bien simples. Le pouvoir de Jourdan Coupe-Tête n'aura pas de fin, si l'on ne se décide à ameuter le peuple contre lui. Eh bien, j'ameute le peuple contre Jourdan et ses amis, voilà tout. Lis ceci, ajouta-t-il en désignant l'affiche qu'il venait de placarder contre la porte de l'église.

Et, à la lueur de sa lanterne, l'autre lut ce qui suit :

« *Avis aux Citoyens d'Avignon.*

» Les objets déposés par les citoyens au mont-de-piété ont été soustraits dans les magasins où ils étaient enfermés.

» Cette disparition a toutes les apparences d'un vol, qu'on ne peut imputer qu'à la négligence et peut-être à la cupidité des officiers municipaux et des administrations provisoires de la ville.

» Ils ont déjà vendu les cloches de nos églises et s'en sont déjà approprié le montant.

» Voudraient-ils en faire autant des gages remis au mont-de-piété par les emprunteurs?

» Le peuple a le droit de demander des comptes aux administrateurs. »

— Eh bien, reprit le lecteur, lorsqu'il eut fini, que penses-tu de cette affiche et de l'effet qu'elle va produire ?

— La colère du peuple sera terrible !

— Et ni Jourdan, ni ses nobles amis n'y résisteront.

— Mais s'ils se justifient, ou si, ne pouvant se justifier, ils écrasent le peuple, ceux qui auront soulevé cette émeute n'auront-ils rien à craindre ?

— Nous ? mais dans une heure nous serons loin d'Avignon, et nul ne connaîtra jamais notre nom, pas plus que notre personne.

— Filons, alors !

— Filons. Le long de notre route, nous poserons sur les

murs, dans les quartiers les plus populeux, les affiches que j'ai sur moi.

Avec mille précautions, ils s'acheminèrent vers l'une des portes de la ville, ne s'arrêtant que pour poser les affiches qui devaient, au lever du jour, jeter la perturbation parmi la foule. Arrivés non loin de la barrière, qui était gardée, comme toutes les autres, par la garde nationale ou par des bandes composées des anciens soldats de l'armée de Vaucluse, ils s'arrêtèrent.

— La sentinelle va nous barrer le chemin
— La sentinelle!

Celui qui venait de parler sourit ironiquement; puis, s'avançant à pas de loup jusque derrière le soldat qui, l'arme au bras, se promenait de long en large, il saisit le moment où ce dernier allait se retourner, et, d'une main assurée, il lui planta un poignard dans le dos, entre les deux épaules. Le soldat tomba lourdement, foudroyé, sans pousser un cri.

— En route! s'écria le meurtrier.

Ils s'enfuirent à toutes jambes et ne tardèrent pas à disparaître dans la nuit.

Le matin du même jour, quelques braves brigands, parmi lesquels se trouvait Brandefouaille, parcouraient de bonne heure les rues d'Avignon, quand, au détour d'une rue, ils se trouvèrent en face de Cardeline.

— Ah! vous voilà! s'écria ce dernier. Ça se trouve bien. Vous allez me suivre.
— Te suivre! Où?
— Chez la Ratapiole.
— Cardeline, serais-tu devenu fou? La Ratapiole est morte; elle a péri dans le Rhône, sous nos yeux!
— Non, elle n'est pas morte. Lusignan l'a sauvée; c'est un démon, cet homme-là. Elle vit; elle est dans Avignon, où elle est revenue sans qu'aucun de vous ait deviné son retour.

Et, à mi-voix, il ajouta:
— Je l'ai rencontrée hier soir. D'abord, je ne voulais pas croire que ce fût elle... Mais, j'ai surveillé... je me suis informé... Elle n'est pas morte.

Ce fut alors, parmi les hommes qui remplissaient le corps-de-garde, un violent tumulte. Que Lusignan et la Ratapiole eussent échappé au rapide courant du Rhône, c'est ce qu'aucun d'eux ne pouvait comprendre. Que toute une semaine Cardeline, le plus vigoureux, le plus agile d'entre eux, eût été retenu prisonnier dans l'île de la Bartelasse, à une si courte distance d'Avignon, c'est là ce qu'ils comprenaient encore moins.

— Chez la Ratapiole ! hurlèrent-ils.

Et, abandonnant le poste et la garde des remparts, les brigands s'engagèrent dans les rues tortueuses d'Avignon.

En quelques minutes, ils eurent traversé la ville et se trouvèrent non loin de la maison de la Ratapiole.

Soudain, l'un d'eux avisa dans un coin, contre un mur en ruine, une affiche blanche autour de laquelle deux ou trois personnes venaient de se grouper, afin d'en prendre connaissance. Cette affiche, c'était celle qu'on avait posée durant la nuit, l'avis par lequel on apprenait au peuple que les objets déposés au mont-de-piété venaient de disparaître, et qui accusait de ce vol la municipalité d'Avignon.

— Ohé! compagnons, voici du nouveau! s'écria celui qui s'était arrêté devant l'affiche.

— Qui sait lire, ici ? demanda Brandefouaille.

— Moi, répondit Cardeline.

Et aussitôt il se mit à lire l'affiche à haute voix, tandis que, pressés autour de lui, les autres l'écoutaient. Il n'avait pas encore terminé sa lecture, qu'un flot de peuple apparut à l'extrémité de la rue. Il y avait là des hommes, des femmes, des enfants, proférant des menaces, poussant des gémissements.

— On vole le peuple!

— On veut le faire mourir par la famine!

— Mort à ceux qui le dépouillent!

— Il faut que la municipalité vienne nous rendre des comptes!

— Des comptes! des comptes! criait-on de tous les côtés.

— Réunissons-nous dans l'église des Cordeliers, fit tout à coup une voix. Il faudra bien que les officiers municipaux viennent s'y expliquer.

— Aux Cordeliers!

Et sur ce cri, la bande terrible, affamée, déguenillée, passa devant les braves brigands immobiles et stupéfaits. Ils la suivirent silencieusement, oubliant que, quelques instants avant, ils venaient de jurer la mort de la Ratapiole.

A la même heure, Lusignan, après avoir vainement poursuivi Cardeline, arrivait sous les remparts d'Avignon. La porte du Rhône, à laquelle il se présenta, était celle par laquelle, cinq minutes plus tôt, Cardeline venait de rentrer dans la ville. Aucun soldat ne la gardait. Lusignan put donc, sans difficulté, pénétrer dans Avignon. Dans les rues, la foule grossissait, se dirigeant vers l'église des Cordeliers et poussant avec un accent terrible le même cri :

— Des comptes! des comptes!

Sans se demander la cause de l'émeute qu'il traversait, Lusignan, les cheveux au vent, les vêtements en désordre, se dirigeait vers la demeure de la Ratapiole. En proie à une épouvantable anxiété, il se demandait s'il arriverait avant les bandits auprès de celle qu'il aimait, s'il parviendrait à la soustraire à leur fureur. Enfin, il se trouva devant la maison de la Ratapiole. Il poussa vivement la porte qui s'ouvrait sur la rue et monta.

— C'est moi, Lusignan! s'écria-t-il.

La porte s'entr'ouvrit et une blonde tête d'enfant passa par l'ouverture, — la tête d'une fillette de sept ans environ, à l'air éveillé, dont les yeux ingénus avaient la candeur et l'éclat de ceux de la Ratapiole.

— Ne me reconnais-tu pas, Miette? demanda Lusignan.

— Oh! si, répondit l'enfant.

— Ta mère est-elle là ?

— Elle y est.

Miette ouvrit la porte toute grande, et il se trouva dans une pièce proprement mais modestement meublée.

— Maman, c'est Lusignan !

La Ratapiole sortit aussitôt de la pièce voisine, et s'avança vers son ami, la main tendue, le sourire aux lèvres.

— Dieu soit loué ! j'arrive à temps ! fit Lusignan.

— Que se passe-t-il donc ?

— Cardeline s'est échappé de la prison dans laquelle je le tenais enfermé. J'avais craint qu'en revenant dans Avignon, il n'eût révélé à ses compagnons le miraculeux hasard qui t'a sauvée, et cherché, de concert avec eux, à te faire du mal.

— Ne dis pas le hasard ! répondit la Ratapiole. C'est à ton courage et à ton dévouement que je dois la vie.

— Peu importe ! Il faut maintenant quitter cette ville. Y rester une heure de plus, ce serait s'exposer à une mort certaine. Lorsque toute l'infâme bande va savoir que tu vis, elle viendra te chercher ici pour te faire périr. Fuyons, la Ratapiole, fuyons avec Miette. La maison de Castillon est prête à te recevoir. Tu y seras auprès de moi, ton mari, à l'abri de tout danger.

— Je suis prête à te suivre. Je quitte Avignon sans regret. Je n'y étais venue qu'avec l'espoir d'être utile aux prisonniers de Jourdan et de hâter leur délivrance. Je n'ai rien pu pour eux. La surveillance de leurs gardiens a redoublé depuis huit jours. Ils sont au secret le plus absolu, et Jourdan ne parle d'eux qu'avec des menaces terribles.

— Il te tuerait aussi ! s'écria Lusignan en la prenant entre ses bras, comme pour la protéger. Viens, partons. Nous ne reviendrons ici que lorsque les malheurs d'Avignon auront cessé.

La Ratapiole se couvrit de sa mante. Elle enveloppa sa fille dans de chauds vêtements, et, s'appuyant avec confiance sur le bras de Lusignan, elle l'entraîna au dehors.

Mais ils furent à peine dans la rue qu'ils entendirent les grondements de l'émeute qui se préparait depuis deux heures. Ils cherchèrent à se diriger vers la porte du Rhône ; mais un flot de peuple, qui s'avançait dans la direction opposée, rendait leur marche difficile.

— Qu'est-ce donc encore ? murmura la Ratapiole qui devinait autour d'elle, dans la foule, des colères terribles prêtes à éclater.

Et, par prudence, elle rabattit sur son front le capuchon de sa mante. La Ratapiole était populaire dans Avignon. Depuis deux ans, elle s'était mêlée avec ardeur aux événements. Elle appartenait au parti qui avait souhaité et réussi à faire triompher l'annexion d'Avignon à la France. Chère aux uns, odieuse aux autres, elle pouvait, si elle était reconnue, se trouver entraînée dans le mouvement qui naissait sous ses yeux sans qu'elle en connût la cause. Aussi essayait-elle de se dissimuler derrière Lusignan et lui parlait à voix basse, ainsi qu'à sa fille, afin de n'être entendue que d'eux seuls.

Lusignan, cependant, désireux de savoir pourquoi la foule paraissait irritée, s'approcha d'un homme qui suivait une bande de gens armés, les uns de bâtons, les autres de barres de fer.

— Où allez-vous donc, camarade ? demanda-t-il.

— Où nous allons ? Ignorez-vous que le mont-de-piété qui renfermait la fortune du peuple a été pillé par les membres de la municipalité ? Nous voulons savoir ce que sont devenus nos biens, et si nous sommes volés, notre vengeance sera terrible.

La Ratapiole avait entendu ces paroles. Lorsque l'homme qui venait de parler eut passé, elle dit à Lusignan :

— C'est la réaction qui commence contre Jourdan Coupe-Tête et ses amis. Je dois rester pour sauver madame Niel.

— Tu ne resteras pas, répondit Lusignan. Ta vie m'est plus chère que toutes les autres. J'ai l'égoïsme de mon bonheur, moi. Je t'emmène ; tu t'es assez dévouée.

Comme il disait ces mots, ils arrivèrent à la porte du Rhône, par laquelle ils espéraient pouvoir sortir d'Avignon. Mais là, un spectacle inattendu s'offrit à leurs regards.

Le peuple, révolté contre ceux qui gouvernaient la ville, ne se rappelait plus qu'au 21 août, il les avait aidés à renverser la municipalité, composée d'honnêtes gens, et, ne songeant qu'au vol dont il était victime, le peuple gardait les portes, celle du Rhône comme les autres, afin qu'aucun de ceux qu'il rendait responsables ne pût échapper à sa vengeance. Divers émissaires avaient été envoyés à Sorgues, où les troupes du général de Ferrière et de l'abbé Mulot séjournaient, afin de les décider à marcher sur la ville. La populace, qui veillait sur les portes d'Avignon, avait descendu les canons dressés sur les remparts et se préparait à les tourner contre les officiers municipaux. Le désordre et l'émotion étaient à leur comble.

Cependant Lusignan, la Ratapiole et Miette parvinrent à s'approcher de la barrière. Elle était ouverte et peut-être allaient-ils la franchir, lorsque tout à coup plusieurs hommes du peuple s'avancèrent. C'étaient, pour la plupart, des portefaix et des mariniers du Rhône, race terrible qui, à force de vivre exposée au soleil et au mistral, semble excitée par les brûlantes ardeurs de l'un, par les âpres violences de l'autre. A côté d'eux, des femmes au regard diabolique, poussaient des cris qui grisaient les hommes autant qu'une liqueur capiteuse.

— On ne passe pas ! cria l'un d'eux.

Lusignan s'arrêta. La Ratapiole et Miette firent comme lui.

— Où allez-vous ? leur demanda-t-on.

— Nous retournons à Villeneuve, pour gagner de là Castillon, répondit Lusignan. Ne me reconnaissez-vous pas ?

Quelques-uns de ceux qui composaient la troupe le reconnurent.

— Vous n'êtes pas de la ville et vous pouvez en sortir, lui dirent-ils. Mais cette femme ?

La Ratapiole comprit qu'il fallait payer d'audace. Tandis que Lusignan la regardait, ne sachant s'il devait dire qui elle était, elle fit un mouvement. Le capuchon de sa mante tomba sur ses épaules, et sa belle tête brune apparut aux regards de la foule pressée autour d'elle.

Son nom sortit de toutes les bouches.

— La Ratapiole !

— Je ne suis pas une ennemie du peuple, moi, vous le savez bien. Laissez-moi sortir.

On hésita. Tout à coup une femme prit la parole.

— La Ratapiole, dit-elle, tu ne peux abandonner aujourd'hui notre cause. Ton influence et ton énergie ont été toujours à nous. Nous en avons besoin de nouveau. Il faut une bouche énergique pour interroger ceux que nous accusons. Mets-toi à notre tête et viens avec nous aux Cordeliers !

Un cri général s'éleva.

— Vive la Ratapiole !

Au même moment, sans qu'on lui laissât le temps de répondre, elle fut brusquement séparée de Lusignan et poussée en avant, ainsi que sa fille, dans la direction de l'Église des Cordeliers.

De tous les membres de la municipalité d'Avignon, le notaire Lescuyer était assurément le plus intelligent, le mieux intentionné, le seul peut-être qui ne voulût pas l'effusion du sang. On l'a déjà vu, chez madame Minvielle, protestant par sa sortie contre les criminelles intentions que Jourdan Coupe-Tête et ses amis nourrissaient à l'endroit des prisonniers détenus dans le château des Papes. Avant d'être mêlé aux événements révolutionnaires d'Avignon, il exerçait la profession de notaire. Puis tout à coup il s'était jeté dans le parti qui voulait donner Avignon au roi de France, et avait déserté ensuite ce parti pour passer à celui dont les sympathies étaient acquises aux auteurs de la révolution du 10 août, c'est-à-dire aux ennemis de la royauté. Mais, même dans ces tergiversations qui l'avaient réuni à des fanatiques, il était resté bon.

Autant il avait déployé d'ardeur pour chasser d'Avignon le vice-légat, représentant l'autorité pontificale, autant il s'était efforcé depuis d'empêcher que les vainqueurs du jour n'exerçassent des représailles sur les vaincus. Il n'avait pu éviter l'emprisonnement de madame Niel et des membres de la municipalité renversée. Mais, en le subissant, il avait cru mettre les malheureux à l'abri des vengeances populaires.

Il connaissait le langage qu'il faut tenir aux méridionaux pour apaiser ou exciter leurs passions, et, en dépit de toutes les fautes de la municipalité dont il faisait partie, jamais sa popularité n'avait été plus grande qu'à la veille du jour dont nous racontons les dramatiques péripéties. Aussi son nom était-il sur toutes les bouches au moment où la foule, alarmée et irritée, se rendait aux Cordeliers afin d'y appeler les officiers municipaux et de les interroger sur les faits dont l'affiche mystérieuse que l'on connaît faisait mention.

L'église des Cordeliers, vers neuf heures du matin, était pleine d'un peuple en haillons, hâve et furibond.

Les femmes pleuraient, priaient et gémissaient. Les hommes hurlaient. Par trois fois, on avait envoyé des députés à l'hôtel de ville, afin de sommer les membres de la municipalité de se rendre à l'appel du peuple. Aucun officier municipal ne se présentait. On ne parlait de rien moins que de se porter en masse au siège du gouvernement, afin de forcer les mandataires du peuple à donner les explications qu'il avait le droit d'exiger.

C'est à ce moment que la Ratapiole, poussée par la bande qui l'avait empêchée de sortir d'Avignon, et séparée de Lusignan, entra dans l'église. Elle n'avait rien perdu de son sang-froid. Elle tenait par la main Miette, qui, avec un courage inconscient, regardait de tous ses yeux ces scènes si nouvelles pour elle.

Ceux qui avaient conduit la Ratapiole en ces lieux espéraient sans doute que sa présence exciterait le peuple. Mais, à cette heure, toutes les passions étaient déchaînées. Il n'était pas besoin de les attiser davantage. Héroïne d'un épisode du drame qui se déroulait entre les murs du temple, elle se trouva tout à coup réduite au rôle de simple comparse. Nul ne fit plus attention à elle et elle resta étrangère à ce qui se passait autour d'elle, accroupie dans un confessionnal, sa fille dans ses bras.

Cependant, depuis une heure le peuple attendait vainement ceux qu'il avait appelés. Il n'avait plus d'espoir qu'en Lescuyer pour obtenir des explications. On n'entendait qu'un cri :

— Lescuyer ! Lescuyer !

Lescuyer ne paraissait pas. Alors, quelques hommes sortirent pour l'aller chercher. Presque aussitôt un nom nouveau se fit entendre. Sabin Tournal, le gazetier, officier de la garde nationale, l'un des amis de la municipalité, à l'établissement de laquelle il avait puissamment contribué, venait d'apparaître dans l'église. En une minute, il fut vu, reconnu, appelé par mille voix.

— De quoi s'agit-il ?

— Nous voulons savoir ce que sont devenus les objets déposés au mont-de-piété.

— Ils y sont encore, répondit Sabin Tournal

— Il ment ! il ment ! cria la foule.

— Je vous assure...

Tournal s'arrêta. Il venait d'embrasser d'un seul regard le spectacle de ces hommes ivres de colère, et de comprendre qu'aucune explication ne pouvait les apaiser. Au même moment, Lescuyer, appréhendé au corps par les délégués du peuple auxquels il avait en vain résisté, et qui l'entraînaient, fit son entrée dans l'église. Tournal le vit.

— Voici Lescuyer, cria-t-il d'une voix tonnante. Il vous donnera les explications que vous désirez.

Et, profitant de ce que l'attention dont il était l'objet se détournait de lui pour se reporter sur Lescuyer, il s'échappa prudemment. Lescuyer demeura seul en présence du peuple.

— A la chaire ! à la chaire ! criait-on autour de lui.

Il se sentit soulevé par les bras vigoureux de cette populace en délire et porté de main en main jusque dans la chaire, où il se trouva debout, dominant ses sinistres interpellateurs, sans savoir comment il y était arrivé.

— Expliquez-vous !

— Mes chers concitoyens, j'ai cru la révolution nécessaire... J'y ai coopéré de tout mon pouvoir...

— Pas de discours. Où sont les gages déposés au mont-de-piété ?

— Tu les as volés, brigand !

— Toi et tes compagnons, vous vouliez vous enrichir aux dépens du peuple!

— Vous avez fait périr d'honnêtes gens!

— Vous avez livré Avignon à la famine!

Et les accusations se croisaient de toutes parts, en augmentant sans cesse. Trois fois, Lescuyer ouvrit la bouche pour répondre, trois fois sa voix fut couverte par le tumulte. Essayant de payer d'audace, il menaça.

— Je vais faire appeler la garde nationale! s'écria-t-il. Elle châtiera les émeutiers.

Un gigantesque murmure lui répondit. Alors on le vit blêmir. Il eut peur. Il balbutia quelques paroles qui se perdirent dans le bruit. Le peuple affolé n'avait plus d'oreilles pour entendre, plus de cœur pour se laisser émouvoir. Tous les griefs anciens, toutes les fureurs passées s'étaient réveillés. Lescuyer jeta autour de lui un regard éperdu, comme s'il voulait descendre de la chaire.

— A bas le brigand! Il veut fuir! A la lanterne!

Ce cri de mort retentissait encore que Lescuyer fut précipité de la chaire sur la foule qui grouillait à ses pieds.

Il tomba sur un pavé de têtes, et il fut entraîné, au milieu des vociférations, jusque dans le chœur. Il s'assit dans une stalle. Sur sa demande, on plaça devant lui du papier, de l'encre, une plume, et d'une main tremblante, il écrivit ces mots : « J'invite l'administration à ouvrir les magasins du mont-de-piété, afin de faire connaître au peuple qu'il ne s'est commis aucun enlèvement ».

Il tendit ce billet aux plus exaltés.

— Tenez, dit-il, vous voilà satisfaits. Maintenant, laissez-moi partir.

Et, voyant la porte de la sacristie ouverte devant lui, il essaya de fuir de ce côté. Il fit deux pas. Tout à coup un bâton se leva sur sa tête et, tenu par une main brutale, le frappa de telle sorte que le malheureux s'affaissa sur lui-même et roula au pied du grand autel. En même temps, on entendit retentir sous les voûtes du temple le cri de mort de la plèbe avignonnaise :

— Zou! zou!

Une foule tumultueuse et pressée enfermait le malheureux dans un cercle infranchissable. Les hommes le frappaient à coups de bâtons, les femmes, tenant leurs ciseaux ouverts comme des compas, les plongeaient dans ses chairs palpitantes. D'autres sautaient sur son ventre. Puis, lorsque ces furieux, ivres de rage, eurent brisé sur lui leurs armes ou les eurent perdues, on les vit en chercher autour d'eux. Tout leur était bon. Les enfants allaient ramasser des pierres au dehors. Les chaises, les lampes, les chandeliers, les torches, tombaient dru comme grêle, au risque même de blesser les meurtriers.

Pendant cinq minutes, Lescuyer essaya de résister. Mais il fut bientôt hors d'état de se défendre. Ses mains battaient dans le vide comme les ailes d'un oiseau que le plomb d'un chasseur a frappé. Ses yeux se tournaient chargés de supplications et de prières vers ses meurtriers, qui n'entendaient plus.

Tout à coup, le son d'un clairon retentit. C'était le crieur de la ville qui essayait de rétablir quelque calme, afin de lire une proclamation de la commune. Il était monté en chaire, à la place d'où Lescuyer avait été précipité. Mais c'est en vain qu'il tentait de parler; nul ne l'écoutait. Il dut se retirer, et l'assassinat se consomma.

Le malheureux Lescuyer avait reçu cent blessures, dont les moindres étaient mortelles. Ses mâchoires étaient fracassées, ses lèvres coupées, son menton taillé à coups de sabre. L'un de ses yeux tombait sur ses joues, et son crâne, mis à nu, n'était qu'une épouvantable plaie.

Cependant, il respirait encore. Et comme ses assassins lassés semblaient s'arrêter, il se redressa, et d'une voix mourante :

— Achevez-moi, dit-il. Par pitié, on souffre trop!

Une immense huée lui répondit.

Tandis que l'église des Cordeliers était souillée par ce grand crime, Lusignan, séparé de la Ratapiole, s'était mis à la recherche. C'était au moment où Lescuyer suppliait les assassins de l'achever, et où ceux-ci lui répondaient par de joyeux éclats de rire. Un jeune homme de seize ans, presque un enfant, aux traits colorés, aux yeux farouches, essayait de traverser la foule en criant :

— Mon père ! mon père !

C'était le fils de Lescuyer. Il avait quitté son père une heure avant. Il venait d'apprendre ce qui se passait aux Cordeliers et accourait auprès de lui. Avec une impétuosité qui révélait son désespoir, il écarta les groupes et arriva jusqu'au pied de l'autel. Son père était là expirant. Le jeune homme tomba à genoux, prit entre ses mains cette tête que seul il pouvait encore reconnaître, y posa ses lèvres, en murmurant ces mots :

— Oh ! je te vengerai !

Puis, retournant ses yeux baignés de larmes vers les coupables :

— Vous venez de me rendre méchant et cruel, vous autres. Je ne suis qu'un enfant, mais j'ai la vigueur d'un homme. Malheur à vous tous ! J'en tuerai plus d'un. Je peux tuer sans avoir à redouter d'être puni de mort, je n'ai pas seize ans !

Il avait prononcé ces paroles rapidement, mais à haute voix. Tous les entendirent.

— Il menace, le gueux ! s'écria-t-on. Nous avons assommé le père, assommons le fils.

Et de nouveau les bâtons se levèrent. Mais Lusignan veillait. De ses bras vigoureux il arracha le jeune Lescuyer aux assassins stupéfaits et l'emporta dans une autre partie de l'église.

— Fuyez ! mon enfant, lui dit-il, fuyez ! ils vont vous poursuivre !

— Votre nom, vous ? demanda le fils Lescuyer.

— Lusignan.

— Merci ! Nous nous retrouverons. Moi, je cours chez Jourdan. Je veux que mon père soit vengé.

Et il disparut.

Au même moment, les bruits d'une cloche sonnant d'une manière sinistre se firent entendre. C'était le tocsin. Au château des Papes, on venait de mettre en branle la cloche d'argent, qui ne sonnait que pour l'avènement et la mort des souverains pontifes. Alors un cri de terreur retentit dans l'église et succéda aux cris de vengeance de cette population ameutée.

— Jourdan rassemble ses soldats !
— Sauve qui peut !

Les coupables se dispersèrent dans toutes les directions. Le corps de Lescuyer, abandonné par eux, resta sur place, privé de tout secours. Soudain, on vit arriver sur la place qui s'étend devant l'église une troupe d'hommes armés, traînant deux pièces de canon qui furent braquées contre la foule. Jourdan Coupe-Tête, à cheval, accompagné du major Peytavin et de Lafleur, était à la tête de cette troupe. Sans se demander si le peuple qui se trouvait dans le temple n'était pas en grande partie composé d'innocents, curieux et badauds pour la plupart, il commanda le feu. Les détonations furent suivies d'une rumeur plaintive. Dix personnnes venaient d'être frappées.

Voici ce qui s'était passé : En quittant l'église, Sabin Tournal avait couru à la commune. Il y trouva les administrateurs provisoires.

— Nous sommes perdus, leur dit-il. Le peuple est réuni aux Cordeliers. Il s'est emparé de Lescuyer.

— Mais il faut le sauver ! répondit l'un des administrateurs.

Rédigeant à la hâte une proclamation pour faire connaître que les dépôts du mont-de-piété étaient intacts, il envoya le trompette de la ville aux Cordeliers, en lui ordonnant de lire cette proclamation. On a vu que ce dernier ne parvint pas à se faire écouter. Lorsqu'il revint à la commune, ni Sabin Tournal, ni les administrateurs provisoires ne s'y trouvaient plus. Ils venaient de se rendre au Palais des Papes, où résidait Jourdan Coupe-Tête. La nouvelle de la mort de Lescuyer les y avait précédés, apportée par le fils de la principale victime de cette matinée funeste.

— Aux armes ! Aux armes ! s'écrièrent-ils en se précipitant dans l'appartement de Jourdan. Si nous ne faisons rapidement un exemple, c'en est fait de nous.

— Mon père est mort ! murmurait dans un coin le fils Lescuyer. Les lâches se sont mis cent contre un seul.

Jourdan Coupe-Tête s'avança vers lui :

— On le vengera, ton père, petit ; sois tranquille.

— Cela ne me le rendra pas. Mais, c'est égal, je serais heureux de rendre à ses assassins les tortures qu'ils lui ont fait subir !

— Il faut d'abord sonner le tocsin pour rassembler les soldats, dit tout à coup Jourdan.

— Oui, la cloche d'argent, répondit Minvielle.

Et l'ordre fut donné sur-le-champ. Deux cents hommes environ répondirent à l'appel de la cloche d'argent. C'étaient pour la plupart de braves brigands ou des gardes nationaux accoutumés à fraterniser avec eux. Lorsqu'ils furent rassemblés dans la cour, Jourdan Coupe-Tête, Lafleur, Peytavin, Minvielle et Tournal sortirent des appartements, montèrent à cheval, et, traînant deux canons destinés jusqu'à ce jour à garder le château des Papes, la petite armée se dirigea vers les Cordeliers. Jourdan marchait à sa tête, le sabre au poing, l'injure aux lèvres, apostrophant et menaçant les curieux effrayés qui se trouvaient sur sa route.

— Ah ! coquins ! criait-il, vous avez tué Lescuyer. Malheur à vous ! Et, se retournant vers ses officiers, il ajoutait : L'occasion est bonne pour venger la mort de Lescuyer sur tous les aristocrates d'Avignon.

— Assurément, dit Minvielle, et si vous m'en croyez, général, nous en finirons cette nuit.

Brandefouaille et Cardeline se trouvaient au premier rang parmi les bandits.

— Que veut dire Minvielle par ces mots : en finir cette nuit ? demanda Cardeline à son camarade.

— Pour mettre à mort les aristocrates dont la ville est pleine, Jourdan n'attendait qu'une occasion. Eh bien, l'occasion est toute trouvée. On déclarera que Lescuyer a été tué par les aristocrates, et sa mort servira de prétexte à nos vengeances. Oh ! la nuit prochaine va être terrible, et cette fois nos ennemis n'en reviendront pas.

Au moment où Brandefouaille prononçait ces mots, on arrivait devant les Cordeliers. Les portes de l'église étaient ouvertes. Jourdan Coupe-Tête rangea ses troupes devant la grande porte et ordonna le feu. Ce fut alors un sauve-qui-peut général. La foule encore réunie dans le temple s'enfuit de tous côtés, laissant sur la place ses morts et ses blessés.

Jourdan, suivi de sa troupe, poussa son cheval dans l'église, et désignant ces derniers :

— Holà, les enfants, s'écria-t-il en s'adressant à ses soldats, prenez-moi ces cadavres et jetez-les dans la Sorgue.

La Sorgue est une petite rivière qui coule aux pieds des remparts d'Avignon. Elle reçut ce jour-là les vivants et les morts et les roula dans ses flots bourbeux. Quelques fuyards furent arrêtés et dirigés sur le château des Papes, où ils furent enfermés avec les prisonniers qui y étaient déjà depuis le 21 août. Un quart d'heure plus tard, l'église des Cordeliers était vide. Alors Jourdan et ses amis s'avancèrent vers le maître-autel, cherchant le corps de l'infortuné Lescuyer. Ils le trouvèrent étendu sur les dalles.

— Pauvre Lescuyer, fit Jourdan Ton sang retombera lourdement sur nos ennemis !

Par ses ordres, on plaça le corps de l'ancien notaire sur un brancard, et on l'emporta à l'hôpital, où il devait ecevoir des soins s'il était temps encore.

— Général, dit alors Lafleur, en s'avançant vers Jourdan, les émeutiers se sont emparés de la porte Saint-Lazare et de la porte du Rhône ; ils ont jeté les canons à bas des remparts et ont ouvert les barrières, afin que 'abbé Mulot et les troupes du général de Ferrière pusent entrer dans la ville.

— Les troupes de Ferrière ne viendront pas, répondit Jourdan.

— Mais l'abbé Mulot pourrait revenir.

— Nous allons reprendre les portes.

La troupe fut divisée en deux escouades. Jourdan prit le commandement de l'une, Peytavin le commandement de l'autre. Bientôt le peuple fut culbuté, et les portes de la ville fermées et intérieurement fortifiées.

— Que les coupables tremblent, s'écria alors Jourdan, car nous sommes les maîtres !

A la même heure, la Ratapiole se décidait à sortir du confessionnal où elle se tenait cachée. Elle avait entendu la fusillade et était demeurée dans sa retraite, craignant à tout moment d'être surprise, pressant sa fille dans ses bras, et se demandant, non sans de vives angoisses, ce qu'était devenu Lusignan.

Elle s'avança, craintive et tremblante, dans la nef abandonnée. Miette marchait à côté d'elle, tournant de tous les côtés sa blonde tête et veillant, sans mot dire, à la sûreté de sa mère. Au moment où les deux femmes passaient devant la chapelle de la Vierge, elles entendirent un gémissement et un appel. Elles s'approchèrent et virent derrière l'autel un homme couché, baigné dans son sang.

La Ratapiole courut à son secours et le reconnut.

— Lusignan ! s'écria-t-elle, désespérée.

— Ne t'effraye pas, la Ratapiole ; j'ai été atteint d'un coup de fusil dans l'épaule, mais ma blessure n'est pas mortelle. J'ai échappé à la mort, en me traînant jusqu'ici.

Il n'avait pas encore fini de parler que déjà la Ratapiole, penchée sur lui, avait, à l'aide de son mouchoir, bandé sa plaie, afin d'arrêter le sang qui en coulait. En ce moment, Miette s'écria :

— On vient !

C'était l'un des prêtres desservants de l'église des Cordeliers. Après le départ des meurtriers et des soldats, il parcourait l'église afin de se rendre compte des dégâts commis par leurs mains sacrilèges.

— Cet homme est blessé ? demanda-t-il.

— Une égratignure, monsieur l'abbé, répondit Lusignan. Si seulement vous pouviez m'aider un peu, je gagnerais la sacristie.

Le prêtre lui offrit son bras. Soutenu par lui et par la Ratapiole, Lusignan arriva dans un lieu sûr. Miette portait son chapeau qu'elle avait ramassé à côté de lui.

— Quand la nuit sera venue, dit-il, je me rendrai chez

la Ratapiole, j'y passerai la nuit, et demain, nous quitterons la ville.

— Demeurez ici, lui répondit le prêtre, Sans doute, ni les soldats, ni le peuple n'y reviendront et vous y serez en sûreté.

Il allait se retirer pour fermer les portes de l'église, lorsque des cris sourds se firent entendre.

— Qu'est-ce encore ? demanda la Ratapiole.

— On dirait que ces cris viennent du cloître, répondit le prêtre.

— On y égorge des malheureux !

— Non ! non ! c'est impossible, répliqua le prêtre, on ne peut y arriver qu'en passant par l'église. Je n'ai vu entrer personne.

Aussitôt, comme frappé d'une pensée subite, il courut vers le cloître. Lusignan, bien que faible encore, soulagé néanmoins par un premier pansement, voulut l'accompagner. La Ratapiole et Miette les suivirent.

Le cloître des Cordeliers, détruit aujourd'hui, se composait d'un jardin, ombragé, gazonné, dessiné avec goût et entouré d'une belle colonnade, au delà de laquelle s'étendaient des galeries. Le prêtre, comme obéissant à une préoccupation secrète et persistante, alla droit dans le milieu du jardin. Il y avait là une large dalle percée d'un grand trou, lequel était recouvert d'une grille, à travers les barreaux de laquelle on voyait une sorte de puits. C'est du fond de ce puits qu'étaient montées les plaintes, que nos personnages venaient d'entendre.

— On ne crie plus ! dit la Ratapiole.

— Les malheureux sont là cependant, répondit le prêtre. Nous sommes sur un égout qui a deux ouvertures : l'une que voici, l'autre qui est placée aux pieds des remparts, aux bords de la Sorgue.

— Ah ! je devine, s'écria Lusignan, Les voix sont celles d'infortunés que Jourdan a fait jeter dans ce précipice. Mais nous pouvons les sauver ! Il s'agirait seulement de soulever cette dalle et de descendre une lanterne et des cordes.

Soudain, dans les profondeurs du souterrain, une fusillade retentit. Au fond du trou, sous leurs pieds, le prêtre, Lusignan et la Ratapiole entendirent un grand bruit auquel succéda un silence de mort.

— Les soldats de Jourdan sont placés à l'autre extrémité de l'égout, dit Lusignan. Ils viennent de commettre un nouveau massacre.

La Ratapiole et Miette, pâles et tremblantes, s'agenouillèrent, tandis que le prêtre envoyait dans les profondeurs de la terre les bénédictions de l'Eglise.

IV

Il était environ dix heures du soir. La nuit venait rapidement, apportant quelque calme dans la ville, troublée et consternée par les horribles événements de la journée. Les citoyens épouvantés s'étaient enfermés chez eux.

Quelques-uns, redoutant les conséquences de la victoire qui venait de donner à Jourdan Coupe-Tête un pouvoir suprême, avaient tenté de sortir d'Avignon. Mais ils avaient trouvé les portes sévèrement gardées par les gardes nationaux et par les braves brigands. Ils étaient, pour la plupart, dans leurs maisons, tandis que les plus compromis avaient cherché asile dans les caves ou dans des greniers. Quelques-uns ayant insisté pour quitter la ville, malgré les ordres de la municipalité, avaient été conduits en prison. On s'attendait à de grands malheurs, et le nom de Jourdan Coupe-Tête, mêlé à ces terribles rumeurs, ajoutait encore à l'épouvante qu'elles inspiraient.

A la même heure, Jourdan Coupe-Tête et ses amis étaient réunis au Palais des Papes. Le temps, en passant sur le vieux monument qui devait être le théâtre des événements que nous avons à raconter, n'en a pas changé la physionomie générale. A l'intérieur, et pour des besoins nouveaux, la main des hommes y a introduit d'importantes modifications. La magnifique salle du concile contient aujourd'hui trois étages entre ses murs, et les colonnes hardies qui soutiennent ses voûtes sont en partie cachées par des plafonds de construction moderne. Les peintures des maîtres de l'école italienne, objets d'atteintes sacrilèges, sont aux trois quarts effacées. Le splendide palais n'est plus qu'une caserne dont les galeries ont été transformées en dortoirs ou en dépôts d'armes.

Mais, à l'extérieur, le château n'a rien perdu de son aspect primitif. Adossé contre le rocher des Doms, il montre fièrement ses sept tours, reliées entre elles par des murailles épaisses, percées inégalement de croisées de toutes formes et de toutes grandeurs. En entrant, on se trouve dans une vaste cour pavée, sur laquelle les diverses parties de l'édifice prennent jour. C'est dans cette cour que donnaient les anciens appartements du vice-légat, devenus, depuis la Révolution, la demeure de Jourdan Coupe-Tête.

Une salle profonde, aux voûtes élevées, richement meublée, sur les murs de laquelle se voyaient encore, bien qu'on eût tenté de les effacer, les armes du Saint-Siège, réunissait ce soir-là le général Jourdan, le major Peytavin Minvielle, Lafleur, Mendes, Sabin Tournal, Barbe et Savournin della Rocca. Ils étaient les uns debout devant la cheminée, dans laquelle brillait un grand feu ; les autres assis sur des sièges en chêne sculpté, autour d'une table couverte d'un tapis vert. Suspendu au plafond, un lustre en cuivre florentin les éclairait. Contre la porte étaient appuyées deux sentinelles.

— Lescuyer vient de mourir, disait Minvielle. Il a succombé aux blessures qu'il a reçues aujourd'hui dans l'église des Cordeliers. Sa mort nous impose de grands devoirs. Il faut en même temps le venger et nous débarrasser de nos ennemis.

— Ceux-là sont nombreux, objecta Jourdan qui buvait à petites gorgées dans un verre rempli d'eau-de-vie, en caressant son énorme dogue.

— Leur nombre ne doit pas nous épouvanter, alors

qu'il s'agit de les châtier, répondit Minvielle. Il y a à cette heure, dans les prisons, six personnes, dont voici les noms : Madame Niel, son fils, le P. Mouvans, Girard, Coulet, ces quatre derniers membres de l'ancienne municipalité.

— Tous sont nos ennemis, murmura Lafleur.
— C'est vrai! fit Jourdan qui buvait toujours.
Minvielle continua :
— La preuve de leurs crimes est dans les papiers que voici et qu'on a trouvés chez madame Niel et chez le P. Mouvans.

Et il montrait une liasse de lettres.

— Leur culpabilité n'est pas douteuse, s'écria Sabin Tournal.
— Nous avons décidé que nous les frapperions en masse, le même jour, reprit Minvielle. Or, ils ne sont pas tous en prison. Le plus grand nombre est en liberté.
— Il faut les arrêter !

C'est le major Peytavin qui venait de parler ainsi.

— Dressons une liste ! s'écria Sabin Tournal, s'emparant avec empressement de l'idée de Peytavin.

Et déjà il avait saisi une plume et du papier.

Alors tous parlèrent à la fois ; chacun lançait un nom.

— Procédons avec ordre, messieurs, dit Sabin Tournal. Je vais vous nommer ceux que je crois coupables, et, selon votre avis, je les inscrirai. Lamy père.

— Oui ! Il faisait partie de l'ancienne municipalité.
— Le libraire Niel !
— Il est le beau-frère de madame Niel.
— Le Père de Nolhac, curé de Saint-Symphorien.
— Oh ! celui-là a cherché de toutes les façons à nous faire chasser de la ville.
— On dit qu'il est très riche et qu'il cache des dépôts d'argent et de bijoux qui lui ont été confiés.
— C'est un crime de plus à ajouter aux autres.
— A mort le curé !
— Rey, le portefaix !
— Il était dans l'église des Cordeliers lorsque Lescuyer a été frappé.

— C'est un homme à craindre !
— Il mourra !

Environ cinquante noms proposés ainsi par Tournal, furent inscrits par lui.

— Il y en a beaucoup d'autres qui méritent un châtiment, dit alors Savournin, qui jusqu'à ce moment avait gardé le silence. Si nous voulons régénérer la population de cette ville, il faut frapper tous ceux qui ne pensent pas comme nous !

— Bah ! en voilà assez pour une fois ! répondit Peytavin. D'ailleurs, que parle-t-on de régénérer la population ? Lorsque nous l'aurons frappée d'épouvante, nous obtiendrons d'elle quelques millions que nous partagerons fraternellement. Pour ma part, je ne demande rien de plus.

A ces mots, Lafleur se leva.

— Peytavin, s'écria-t-il avec colère, vous déshonorez notre cause !

Le major embarrassé baissa la tête. Il pensait que, le mont-de-piété étant rempli de bijoux, il suffirait de s'en emparer et d'y joindre le produit d'une lourde contribution frappée sur la ville, pour s'enrichir lui et ses amis. Mais il n'osa dire toute sa pensée et l'incident n'eut pas de suite.

Pendant ce temps, Minvielle parcourait des yeux les listes dressées par Tournal.

— J'aurais un nom à ajouter, dit-il.

— Lequel ?

— Celui de madame Crouzet.

— La femme du pharmacien !

— Elle dit partout qu'elle est plus jolie que ma femme et que madame Lafleur.

— Elle nous déteste en effet, objecta Lafleur.

— Va donc pour madame Crouzet, dit Sabin Tournal en ajoutant le nom de l'infortunée.

Jourdan, qui semblait n'écouter cet entretien que d'une oreille distraite, s'écria tout à coup :

— Tournal, mets donc sur la liste Ayme, la veuve du fabricant de galoches.

— La belle patinière ?

— Oui ! C'est une gueuse dont j'ai personnellement à me venger.

Sabin Tournal obéit.

— Est-ce tout ? demanda-t-il.

Personne ne répondait, et la liste semblait close, lorsque les deux sentinelles qui gardaient la porte de la salle, s'avancèrent vers les membres du conseil.

— Que voulez-vous ? demanda Lafleur.

— Je suis un brave brigand, répondit l'un d'eux. Je me nomme Tourtet dit Languette. Je me suis battu sous les ordres du général. Je demande l'arrestation d'une citoyenne qui est mon ennemie.

— Elle se nomme ?

— Marie Chabert.

— Que t'a-t-elle fait ?

— Il y a un an, elle m'avait promis de m'épouser. Lorsqu'elle a su que j'avais pris du service dans l'armée de Vaucluse, elle a refusé de tenir sa promesse, en disant que les braves brigands étaient des assassins.

— C'est une opinion qui lui coûtera cher ! dit froidement Tournal en écrivant le nom de Marie Chabert.

— C'est toi qui l'arrêteras, mon brave ! reprit Jourdan.

— Merci, mon général, répondit Languette.

— Et toi, Brandefouaille, as-tu aussi quelqu'un à faire arrêter ? demanda Minvielle à l'autre sentinelle.

— Oui, monsieur Minvielle. La Ratapiole, qu'on croyait morte...

— Elle vit ! Comment a-t-elle échappé au Rhône ? Enfin, qu'importe ? Elle ne vivra pas longtemps. Tournal, écris son nom. Et toi, Brandefouaille, charge-toi de découvrir sa retraite et de l'amener ici, la coquine !

Brandefouaille s'éloigna.

— Il ne s'agit plus que de procéder aux arrestations, continua Minvielle en s'adressant à ses amis. Cela vous regarde, général.

— Colonel Lafleur, major Peytavin, dit alors Jourdan, vous formerez une demi-douzaine de patrouilles, composées d'hommes sûrs, et vous les dirigerez successivement sur la demeure des personnes qu'il s'agit d'arrêter.

A ce moment, l'un des administrateurs provisoires de la ville, présent à la séance et qui n'avait pas encore pris la parole, essaya, par quelques paroles généreuses, d'arrêter le massacre qui se préparait.

— Monsieur Julian, Lescuyer pensait comme vous, lui dit sévèrement Tournal. Vous savez quel a été son sort.

L'administrateur leva les mains au ciel et ne parla plus. Puis, chacun des personnages présents sortit en promettant de revenir bientôt.

Jourdan allait passer dans une pièce voisine, lorsque soudain le fils Lescuyer, auquel nul n'avait fait attention jusque-là, se réveilla :

— Plus personne ! fit-il.

Jourdan se retourna, et s'avançant vers lui :

— Je te l'avais bien dit, petit, que ton père serait vengé...

— Vengé par qui ?

— Par toi, si tu le veux, et par d'autres !

— Quand ? comment ?

— Dans quelques heures ses meurtriers seront arrêtés. Si tu veux alors te rendre dans les prisons, tu seras content de ce que tu verras, et si le cœur t'en dit, tu pourras prendre part à la fête.

Jourdan accompagna ces paroles d'un geste horrible.

— J'en veux tuer au moins dix de ma main ! s'écria le jeune homme d'un ton farouche.

Jourdan sourit et, suivi de son dogue, il entra dans une pièce voisine.

Cette pièce était l'ancien oratoire du vice-légat. On y voyait encore, encadrés dans des fenêtres gothiques, des vitraux peints. L'autel, dont on devinait la place, avait été renversé et remplacé par une ottomane de velours cramoisi, à franges d'or, fabriquée à l'aide d'ornements sacerdotaux, enlevés sans doute dans la chapelle de quelque couvent.

Sur cette ottomane, qu'ombrageait un dais à plis épais et lourds, une femme était assise, jeune encore, aux traits communs, aux cheveux noirs et crépus, d'une beauté provocante et brutale. Elle portait une robe de satin vert, à bouquets en soie mauve, taillée dans l'une des chapes dont le vice-légat se parait aux jours des grandes fêtes de l'Église. Ce costume, qui laissait à nu les bras et les épaules de celle qui en était revêtue, loin de l'embellir, faisait ressortir la rudesse de sa peau, la lourdeur de ses membres envahis par un précoce embonpoint. Sur son front plébéien, ceint d'un diadème, brillait une large émeraude arrachée à un anneau pastoral. A ses doigts on voyait des bagues qui ornaient jadis les mains des prélats de la cour papale. Jourdan Coupe-Tête avait enrichi sa favorite des dépouilles trouvées dans les appartements du vice-légat.

— Je t'attendais, dit cette femme à Jourdan en lui montrant une petite table sur laquelle étaient dressés deux couverts.

— Me voici, la Cigale, répondit Jourdan. Fais servir.

Elle frappa sur un timbre, et une vieille femme vint mettre devant eux des mets assez communs d'ailleurs, mais présentés dans la vaisselle plate aux armes du Saint-Siège. Ils prirent place l'un en face de l'autre et commencèrent à manger et à boire, — à boire surtout. Trois bouteilles déposées sur la table étaient vides à la fin du repas.

— Je ne t'ai pas vu de tout le jour, Matthieu, dit la Cigale après un moment de silence. J'ai entendu la fusillade. Que s'est-il donc passé ?

— J'ai été fort occupé aujourd'hui. Des coquins ont tué Lescuyer dans l'église des Cordeliers. Je me suis mis à la tête des troupes afin de châtier les émeutiers.

— Lescuyer est mort ! répéta la Cigale, tandis que son visage exprimait plus de surprise que de peine.

— Cela n'a pas l'air de t'affliger beaucoup...

— Lescuyer ne m'aimait guère. Il affectait à mon égard un mépris...

— Il t'humiliait !

— Oui, mon chéri. Je t'en ai peu parlé parce que je ne voulais pas jeter la division entre vous. Mais croiras-tu que cet homme qui, dit-on, adressait autrefois des vers aux cardinaux, n'a jamais voulu en faire pour moi?

— Oui, il était un peu trop grand seigneur. Ça puait l'aristocrate d'une lieue; mais, enfin, il était des nôtres, et, pour le principe, il faut que sa mort soit vengée.

— Les assassins sont-ils arrêtés?

— Je ne sais si ce sont ses assassins. Mais, en tous cas, ceux que nous allons arrêter sont mes ennemis. Coupables ou non, ils y passeront.

— Tu n'en auras pas de désagréments, au moins?

— Ne suis-je pas le maître?

Jourdan posa cette question en roulant des yeux terribles. Puis, se redressant, il se posa de trois quarts, comme pour prouver à la Cigale l'étendue de sa souveraine puissance.

— Oui, tu es le maître, répondit celle-ci; mais les autres te portent envie, et je crois que s'ils pouvaient te faire commettre quelque sottise...

— A moi! s'écria Jourdan. Je sais que Minvielle et Lafleur sont jaloux de moi. Ce sont des bourgeois, eux, tandis que je suis du peuple! Et ça les contrarie que je les domine. Mais ils ont besoin de mon bras, et ils ne s'exposeront pas à me déplaire. Je tiens toute l'armée de Vaucluse dans ma main. Malheur à eux si...

Il n'acheva pas. Mais, d'un geste, il tira à demi son sabre hors du fourreau, puis le laissa retomber par un mouvement plein de menaces. Pour le coup, la Cigale n'y tint plus. Elle quitta sa place, fit le tour de la table, et, s'approchant du général au cou duquel elle passa ses bras:

— Dire que j'ai le bonheur d'appartenir à cet homme-là! Comment s'étonner que les femmes me détestent?

— Elles voudraient être à ta place, voilà tout, répondit Jourdan, évidemment flatté par l'admiration dont il était l'objet. Quelles sont celles qui te détestent le plus?

— La Ratapiole, d'abord!

— Celle-là, son compte est bon.

— Elle est arrêtée?

— Elle le sera. Qui encore ?

— La femme de Mallefaux, le perruquier. Elle n'a jamais voulu que son mari vint me coiffer.

— Voyez-vous la coquine ! Et puis ?

La Cigale mit son doigt sur son front, cherchant dans ses souvenirs le nom de celles qu'elle devait dénoncer.

— Il y aussi Esprite Aubert, reprit bientôt la Cigale.

— La belle-sœur de Chichourle, qui fut pendu le onze juin ?

— Elle-même ! Autrefois, elle était mon amie. Elle a cessé de me fréquenter depuis que je te connais.

— C'est bon ! c'est bon ! fit Jourdan qui répétait les noms prononcés par la Cigale, afin de les fixer dans sa mémoire.

Celle-ci continuait son énumération :

— Anne Avi, Marie Bondon, madame Arnaud, qui a prétendu que ses bijoux sont plus beaux que ceux que tu m'as donnés.

— Il leur en cuira à toutes de t'avoir méprisée. Elles y passeront.

— Oh ! que tu es bon ! s'écria la Cigale en embrassant son général.

Celui-ci se leva, fit quelques pas dans la salle ; puis, s'approchant de l'une des croisées, il l'entr'ouvrit et regarda dans la cour.

— Ah ! voici les patrouilles qui reviennent avec leur capture ! dit-il.

La Cigale accourut, s'appuya sur son épaule, et le digne couple ne perdit rien de ce qui se passait dans la cour du palais.

Deux patrouilles venaient d'y entrer, commandées l'une par Minvielle, l'autre par Lafleur. Dans les rangs de la première, marchaient un vieillard et un jeune homme. Le premier, dont le grand âge rendait la marche difficile, donnait le bras au second, qui semblait n'avoir d'autre souci que de le protéger contre les brutalités des soldats.

— Courage, mon père, disait le jeune homme. On ne saurait nous retenir longtemps, puisque nous n'avons commis aucun crime.

— Ce n'est pas le courage qui me manque, mon enfant, c'est la force, répondit le vieillard. A mon âge, on n'a pas peur, mais on est faible.

Et comme il s'arrêtait pour reprendre haleine, un soldat lui envoya dans les reins un coup de la crosse de son fusil et dit :

— Avancez donc, monsieur Lamy.

— Misérable ! s'écria le fils Lamy en se retournant, les traits crispés par la colère.

— Pas de colère, jeune homme, lui répondit ironiquement un autre soldat.

— Je veux parler au général, fit tout à coup Lamy.

Le groupe se trouvait en ce moment au-dessous de la croisée de l'appartement de Jourdan.

— Que me veut-on? demanda ce dernier, tandis que la Cigale se penchait pour mieux voir les prisonniers.

Lamy releva la tête.

— Je désire savoir, demanda-t-il, pourquoi mon fils et moi avons été arrêtés et conduits ici comme des malfaiteurs?

— Ne vous en doutez-vous pas?

— Nullement.

— Vous êtes accusés l'un et l'autre de complicité dans l'assassinat de Lescuyer.

— Nous, accusés de complicité! répliqua vivement le fils Lamy. On nous accuse d'un tel crime! C'est infâme!

Et d'une voix ferme, il ajouta :

— Que veut-on faire de nous?

— En prison, d'abord, répondit le général. Nous verrons ensuite.

On les entraîna au moment où s'avançait la seconde patrouille. Celle-ci conduisait un des hommes les plus honorables d'Avignon, un imprimeur nommé Niel, parent de celui que nos lecteurs ont déjà vu dans l'île de la Barthelasse et de madame Niel, l'une des prisonnières de Jourdan. Niel venait d'être arrêté comme Lamy, sans connaître aucun des griefs qu'on lui reprochait. Il marchait seul et d'un pas résolu entre les soldats. Son fils allait derrière lui, suppliant ceux-ci, qui le repoussaient, de lui permettre de se constituer prisonnier et de ne pas le séparer de son père.

Lorsqu'il vit le général à sa croisée, il s'avança vers lui et lui répéta sa prière.

— Tu veux être arrêté?

— C'est mon vœu le plus ardent.

— Qu'à cela ne tienne! murmura Jourdan.

Et s'adressant aux soldats, il reprit tout haut :

— Enfermez aussi le jeune!

— O mon enfant! qu'as-tu fait? demanda Niel, tandis que son fils venait le rejoindre.

— Mon devoir, mon père!

Et ils disparurent sous la sombre voûte qui conduisait aux prisons.

Tout à coup, des cris déchirants se firent entendre. Une troisième patrouille entra, conduisant une femme du peuple, jeune encore, qui résistait de toutes ses forces à ceux qui l'avaient arrêtée. Echevelée, les vêtements en désordre, elle se laissait traîner, sans sentir les coups, sans entendre les menaces qu'on proférait autour d'elle.

— Je suis innocente! s'écriait-elle.

— Marche donc, coquine!

— Tu sauras ce qu'il en coûte d'avoir calomnié les braves brigands.

Et ces paroles étaient accompagnées de bourrades, de coups de plat de sabre, qui obligeaient la malheureuse à marcher.

— Ciel! murmura tout à coup la Cigale, c'est Esprite Aubert.

— La belle-sœur de Chichourle; celle dont tout à l'heure tu me demandais l'arrestation?

— Elle-même!

— Mes braves brigands vont au-devant de tes désirs. Grâce à eux, voilà ton ancienne camarade sous clef.

Comme il disait ces mots, la prisonnière, qui venait d'apercevoir la Cigale, s'adressa à elle.

— La Cigale! fit-elle en suppliant, sauve-moi! Je ne t'ai jamais rien fait, ni à toi, ni à d'autres. J'étais ton amie. Pourquoi m'arrête-t-on? Sauve-moi!

— Rentrons ! dit la Cigale à Jourdan.

Celui-ci fit un signe aux soldats et se retira de la croisée qu'il ferma, tandis qu'on entraînait Esprite Aubert. Les cris qu'elle venait d'entendre avaient ému la Cigale, elle était pâle.

— Tu trembles, je crois, lui dit Jourdan.

— Cette femme !...

Jourdan prit sur la table un flacon et deux petits verres ; il remplit ceux-ci d'eau-de-vie et tendit l'un à la Cigale.

— Bois ; ceci te remettra.

Tandis que ces événements se passaient, Lusignan avait pu, la nuit venue, aidé par la Ratapiole, quitter le cloître des Cordeliers et gagner la maison de la jeune femme sans être vu. Une fois rendu chez son amie, épuisé par l'effort qu'il venait de faire, il s'était étendu sur un lit, afin de goûter quelque repos. Mais la blessure qu'il avait reçue le faisait souffrir. Il laissa même échapper plusieurs cris qui alarmèrent la Ratapiole.

— Je cours chercher un médecin, dit-elle tout à coup ; il t'examinera et ordonnera des remèdes qui te calmeront.

— Garde-t'en bien ! si ce médecin était un ami de Jourdan ou de quelqu'un des chefs de la garde nationale, nous serions perdus.

— Que faire, alors ?

— Je sais quels remèdes il faut pour me guérir. Je vais en écrire le nom, et Miette descendra afin de se les procurer chez un pharmacien.

— Oh ! non, pas Miette ; la pauvre petite n'est pas accoutumée à sortir seule le soir. J'irai, moi.

— Mais, si tu rencontres une patrouille, on te reconnaîtra, on t'arrêtera.

— Le pharmacien Crouzet est à deux pas d'ici ; je peux me rendre chez lui sans être vue. C'est un homme de bien ; il ne me trahira pas.

Lusigan, convaincu, traça à la hâte quelques lignes sur un papier. Comme la plupart des paysans et des chasseurs, il savait comment on guérit les blessures faites par les armes à feu. La Ratapiole sortit en courant. La rue était calme. La Ratapiole arriva sans encombre devant une boutique dans les vitrines de laquelle étaient placés de grands bocaux remplis d'eaux colorées qui reflétaient, en la grossissant, la lumière de l'intérieur. C'était la pharmacie Crouzet. La Ratapiole entra. Un homme jeune, assis devant un bureau, se leva.

— Que désirez-vous? demanda-t-il.

La jeune femme dénoua sa mante et se fit reconnaître.

— C'est vous, la Ratapiole! s'écria Crouzet.

— Vite, monsieur, donnez-moi les remèdes inscrits sur ce papier.

— Votre fille est blessée? dit le pharmacien en préparant l'ordonnance.

— Non, pas ma fille, mais un ami réfugié chez moi. Hâtez-vous, j'ai peur d'être surprise ici.

— Etes-vous donc poursuivie?

— Dans la journée, deux hommes qui me veulent du mal, deux braves brigands, ont été vus devant ma maison.

Comme elle venait de dire ces mots, on entendit dans la rue le pas pesant d'une troupe d'individus et le cliquetis de leurs armes.

— Les voilà! s'écria la Ratapiole.

D'un mouvement rapide, elle se jeta derrière le comptoir du pharmacien, s'accroupit et demeura cachée. Presque aussitôt la porte de la rue s'ouvrit brusquement, une patrouille composée d'une dizaine d'hommes se montra, tandis que, sortant d'une salle attenante à la pharmacie, apparaissait une belle jeune femme. C'était madame Crouzet. Elle n'avait guère plus de vingt-cinq ans. Elle était brune, avec un teint laiteux, dans la blancheur duquel s'ouvraient ses grands yeux; de toute sa personne se dégageait une beauté douce et fière.

Le jeune ménage était connu dans Avignon. Tout semblait lui sourire. Depuis six ans, une fillette, jolie comme les anges, charmait le foyer domestique, et madame Crouzet avait, quelques semaines avant, avoué à son mari qu'elle venait de sentir dans ses entrailles le tressaillement d'une maternité nouvelle.

En entendant dans la rue le pas des soldats, madame Crouzet avait eu peur, et, de la chambre où elle racontait à sa fille une de ces belles légendes de Provence qui font rêver les enfants, elle s'était élancée auprès de son mari. Elle se trouva, sans avoir vu la Ratapiole, en face des soldats.

— Que voulez-vous, messieurs? demanda-t-elle vivement.

— Vous prier de nous suivre au Palais des Papes, où le général Jourdan désire vous parler.

La jeune femme devint toute pâle.

— M'arrêter !

Crouzet s'avança, plus ému qu'elle, essayant cependant de tenir tête aux soldats et de raffermir sa voix.

— C'est une erreur, sans doute. C'est moi que le général demande, et non ma femme.

Celui qui commandait la patrouille secoua la tête.

— Ordre d'arrêter partout où elle se trouvera madame Crouzet. C'est formel.

— De quoi m'accuse-t-on ?

— Vous vous expliquerez avec ceux qui vous interrogeront.

A ce moment, une fillette se montra. Elle vit sa mère en larmes. Elle courut à elle.

— Pourquoi pleures-tu, maman?

— Elle pleure parce que nous allons la conduire en prison, répondit brutalement l'un des soldats.

La fillette se retourna.

— Conduire maman en prison ! Ce n'est pas vrai, dis, maman ?

Et comme madame Crouzet ne lui répondait pas, la petite jeta autour d'elle un regard désolé. L'attitude de son père, la physionomie repoussante des bandits lui révélèrent la vérité. Alors on la vit marcher vers les soldats, croiser ses petites mains, s'agenouiller devant eux, et, la voix étouffée par les larmes, murmurer ces paroles :

— Mes bons messieurs, ne mettez pas maman en prison. Je vous aimerai bien.

— Allons, il faut en finir, répliqua le chef de l'escouade.

Et sa lourde main s'abattit sur l'épaule de madame Crouzet. Celle-ci se releva, grave et ferme.

— Misérables, dit-elle, ne me touchez pas, et, si ni cette enfant ni moi ne pouvons vous attendrir, ayez au moins pitié de la créature que je porte dans mon sein.

— Suivez-nous, répétèrent les soldats.

Alors, la fillette se mit à pousser des cris déchirants. Sa mère la prit entre ses bras, la couvrant de caresses et de larmes. Tout à coup, Crouzet s'avança vers les soldats :

— Ma femme ne sortira pas d'ici, fit-il froidement.

— Qu'a-t-il dit? demanda le chef de la patrouille, qui ne pouvait croire qu'un seul homme fût assez audacieux pour vouloir résister à une douzaine de braves brigands.

Crouzet, semblable à un chat, sauta sur son comptoir. D'une main leste il atteignit deux bocaux placés sur une étagère élevée, et se retournant vers les soldats :

— Ceci est du vitriol, cria-t-il. Si vous ne sortez pas, je vide sur vos faces blêmes le contenu de ces bouteilles, et le vitriol, ça brûle, je vous en préviens.

Instinctivement, les soldats reculèrent ; mais au même moment, l'un d'eux mit en joue la petite Crouzet qui se pressait contre sa mère.

— Et moi je tire, répondit-il, et je tue l'enfant !

Crouzet eut l'attitude d'un lion qui serait vaincu par des chats. Les bocaux s'échappèrent de ses mains et se brisèrent sur le comptoir. Presque aussitôt, Crouzet fut précipité sur les dalles, lié par deux des brigands, tandis que deux autres repoussaient brutalement dans la chambre la fillette épouvantée. Puis, sans s'inquiéter des cris du père et de l'enfant, ils entraînèrent madame Crouzet, ne lui laissant même pas le temps de se couvrir.

La Ratapiole, placée sous le comptoir, n'avait rien perdu de cette horrible scène. Elle sortit de sa retraite. Elle jeta autour d'elle un regard désolé, courut à Crouzet, brisa les liens qui le retenaient ; puis, entrant dans la chambre, elle s'efforça de calmer la petite que les incidents qui précédent avaient glacée d'effroi. Elle revint bientôt vers Crouzet. Il était assis dans un coin, inerte, hébété, stupide. Sur ses genoux tremblants, elle déposa doucement l'enfant, et lui dit :

— Vivez pour elle. Quant à la mère, ayez confiance. Je ne désespère pas de la sauver.

Et elle s'enfuit.

En quelques pas, elle arriva devant sa maison. Elle gravit rapidement l'escalier, comme si quelqu'un des brigands eût été sur ses traces. Elle allait rentrer chez elle, lorsque soudain elle entendit un grand bruit dans la rue.

— Ce sont eux ! s'écria-t-elle.

Et elle se précipita dans la chambre où Lusignan et Miette l'attendaient.

— On vient m'arrêter.

A ces mots, Lusignan se redressa.

— On ne t'aura qu'avec ma vie.

D'un geste, elle l'apaisa. Elle venait, en jetant un regard autour d'elle, de reconnaître l'impossibilité de fuir.

— Je ne peux leur échapper, dit-elle rapidement, et ta mort ne me sauverait pas. Ne songe qu'à vivre pour me délivrer.

Lusignan la regardait, se demandant quel parti il allait prendre. Mais les moments étaient précieux, et sa résolution fut promptement arrêtée.

— Eh bien, soit, dit-il. Puisque tu ne peux fuir, laisse-toi arrêter sans résistance. En te trouvant docile, ils ne te maltraiteront pas. Quant à moi, dis-leur que je suis mourant, mort. De la sorte, je leur échapperai. En même temps, Lusignan se coucha sur le lit, ramena sur son corps les couvertures, et demeura immobile.

— Et ma fille ! s'écria la Ratapiole.

— Où tu iras, j'irai, mère, répondit Miette.

Les deux femmes s'agenouillèrent devant le lit. Au même moment, la porte, ébranlée par un violent coup de pied, s'ouvrit avec fracas. Quelques hommes entrèrent. A leur tête marchaient Brandefouaille et Cardeline, avinés, dépenaillés, hideux à voir.

— Enfin, nous la tenons ! s'écria le premier.

— Elle ne nous échappera pas, continua le second.

Et tous deux reprirent :

— En route, la Ratapiole !

Celle-ci, pressée de les entraîner hors de la chambre, se leva, et, prenant Miette par la main, répondit simplement :

— Je suis prête.

Sa résignation surprit Brandefouaille et Cardeline. Ils s'attendaient à des cris, à des supplications. Une si passive obéissance excita leurs soupçons.

— Un moment, dit Brandefouaille. Il en est un autre que nous avons l'ordre d'arrêter. C'est Lusignan. Où est-il ?

La Ratapiole ne répondit pas.

— Ne nous as-tu pas entendus ou ne veux-tu pas répondre ? reprit Cardeline. Lusignan est-il dans cette maison ?

Le Ratapiole tourna vers eux son beau visage baigné de larmes, qui aurait attendri des tigres, et leur dit :

— Lusignan est mort.

— Mort !

— Dieu a pris soin de le soustraire à votre cruauté, répondit la Ratapiole. Lorsque vous êtes entrés, je priais pour le repos de son âme.

Et comme, en prononçant ces paroles, elle avait regardé le lit sur lequel était étendu Lusignan, les braves brigands tournèrent leurs yeux de ce côté. Sous le drap, ils devinèrent une forme humaine. Sans respect pour celui qu'ils croyaient trépassé, ils voulurent voir et découvrirent brutalement le corps.

Durant les quelques secondes qui s'étaient écoulées entre son énergique résolution et l'entrée des bandits, Lusignan, pour se mieux donner les apparences d'un cadavre, avait eu recours à un moyen héroïque. D'une main vaillante et sans que la douleur pût lui arracher un cri, il avait violemment enlevé l'appareil posé quelques heures avant, par la Ratapiole, sur la blessure reçue par lui le matin dans l'église des Cordeliers. Il avait écarté les chairs, ouvert la plaie, fait couler son sang. Puis, avec les linges qui en étaient imbibés et rougis, il s'était frotté la figure et les mains. Hideux, méconnaissable, l'œil éteint, il ressemblait si bien à un cadavre que la Ratapiole, stupéfaite de le voir ainsi, tressaillit. Elle se contint cependant de peur d'éveiller les soupçons des bandits et de rendre inutile l'héroïsme de son ami.

Quant à Brandefouaille et à Cardeline, ils regardèrent d'un œil féroce ce corps sans vie. Le premier poussa un éclat de rire et d'une main sacrilège il souffleta les joues pâles de Lusignan. La Ratapiole ferma les yeux pour ne pas voir ce qui allait se passer, si Lusignan se redressait sous cet outrage. Il ne remua pas et la Ratapiole se demanda, non sans effroi, s'il ne venait pas d'expirer.

— Puisqu'un soufflet le laisse insensible, c'est qu'il est bien mort, dit Brandefouaille.

Et il cracha sur la face de Lusignan. Lusignan ne remua pas davantage.

— Mort ou non, il est fini! objecta Cardeline. Puisse sa chair nourrir les corbeaux!

Les bandits allaient se mettre en route. Brandefouaille les arrêta.

— Sommes-nous si pressés que nous n'ayons pas le temps de lui donner la sépulture? C'était un vrai diable, ce Lusignan. Si nous le laissions là, il serait capable de ressusciter après notre départ.

— Tu veux l'enterrer fit Cardeline.

La Ratapiole sentait son front prêt à éclater en pensant que son ami, vivant, serait déposé par les misérables dans une fosse profonde. Peut-être allait-elle se trahir et crier:

— Il n'est pas mort!

Mais elle vit Cardeline secouer la tête. Elle l'entendit ajouter:

— L'enterrer! non. Le cimetière est loin d'ici et la terre est dure à creuser. Le chien ne vaut pas que nous nous donnions tant de mal. Nous souhaitions que son corps servît de pâture aux corbeaux; il servira de pâture aux poissons. En nous retirant, nous allons l'envoyer dans la Sorgue.

— Bravo ! cria toute la bande.
— A-t-il des idées, ce Brandefouaille !
— Ce sera un bien joli saut !
— A la Sorgue ! Lusignan, à la Sorgue !
— Vous ne ferez pas cela ! dit la Ratapiole, en s'avançant suppliante vers les bandits. On doit aux morts...
— Du respect ! interrompit Brandefouaille. Connu !
— Est-ce lui manquer de respect que de lui donner un bon petit lit de sable fin, sous les eaux ? continua Cardeline.
— D'ailleurs, il est si bon nageur qu'il est encore capable de s'en tirer.

Ces paroles de Brandefouaille eurent un résultat auquel il ne s'attendait pas. Elles apaisèrent subitement la Ratapiole, qui se dit, en se rappelant les circonstances dans lesquelles Lusignan l'avait arraché au Rhône, qu'il saurait bien échapper à la Sorgue.

— Partons, reprit Brandefouaille ; mais avant...

Il n'acheva pas, ouvrit une croisée saisit une chaise et la lança dans la rue. Tous comprirent, et, en quelques minutes, le modeste mobilier de la Ratapiole, brisé, broyé, précipité de haut en bas, gisait pêle-mêle sur le pavé. La Ratapiole assistait, le cœur déchiré, à tous ces désastres, et son regard se portait sur Lusignan, placé dans l'impossibilité de se défendre, après s'être montré si vaillant pour la soustraire aux vengeances de ses ennemis. Miette se tenait appuyée contre elle, sans crier, sans pleurer, comme si elle eût voulu ne pas ajouter à la douleur de sa mère le spectacle de sa propre terreur.

— En route ! en route ! s'écrièrent les braves brigands.

Ils étaient munis de lanternes destinées à éclairer leur marche. En entrant, ils les avaient déposées dans un coin. Ils les reprirent. Puis trois d'entre eux se chargèrent du corps de Lusignan, les autres placèrent entre eux la Ratapiole et sa fille, et le cortège se mit en chemin. Ils chantaient des chansons obscènes. A trois reprises ils arrêtèrent des passants effarés, qu'ils contraignirent à cracher sur le mort. Ils passèrent devant l'église des Cordeliers et arrivèrent bientôt sur les bords de la Sorgue.

La petite rivière était en crue. La légende raconte que, durant cette horrible journée, ses flots furent rougis du sang des blessés qu'on y précipita. En cet endroit, la bande s'arrêta, et comme la Ratapiole et sa fille demeuraient en arrière, en fermant les yeux, afin de ne pas voir ce qui allait se passer :

— Approchez-vous, leur dit Brandefouaille. Il faut que vous voyez le spectacle de près. C'est en votre honneur qu'on le donne.

Et il poussa brutalement les deux femmes sur le bord de la rivière.

— A nous deux, Cardeline ! s'écria-t-il.

Le quai, à cette place, était assez élevé au-dessus de l'eau, qui courait sombre et brillante comme au fond d'un grand trou. Cardeline et Brandefouaille débarrassèrent leurs camarades du corps de Lusignan. Ils le prirent, le premier par la tête, le second par les pieds, en tenant la face tournée du côté du sol. Puis ils commencèrent à le balancer de droite et de gauche pour le mieux précipiter. Les braves brigands s'étaient approchés afin de bien voir comment Lusignan tomberait. La Ratapiole et Miette priaient.

— Une ! s'écria Brandefouaille.

— Deux ! répondit Cardeline.

Ce dernier ne pouvait voir ce qui se passait au-dessous de lui. Il ne s'aperçut pas qu'à ce moment les bras du mort s'allongèrent, enfermant ses jambes comme dans une chaîne.

— Trois !

A ce cri que les deux bandits poussèrent ensemble, le corps de Lusignan fut lancé dans le vide. Mais il ne fut pas lancé seul. Entraîné par une force attractive, celui de Cardeline le suivit. Deux corps, au lieu d'un, tombèrent à l'eau et deux cris stridents, épouvantés, retentirent dans la nuit. Brandefouaille poussa une imprécation effroyable. Il s'élança, puis s'arrêta. Les eaux se refermaient sur les deux hommes.

— Malheur de nous ! s'écria-t-il. Je disais bien que ce

Lusignan était le diable lui-même. Si Cardeline m'avait écouté...

— Il est noyé ! répondirent ses camarades.

— Lusignan vivait ! murmura la Ratapiole.

A ce moment, on entendit un grand bruit dans la rivière, du fond de laquelle une voix s'éleva :

— Camarades!

— Cardeline ! attends ! nous allons te tirer de la.

— Inutile. Il m'a tué, mais son compte est bon. Les poissons nous mangeront tous les deux.

La Ratapiole éperdue allait se jeter dans la Sorgue. Miette la retint.

— Mère, dit-elle, Dieu le sauvera.

— Triste expédition ! murmura Brandefouaille.

Il s'avança vers la Ratapiole.

— Tu payeras pour Lusignan, dit-il.

La troupe se remit en marche.

— Où allons-nous ? demanda l'un des hommes.

— Au palais, raconter au général ce qui vient de se passer.

— Un moment, Brandefouaille ! répliqua l'un des soldats.

— Que veux-tu, Languette ?

— J'étais avec toi, en faction chez le général, lorsque, sur ta demande, il t'a permis d'arrêter la Ratapiole !

— C'est vrai !

— Tu dois te rappeler qu'il m'a permis, à moi, d'arrêter Marie Chabert.

— C'est encore vrai !

— Eh bien ! comme nous sommes à dix pas de la maison de cette coquine, rien ne s'oppose à ce que nous la prenions en passant.

— Adopté.

Et la patrouille s'engagea dans une rue étroite pour aller arrêter la malheureuse fille coupable de n'avoir pas voulu devenir la femme d'un brave brigand.

Un quart d'heure après, l'arrestation opérée, la troupe des braves brigands, traînant après elle deux femmes et enfant revenait vers le château des Papes, d'autres patrouilles entraînaient du même côté des malheureux, enlevés, comme la Ratapiole, comme Marie Chabert, à leurs foyers, à leurs familles, à leurs amis. C'était un concert lamentable de cris et de plaintes. Enfin, on franchit le seuil du palais.

Il était environ dix heures du soir. La vaste cour, éclairée par quelques torches que portaient des hommes à mine patibulaire, avait un aspect lugubre. On voyait, derrière les croisées, des lumières aller et venir dans l'intérieur du palais.

— Camarades, dit alors Brandefouaille, de la tenue ! Nous montons avec les prisonniers chez le général, afin qu'il prononce sur leur sort.

— Conduis seulement la Ratapiole et sa fille, lui répondit Languette. Moi, je garde Marie Chabert. J'ai une explication à lui demander.

En même temps, le misérable, approchant sa bouche de l'oreille de Brandefouaille, lui parla à voix basse. La figure de ce dernier exprima tout à la fois l'étonnement et l'envie. Puis il fit un signe à ses hommes, et tous ensemble, entraînant la Ratapiole et Miette, se dirigèrent vers l'escalier qui conduisait chez Jourdan.

Languette et Marie Chabert restèrent en face l'un de l'autre, et, comme il la regardait d'un œil de convoitise, elle conçut la folle espérance de le fléchir.

— Au nom du passé, dit-elle, n'auras-tu pas pitié de moi ?

— Je ne te veux pas de mal, répondit-il. Les autres avaient ordre de t'arrêter. Devant eux j'ai dû te menacer afin de ne pas éveiller leurs soupçons. Mais je ne demande qu'à te sauver. Suis-moi, je vais te cacher près d'ici.

Et, prenant une torche des mains d'un homme qui se promenait autour d'eux, il guida Marie vers les salles basses qui s'ouvraient sur la cour. On les vit disparaître. Mais dix minutes ne s'étaient pas écoulées que soudain des cris affreux, les cris d'une femme qu'on égorge se firent entendre.

Presque au même moment, Marie Chabert, échevelée, l'œil égaré, comme folle, s'élança hors de la salle où elle avait suivi Languette. Elle tourna un moment comme une hirondelle effarouchée. Puis, une voûte sombre s'étant trouvée devant ses pas, elle s'y réfugia en cessant de crier. En cet instant, Languette parut à son tour. Il ne l'avait pas perdue de vue, car il leva les épaules et murmura ces mots :

— Va, cherche à te cacher ; personne ne peut sortir du palais, et je te retrouverai.

V

La salle dans laquelle Brandefouaille et ses hommes conduisirent la Ratapiole et Miette était celle où nous avons déjà fait pénétrer le lecteur.

Il y avait en ce moment la plupart des personnages qu'il connaît : Jourdan Coupe-Tête, Lafleur, Minvielle, Mendes, le major Peytavin, Barbe, Savournin della Rocca, Sabin Tournal.

Ils s'étaient faits les organisateurs de la tragédie qui se préparait. Ils en avaient discuté l'opportunité, calculé les conséquences. Une seule préoccupation aurait été de nature à les retenir. Ils pouvaient redouter que la France, à laquelle Avignon et le Comtat venaient d'être annexés, ne châtiât cruellement les vengeances qu'ils allaient exercer. Mais l'un d'eux avait dit ces paroles qui firent cesser les hésitations des plus timorés :

— L'Assemblée nationale pardonnera tout.

Et le beau Minvielle avait ajouté :

— D'ailleurs, nous ne sommes pas obligés de nous montrer. Les braves brigands sont suffisamment excités. Il n'y a qu'à les laisser faire et à fermer les yeux.

Le massacre des prisonniers était donc résolu. Leur nombre, qui le matin de ce jour était de six, s'était accru des soixante malheureux arrêtés depuis la mort de Lescuyer. A mesure qu'ils entraient au palais, on les conduisait devant les administrateurs provisoires, que Jourdan avait contraints à siéger et à statuer sur le sort des individus suspects, comme pour donner une forme juridique aux représailles dont l'assassinat de Lescuyer devait être le prétexte. Les administrateurs provisoires interrogeaient à la hâte les inculpés, tous étrangers au crime dont on les accusait, et sous la pression de Jourdan, de Minvielle, de Lafleur et de ceux qui les entouraient, prononçaient l'incarcération immédiate.

C'est devant ce singulier tribunal que la Ratapiole comparut. Son entrée fut accueillie par des cris féroces. Il y avait, autour de la table devant laquelle les juges étaient assis, un certain nombre de braves brigands, dont la physionomie repoussante ajoutait à l'horreur de cette justice expéditive.

— Qui a arrêté celle-ci? demanda Jourdan.

— C'est moi, général, répondit Brandefouaille, en s'avançant, la tête haute, semblable à un triomphateur, parmi les assistants qui s'écartèrent devant lui.

— Tu as bien travaillé, mon brave!

— Seulement, général, l'arrestation de cette coquine a coûté la vie à un brave brigand.

— Lequel?

— Cardeline, un des plus vaillants parmi les vaillants.

Et tout aussitôt, Brandefouaille se mit à raconter les circonstances qui avaient causé le trépas de Cardeline. Il eut à peine achevé que, de toutes parts, des menaces dirigées contre la Ratapiole se firent entendre.

— Elle est doublement criminelle, dit Jourdan en la désignant d'un geste terrible.

Mais, autant elle avait paru épouvantée, quelques instants avant, autant maintenant elle semblait rassurée. Sa tête énergique n'exprimait autre chose qu'un calme dédaigneux et ses yeux se promenaient avec mépris sur les personnages qui l'entouraient. Ce n'est pas qu'elle eût cessé d'être émue. Miette, qui tenait son bras, pouvait seule se rendre compte de l'émotion de sa mère. Mais la Ratapiole avait pensé à Lusignan et elle s'était dit :

— L'heure est venue de se montrer digne de lui.

Tout à coup, Barbe, l'un des administrateurs provisoires et l'un des promoteurs les plus acharnés des vengeances projetées, réclama le silence et interrogea la Ratapiole.

— Parmi les griefs qui sont relevés contre vous, j'en trouve un très grave.

— Quel est-il?

— Vous êtes accusée d'avoir pris part à l'assassinat de Lescuyer, commis aujourd'hui dans l'église des Cordeliers.

— Elle y était! crièrent dix voix.

— Il faut qu'elle périsse! ajouta le beau Minvielle. Notre ami est mort. Il sera vengé. C'est son fils qui nous supplie de punir les meurtriers de son père.

Et d'un geste il montrait le fils Lescuyer qui, accoudé à l'extrémité de la table, la tête dans ses mains, semblait ne prendre aucune part à ce qui se passait autour de lui.

— Laissez-la parler! dit Barbe. Qu'avez-vous à répondre?

— J'étais dans l'église des Cordeliers...

— Elle avoue! s'écria Sabin Tournal, qui recueillait les paroles des accusés.

— J'étais dans l'église des Cordeliers, reprit la Ratapiole sans se laisser troubler. J'y avais été entraînée par la foule. Mais, en y arrivant, je me suis réfugiée, avec ma fille ici présente, dans un confessionnal où je suis restée jusqu'à l'arrivée du général.

— Elle ment, objecta le beau Minvielle.

— Nous apprécierons l'explication que vous venez de donner, dit Barbe.

Et, s'adressant à Brandefouaille, il ajouta :

— Qu'on la conduise aux prisons.

L'ordre allait être exécuté, lorsque soudain le major Peytavin tira son sabre du fourreau, le brandit, et s'avançant vers la Ratapiole qu'il menaça :

— J'ai bien envie, chienne, de te couper la tête.

La Ratapiole fixa sur cette brute un regard assuré, et d'une voix qui ne l'était pas moins :

— Frappez; mais vous vous priverez du plaisir de me

massacrer avec tous ceux que vous avez emprisonnés pour les faire périr.

— Cette femme a raison, dit une voix derrière la Ratapiole.

La Ratapiole se retourna. L'individu qui venait de parler s'avança comme s'il voulait la défendre et, par son attitude, obliger le major Peytavin à remettre son sabre au fourreau. Ce dernier comprit, eut peur et s'éloigna. L'homme resta près de la Ratapiole, afin de protéger sa sortie. Il avait environ cinquante ans. Il était de petite taille, vigoureux, trapu, avec des cheveux gris ébouriffés sur sa tête. Sur son visage, on ne voyait ni moustaches, ni barbe, mais l'expression de son regard révélait une énergie sauvage. Tel qu'il était, le bonhomme semblait terrible, et ce qui achevait de lui donner la tournure la plus étrange, c'était une bosse énorme qui faisait de lui une espèce de Quasimodo. En intervenant entre la Ratapiole et Peytavin, il avait paru obéir moins à une pensée généreuse qu'à une pensée de haine, et ne l'avoir sauvée du sabre du terrible major que pour la réserver pour une vengeance plus cruelle et plus éclatante.

Aussi la Ratapiole se demandait en quoi elle avait pu attirer sur elle l'inimitié de cet inconnu. Elle cherchait à résoudre cette question, lorsque, par les ordres de Jourdan, elle fut entraînée du côté des prisons. Elle passa entre deux haies de soldats, dont quelques-uns la suivirent. Elle se crut alors hors de l'atteinte du bossu dont l'aspect l'épouvantait pour sa fille et pour elle, et respira, croyant avoir provisoirement évité un grand danger. Mais, au moment où elle allait atteindre la porte des prisons, il apparut de nouveau devant elle.

— N'aie pas peur de moi, la Ratapiole, dit-il. Je ne te veux pas de mal, et si tu consens à suivre mes conseils, je te sauverai.

— Ta protection n'est-elle pas plus redoutable que ta colère? demanda la Ratapiole, rendue défiante par les événements auxquels elle assistait depuis vingt-quatre heures.

Le bossu la regarda.

— N'es-tu pas la promise de Lusignan?

— Oui, c'est moi qu'il aimait! Hélas! les misérables l'ont tué!

— J'étais là lorsque Brandefouaille a raconté sa mort au général, et, en mémoire de lui, je garderai tes jours avec autant de soin que les miens.

La Ratapiole secoua la tête.

— Protège ceux de ma fille, alors. Recueille la chère petite, fais-en une honnête femme. Mais ne te compromets pas pour me sauver. Lusignan est mort. La vie ne m'est plus rien.

Miette avait entendu ces mots. Elle se jeta dans les bras de sa mère :

— Si tu meurs, je veux mourir!

Ces paroles énergiques et graves, dans la bouche enfantine de Miette, rappelèrent la Ratapiole aux sentiments maternels qu'elle semblait avoir oubliés. Elle pressa sa fille sur sa poitrine, et, d'une voix étouffée par les larmes, elle murmura :

— Pardon! Pardon!

On arrivait aux portes de la prison.

— On va vous enfermer ici, dit le bossu. Restez-y et n'en sortez sous aucun prétexte, quoi qu'il arrive. Je vous y rejoindrai dans quelques heures.

A ce moment, Brandefouaille, qu'intriguait cette conversation qu'il ne pouvait entendre, s'approcha du bossu.

— Qu'as-tu donc de si important à communiquer à ces femmes? demanda-t-il.

— J'ai voulu répéter à la Ratapiole qu'elle ne périra que de ma main, répondit le bossu avec violence.

— Elle doit périr de la mienne! objecta Brandefouaille. Ah! cette nuit, l'on verra des choses terribles, ajouta le bandit. Il y aura des cris et des grincements de dents.

Le bossu l'arrêta.

— Eh bien, fit-il, part à deux! La Ratapiole t'a offensé, il est juste que tu la frappes. Mais Lusignan était mon ennemi, Cardeline était mon ami!

Brandefouaille réfléchit un moment. Puis il reprit :

— Tu as alors sur elle des droits semblables aux miens.

Eh bien, nous serons deux à lui demander compte de ses crimes, et c'est ensemble que nous exercerons sur elle la vengeance qu'elle a provoquée.

— Traité conclu ! répondit le bossu.

Et il tendit la main à son compagnon, comme pour sceller ainsi l'engagement mutuel qu'ils venaient de prendre.

Bientôt la porte de la prison s'ouvrit. La Ratapiole et sa fille furent poussées dans une salle où se trouvaient déjà d'autres prisonniers, et Brandefouaille, accompagné de ses soldats, assuré désormais que ses victimes ne pourraient lui échapper, alla en toute hâte se mettre aux ordres du général Jourdan.

La salle dans laquelle venaient d'être introduites la Ratapiole et sa fille était très vaste. Le général Jourdan, en sa qualité de commandant du Palais, avait ordonné qu'elle serait exclusivement consacrée aux femmes. Elles s'y trouvaient en ce moment au nombre de quatorze. La Ratapiole fut la quinzième qui, dans cette soirée, vint y prendre place.

Cette pièce communiquait d'un côté avec la chapelle, et de l'autre, avec l'une des salles où étaient détenus les hommes. Contre les murs étaient dressés des lits de camp, grabats misérables destinés aux prisonnières. Une grosse lanterne suspendue au plafond éclairait pendant la nuit, d'une lueur vacillante, fumeuse et troublée, l'intérieur du cachot. Le jour y entrait par des croisées haut placées, grillées et donnant sur la cour.

Quand la Ratapiole parut, il se fit un grand silence. La salle étant plongée dans une demi-obscurité, on ne pouvait reconnaître la nouvelle venue. Cependant, lorsque la Ratapiole arriva sous la lanterne, la lumière ayant éclairé son visage, son nom circula dans toutes les bouches et une femme vint au devant d'elle

— Ah ! madame Niel ! dit la Ratapiole en s'inclinant.

— Vous aussi, la Ratapiole, vous êtes tombée dans leurs mains ?

— Oui, madame. Il était écrit que je ne leur échapperais

pas. J'espérais pouvoir jouir encore de la liberté et la consacrer à votre délivrance.

— Pauvre enfant, c'est le zèle que vous avez déployé jusqu'ici en ma faveur qui est la cause de votre emprisonnement, je le crains bien!

Elle entraîna la Ratapiole et sa fille du côté de son lit, obligea Miette à se coucher, car la pauvre petite, exténuée de fatigue et d'émotion, ne pouvait plus se tenir debout; puis, toutes les prisonnières s'étant groupées autour de madame Niel, l'entretien qu'avait interrompu l'entrée de la Ratapiole recommença.

En regardant l'une après l'autre toutes ces femmes, il était difficile de se figurer qu'elles eussent été arrêtées comme appartenant au parti royaliste, c'est-à-dire au parti des aristocrates. A l'exception de trois d'entre elles, elles sortaient toutes de la classe ouvrière d'Avignon, du peuple. Esprite Auberte était la femme d'un portefaix; Anne Avi, la femme d'un cultivateur; Ayme, qu'on appelait la belle pâtinière, veuve d'un sabotier; la veuve Haut, ouvrière en soie; la Sarian, lavandière. Les autres n'avaient pas de professions plus relevées. Seules, mesdames Niel, Crouzet et Arnaud, par leur position sociale, leur fortune, leurs alliances, les deux premières par l'éclat de leur esprit et de leur beauté, représentaient ce que Jourdan et ses amis appelaient des aristocrates. Des vengeances privées, des haines secrètes profitaient, pour s'exercer contre ces malheureuses, de la crise terrible que traversait Avignon.

Contre madame Niel s'élevaient des charges plus graves, et de toutes les prisonnières elle était, avec la Ratapiole, celle contre qui les braves brigands et leurs chefs déployaient l'acharnement le plus vif.

Son mari dirigeait dans Avignon un important établissement typographique. Elle avait embrassé avec ardeur les idées annexionnistes. C'est chez elle que le parti français s'était en quelque sorte formé. Une âme virile, enthousiaste, passionnée, animait son corps paré de toutes les beautés qui séduisent. Elle avait alors près de quarante ans. Mais elle ne paraissait pas arrivée à cet âge. Elle était bien faite, élégante, avec des allures de grande dame.

Elle avait été arrêtée dans la triste journée du 21 août, qui donna le pouvoir à Jourdan Coupe-Tête et à ses amis. Séparée de son mari qui, depuis, avait pris la fuite, de son fils, emprisonné le même jour qu'elle-même, et avec qui ses bourreaux, par un raffinement de cruauté, lui interdisaient de communiquer, madame Niel était dans ce cachot depuis près de deux mois, coupable d'avoir été l'amie de l'abbé Mulot, le seul des médiateurs nommés par la France qui fût animé d'intentions pacifiques, coupable d'avoir voulu éloigner d'Avignon les terroristes et de s'être laissée vaincre par eux. Enfin, pour mettre le comble à ses maux, dans cette fatale soirée du 16 octobre, elle venait d'apprendre que deux autres membres de sa famille, son beau-frère Niel et son neveu, Niel fils, avaient été arrêtés.

Une seule famille d'Avignon, l'une des plus honorables, l'une des plus estimées, comptait donc en ce moment quatre de ses membres parmi les victimes dont Jourdan Coupe-Tête préparait le massacre. L'abbé Mulot avait déployé d'énergiques efforts pour arracher madame Niel et son fils au sort qui les attendait. Mais il n'était parvenu qu'à aggraver leur position, à redoubler la haine de leurs ennemis, qui voulaient faire périr tout ce qui leur faisait résistance, comptant ensuite sur l'amnistie que l'Assemblée nationale ne manquerait pas de prononcer le jour où la France prendrait possession d'Avignon et du Comtat.

En des temps plus heureux, la Ratapiole s'était attachée à madame Niel. Plus tard, après le 21 août, elle mit tout en œuvre pour assurer son évasion. Elle échoua dans son projet; mais madame Niel en conservait le souvenir dans son cœur pénétré de gratitude.

— Jusqu'ici je n'avais rien redouté pour moi ni pour mon fils, dit-elle à la Ratapiole. Je me disais que de sang-froid les misérables n'oseraient nous tuer, et que, s'ils avaient voulu notre mort, ils nous auraient livrés aux furies populaires ameutées contre ma maison. Mais, ce soir, en voyant cette porte s'ouvrir pour donner passage à de nouvelles prisonnières, je me demande quels projets les infâmes méditent.

— Ils veulent nous massacrer, dit madame Crouzet.

— Plus de cinquante hommes ont été arrêtés en même temps que nous, objecta la Ratapiole.

— Malheur sur notre ville! murmura madame Niel.

Madame Crouzet promena autour d'elle un regard empreint d'énergie, tendit les bras, serra les poings, et d'une voix fière :

— Oh! ils n'auront pas facilement ma vie! s'écria-t-elle. Je me défendrai. Les lâches! ils m'ont arrêtée sous les yeux de mon mari, réduit par eux à l'impossibilité de me défendre, sans pitié pour les larmes de ma fille qu'ils ont menacée.

— J'ai tout vu, dit la Ratapiole. Menacée moi-même, poursuivie, impuissante à vous prêter secours, je suis restée cachée. Mais, après votre départ, j'ai consolé votre fille, délié votre mari.

— Oh! merci! Tenez, fit tout à coup madame Crouzet, comme moi vous avez une fille; comme ma vie, votre vie est menacée. Eh bien, si l'une de nous deux échappe à la mort, que celle-là prenne soin de l'orpheline laissée par l'autre. Voulez-vous ?

— De tout mon cœur, répondit la Ratapiole.

Et les deux femmes s'embrassèrent.

A ce moment, on entendit un grand bruit dans le couloir qui précédait la prison.

— Est-ce notre dernière heure ? demanda madame Niel.

Instinctivement, la Ratapiole se plaça devant le lit où dormait sa fille.

Madame Crouzet croisa ses bras sur sa poitrine et sembla défier les massacreurs qu'elle croyait près d'entrer.

Quant à madame Niel, elle tomba sur le lit, couvrit ses yeux de ses mains crispées, et on l'entendit murmurer :

— Mon fils! mon pauvre enfant !

Miette dormait toujours. Les autres femmes s'étaient

agenouillées en poussant des cris de terreur. Tout à coup madame Niel se releva, et, prenant la parole, se mit à leur prodiguer des consolations. La Ratapiole et madame Crouzet suivirent son exemple.

La porte de la salle s'ouvrit. Jourdan Coupe-Tête, le plumet au chapeau, le sabre au poing, fit dans la prison une entrée majestueuse. Il n'était pas seul. A son bras, fière comme une reine, parée comme une châsse, vêtue d'une sorte d'étoffe d'or qui semblait l'écraser, marchait la Cigale. Puis venait le beau Minvielle. Il donnait le bras à madame Lafleur, penchée sur lui. Lafleur et madame Minvielle, l'apothicaire Mendes, sa femme, le major Peytavin, Tournal, marchaient à leur suite. Une douzaine de soldats de l'armée de Vaucluse fermaient le cortège qui faisait le tour des prisons, afin de voir, disait le général, « la piteuse mine de ceux qui allaient y passer ».

Jourdan et son brillant état-major entrèrent sans mot dire. Les prisonnières reculèrent effarées. Madame Niel et madame Crouzet regardaient cette mascarade avec un tel dédain, que madame Lafleur, saisie d'un indicible sentiment de honte, entraîna le beau Minvielle hors de la salle.

Quant à la Ratapiole, elle ne put retenir un sourire de dédain, à l'aspect de la Cigale endimanchée, en se rappelant le costume que celle-ci portait autrefois, lorsqu'elle vendait des légumes au marché d'Avignon. Mais la Cigale, ne devinant pas sa pensée, marcha vers elle et lui dit :

— Crois-tu encore qu'il fasse bon de se moquer de moi ? Suis-je bien vengée ?

La Ratapiole ne répondit pas. Alors, tandis que Jourdan Coupe-Tête adressait aux autres femmes un discours rempli de menaces, les soldats, parmi lesquels se trouvait Brandefouaille, entourèrent la Ratapiole et l'accablèrent d'injures. Elle baissa la tête, décidée à ne pas ouvrir la bouche. Brandefouaille se lassa de n'obtenir aucune réponse. On le vit se diriger du côté de la porte, en prononçant à demi-voix des paroles incompréhensibles. Alors, parmi les personnes remplissant la salle, la Ratapiole se trouva seule debout devant le lit sur lequel Miette dormait de ce sommeil des enfants que ne trouble aucun bruit.

Un individu s'approcha d'elle sans qu'elle l'eût vu venir, ni même entrer. C'était le bossu.

— Je t'ai promis de te sauver, lui dit-il, je tiendrai ma parole.

En s'exprimant ainsi, il fixait sur elle un regard étrange, qui lui faisait horreur autant qu'une grossière insulte qu'on eût proféré à ses oreilles. Elle se défiait de ce secours inespéré, dont elle ne comprenait ni l'origine, ni le mobile.

— Est-ce la pitié seule qui te pousse à me venir en aide? demanda-t-elle.

— M'en voudrais-tu, si à la pitié se mêlait un autre sentiment?

Elle recula. Mais le bossu se ravisa.

— Je t'ai dit que c'est en souvenir de Lusignan que je voulais te sauver.

— En souvenir de Lusignan?

— Tout à l'heure, en te quittant à la porte de ce cachot, je suis sorti. Je suis allé du côté de la Sorgue. Je me doutais que Lusignan aurait échappé à la mort. Je l'ai vu

— Tu l'as vu! Oh! mon Dieu, je vous remercie, murmura la Ratapiole, maintenant je veux vivre.

Tout à coup elle reprit :

— Pourquoi n'est-il pas ici?

— Parce que Brandefouaille et les autres camarades le reconnaîtraient, et que cette fois il ne pourrait plus se soustraire à la mort. Ne voudraient-ils pas venger sur lui le trépas de Cardeline?

— C'est vrai.

— Mais il t'a confiée à moi, son ami.

— Qu'ordonne-t-il?

— Que tu te sauves.

— Comment?

— Avant qu'une heure se soit écoulée, il se passera ici des choses terribles. Jourdan a ordonné le massacre des prisonniers. Brandefouaille et ses camarades ici présents, moi-même, nous nous sommes engagés à frapper sans pitié tout ce qui se trouverait sous notre main.

— Mais, alors, je suis perdue.

— Non, si tu m'obéis. Aie confiance en moi, la Ratapiole. A tout à l'heure.

Sans ajouter un mot, il rejoignit le groupe formé autour de Jourdan. Ce dernier écoutait dédaigneusement les réclamations et les plaintes des prisonnières, leurs protestations d'innocence, et répondait :

— Le peuple jugera.

Aucune d'elles ne put rien obtenir de lui, ni du ramassis de bandits qui l'entouraient. Il sortit après avoir enveloppé d'un regard chargé de menaces ces pauvres femmes tremblantes.

La Ratapiole resta là, troublée, brisée, anéantie par tant d'efforts énergiques et d'émotions violentes. Tout ce qui lui arrivait prenait à ses yeux l'apparence du rêve où les événements se succèdent, émouvants, bizarres, inexpliqués, et sont oubliés le plus souvent après avoir une seule minute frappé le cerveau endormi. Il était environ onze heures. Les prisonnières, assises à terre ou étendues sur leur couche misérable, prêtaient l'oreille à tous les bruits du dehors. Quelques-unes pleuraient, d'autres riaient. La Ratapiole se rapprocha du lit où Miette dormait. Presque aussitôt l'enfant se réveilla.

— Maman, dit-elle, j'ai eu un songe. J'ai vu de braves brigands se diriger vers toi pour te faire du mal. Je me suis élancée au devant d'eux ; ils ont reculé. Trois fois ils sont avancés et trois fois je les ai obligés à s'éloigner. Je suis sûre que le ciel nous protège ; seulement, je ne veux plus dormir. Il faut que je veille. Toi, chérie, repose, je te garderai bien.

Miette sautait légèrement à terre. Elle voulait que sa mère prît sa place ; mais celle-ci s'avança vers madame Miel, l'obligea à se coucher, et s'accroupit au pied du lit, la tête posée contre les matelas.

Miette, assise sur une chaise, tenait la main de sa mère, en regardant la porte avec la persistance des enfants qui obéissent à une idée fixe, par laquelle leur imagination a été vivement frappée. Soudain cette porte s'ouvrit. Un homme se montra. Miette le reconnut. C'était le bossu. Instinctivement, elle se leva, fit deux pas au-devant de lui et le vit se retirer, disparaître, en refermant la porte sans bruit. Sans témoigner aucune surprise, Miette vint se rasseoir. Son rêve commençait à se réaliser.

A la même heure, dans une salle voisine, d'autres malheureux attendaient au milieu d'angoisses cruelles le résultat de la décision qu'ils supposaient avoir été prise à leur sujet. C'étaient Lamy, ancien membre de la municipalité renversée le vingt et un août, et son fils que nous avons déjà vu, suppliant Jourdan de lui laisser partager le sort de son père, et obtenir de lui cette triste grâce; le libraire Niel et son fils, parents de madame Niel, emprisonnés dans les mêmes conditions que les précédents et pour des motifs identiques; le vénérable abbé de Nolhac, curé de Saint-Symphorien, que sa charité n'avait pu protéger contre le désir violent que nourrissaient les braves brigands de s'emparer des sommes d'argent et des bijoux déposés chez lui par des citoyens fugitifs. A l'exception de ces victimes de la cupidité de Jourdan et de ses amis, les autres prisonniers, comme la plupart des femmes arrêtées, appartenaient au peuple. C'étaient presque tous des petits artisans de la ville, auxquels il faut ajouter trois paysans, deux frères cordeliers et un mendiant.

En quittant la prison des femmes, Jourdan Coupe-Tête était entré dans celle des hommes. Mais les physionomies qui s'étaient offertes à ses yeux exprimaient, pour la plupart, de si vives colères que, se sentant mal à l'aise en dépit des soldats qui l'accompagnaient, le vaillant guerrier s'était empressé de se retirer. Lorsqu'il fut parti, presque tous ces hommes, accoutumés à la dure vie de l'ouvrier, se jetèrent sur les dalles et s'endormirent.

Seuls dans un coin, Lamy et son fils, Niel et le sien, l'abbé de Nolhac, restèrent sur pied causant à voix basse.

— J'ai l'assurance que demain, au lever du jour, nous serons en liberté, disait Lamy, le père, qui était un vieil lard. Nous sommes innocents Aucun, parmi la bande de Jourdan, n'oserait assumer sur lui la mort de tant de citoyens.

— Ils en veulent à nos biens, répondit Niel. La présence de M. le curé parmi nous le prouve. Pourquoi l'arrêter, lui qui vécut toujours en dehors de nos querelles politiques, si ce n'est pour dévaliser sa maison ?

— Les richesses qui s'y trouvent ne m'appartiennent pas, objecta le curé de Saint-Symphorien. Elles sont le produit de dépôts sacrés. Si elles m'eussent appartenu, je les aurais données pour épargner un crime à ces malheureux égarés.

Il se fit un court silence. Tout à coup, le vieux Lamy, s'adressant à l'abbé de Nolhac, lui dit :

— S'il est vrai que notre dernière heure soit arrivée, monsieur le curé, il faut mettre en règle sa conscience. Depuis une heure, je ne songe pas à autre chose. Voulez-vous m'entendre en confession ?

A cette question, à laquelle l'abbé de Nolhac répondit affirmativement, le fils de Lamy poussa une plainte où se mêlait l'expression contenue d'une colère impuissante.

— Apaise-toi, mon enfant, lui dit son père, et n'ajoute as, par ton désespoir, à la douleur que me cause la persistance que tu as mise à vouloir entrer ici avec moi !

— Je ne pouvais vous quitter, mon père ! répondit le eune homme.

Lamy père s'éloigna un moment avec l'abbé de Nolhac. mme ils revenaient vers le groupe formé par leurs mis, un homme se leva du milieu de ceux qui dormaient étendus par terre et s'avança de leur côté. C'était n individu de grande taille, aux épaules carrées, aux ras vigoureux. Ses traits respiraient l'énergie et la force. a taille était légèrement courbée, mais c'était moins le ésultat de l'âge que d'une habitude qu'expliquait sa rofession.

Cet homme, portefaix sur le port du Rhône, se nommait Rey. Ses camarades l'appelaient La Plante. Il s'était mêlé avec ardeur à tous les épisodes de la révolution avignonnaise. Mais, quelle qu'eût été sa conduite, il était l'un des ennemis les plus acharnés de l'armée de Vaucluse, et la vivacité de ses opinions sur ce point venait de le conduire en prison.

— Que voulez-vous, Rey? lui demanda Lamy, en le voyant s'approcher.

— Croyez-vous, monsieur Lamy, que nous devions nous laisser égorger comme des moutons?

— Pourrons-nous l'empêcher, si telle est la volonté de Dieu?

— Non, sans doute. Mais l'Evangile dit : « Aide-toi et le ciel t'aidera. » Eh bien, nous sommes dans cette salle trente. Au-dessous de nous, il sont six, ceux qu'on arrêta le 21 août; dans les cachots bas, il doit bien se trouver quelques hommes de bonne volonté. Croyez-vous que si, à nous tous, nous décidions de sortir d'ici, nous ne lutterions pas avec avantage contre ceux qui nous gardent? Combien sont-ils? J'en tuerai bien dix pour ma part.

Les jeunes Niel et Lamy accueillirent avec enthousiasme cette proposition. Mais il n'en fut pas de même de leurs pères.

— Quand vous en aurez tué dix, mon pauvre Rey, il y en aura cent pour vous tuer.

— Mais, du moins, je me serai défendu.

On ne lui répondit pas. Sur les cinq personnes auxquelles il venait de s'adresser, il y avait trois vieillards.

Alors il revint vers les hommes qui dormaient, les réveilla, essaya de leur faire adopter ses plans. Mais il ne trouva que des courages paralysés, des esprits faibles, énervés, irrésolus ou illusionnés.

— Allons, murmura-t-il, en reprenant sa place, il n'y a rien à faire avec ceux-là. Tant pis pour eux. Quant à moi, on ne m'aura pas facilement, et ma vie coûtera cher!

Au moment où il faisait à part cette réflexion, la porte de la prison s'ouvrit, et le concierge livra passage à cinq nouveaux venus. C'étaient ceux qui avaient été arrêtés le 21 août, avec madame Niel. Quatre d'entre eux faisaient partie de la municipalité renversée durant cette journée. Ils se nommaient Gérard, Paysant, Courlet et Mouvans. Ce dernier était le supérieur de la communauté de l'Oratoire. On l'avait vu accueillir les idées nouvelles avec enthousiasme. Il expiait cruellement ses ambitions politiques.

Gérard, Paysant et Coulet appartenaient à la classe industrielle d'Avignon. Aucun d'eux n'avait rêvé les honneurs auxquels ils étaient parvenus. C'est en vue du bien public qu'ils avaient accepté les fonctions municipales.

Mais, des cinq hommes incarcérés ce jour-là en même temps que madame Niel, il n'en était pas de plus inoffensif, de moins coupable, de plus digne d'intérêt que le fils de celle-ci. C'était un jeune homme de vingt ans. Envoyé à Paris pour y apprendre la profession de typographe, celle de son père, il y avait connu l'abbé Mulot, nommé depuis médiateur par la France, chargé de pacifier Avignon. Entre ce prêtre et ce jeune homme, s'était formée une étroite amitié qui devait être fatale à celui-ci aussi bien qu'à son ami. Le jour où l'abbé Mulot, homme de bien et d'ordre, devint suspect aux patriotes tels que Minvielle et Tournal, ses amis furent désignés pour subir les vengeances qu'on ne pouvait exercer contre lui.

Depuis le 21 août, date de leur emprisonnement, jusqu'à cette soirée du 16 octobre que nous racontons, les cinq prisonniers, séparés de madame Niel, étaient restés enfermés, tenus au secret le plus rigoureux, dans les combles des prisons. Ils ne savaient rien de ce qui se passait dans la ville, et c'est par le son lugubre de la cloche d'argent, qui dans la journée s'était fait entendre à quelques pas d'eux, qu'ils devinèrent qu'Avignon était de nouveau au pouvoir des terroristes. Vers six heures, le concierge vint les prendre dans la salle qui leur servait de demeure et leur enjoignit de descendre. Le fils Niel réclamait vainement depuis six semaines la faveur d'être réuni à sa mère.

— Me permettra-t-on de voir ma mère ? demanda-t-il.
— Tu ne la verras que trop tout à l'heure.

Il n'obtint pas d'autre réponse.

On les conduisit alors dans la prison des hommes, où se trouvaient déjà la plupart des victimes de Jourdan Coupe-Tête. Afin de les frapper plus sûrement, le général avait voulu les réunir dans une même salle. L'entrée des cinq malheureux fut accueillie par les autres prisonniers, qui n'avaient pas subi une captivité aussi douloureuse ni aussi longue, par des marques non équivoques de sympathie et de pitié. Leur infortune rapprochait ces hommes de conditions et d'opinions si diverses. Le jeune Niel se trouva de la sorte auprès de son oncle et de son cousin. Ils ne s'étaient pas vus depuis près de deux mois.

Soudain, le jeune homme, s'étant approché d'une porte qui donnait sur la chapelle, s'aperçut qu'elle n'était qu'à demi fermée. Il la poussa, entra dans le saint lieu qu'avait dévasté Jourdan. Par une fente ménagée entre les dalles et le bas d'une autre porte située en face de celle de la prison, à côté de l'autel, il vit de la lumière. Il courut de ce côté, prêta l'oreille et entendit des voix de femmes.

— Ma mère est là ! se dit-il.

Et il revint en hâte vers la salle des hommes, cherchant un bras vigoureux et de bonne volonté pour l'aider à renverser l'obstacle qui le séparait de celle qu'il voulait voir. Le portefaix Rey se promenait de long en large, les mains dans les poches, regardant d'un œil stupide les murailles qui le retenaient captif, comme s'il eût calculé par quels efforts il parviendrait à les renverser.

— Rey, lui dit le jeune Niel, viens à mon aide.

— Qu'est-ce donc ?

Le jeune homme l'entraîna dans la chapelle, et lui montrant la prison des femmes :

— Ma mère est là. Je voudrais la voir.

— Il faut ouvrir la porte.

— Elle est fermée par cette serrure.

Rey regarda la serrure, leva les épaules avec dédain ; puis il appuya son dos contre la porte, fixant ses pieds au sol de façon à faire de son corps un levier puissant. Ses veines se gonflèrent, ses muscles se tendirent. Il y eut de sa part un effort terrible et violent. La serrure se détacha, emportant avec elle des morceaux de bois déchiquetés et broyés, et la porte s'enfonça brusquement avec un fracas retentissant, tandis que dans la prison des femmes un cri de terreur se faisait entendre. Le fils Niel s'y précipita le premier.

— Ma mère ! s'écria-t-il, avant d'avoir vu madame Niel.

Les bras maternels s'ouvrirent pour le recevoir, et il put enfin se presser contre le sein qui lui avait donné la vie.

— Mon enfant ! mon fils !

Que d'effusions ! que de tendresses ! que de larmes !

— J'ai voulu te voir, t'embrasser ! On dit que notre dernière heure est venue ; pouvais-je mourir sans avoir entendu ta chère voix !

La première émotion calmée, les femmes firent quelques pas du côté de la prison des hommes. Ceux-ci, de leur côté, s'avancèrent. Bientôt les uns et les autres étaient réunis. Ce fut une minute pleine de joie et d'émotion. On se revoyait, on se reconnaissait. Les femmes s'étaient rapprochées des prêtres, et les suppliaient de leur donner une suprême bénédiction.

La Ratapiole, après un court repos, s'était redressée. Miette lui tenait toujours la main, regardant avec curiosité autour d'elle, cherchant si parmi ces hommes qui l'entouraient elle ne découvrirait pas le visage du bossu, qu'elle avait vu tout à l'heure pénétrer dans la prison et s'enfuir ensuite lorsqu'elle s'était mise à marcher au-devant de lui.

Soudain un son monotone, funèbre, strident, semblable à un glas, retentit, en faisant vibrer les charpentes des voûtes. Les agents de Jourdan Coupe-Tête venaient de mettre en branle la cloche d'argent. Elle sonnait le tocsin. Les prisonniers s'arrêtèrent, écoutant avec un effroi mêlé de stupéfaction l'épouvantable bruit. Après chaque coup de cloche, pendant le court silence qui précédait le coup suivant, on entendait un souffle étouffé, rapide, dans les poitrines oppressées. Alors une voix s'éleva. C'était celle de l'abbé de Nolhac.

— Mes enfants, s'écria-t-il, que ceux qui veulent mourir en chrétiens s'agenouillent ! Qu'ils élèvent leur voix vers Dieu ! Qu'ils implorent la céleste miséricorde pour leurs fautes et qu'ils pardonnent à leurs ennemis ! Je vais donner l'absolution.

Et comme sur le pont d'un navire en détresse, tous tombèrent à genoux, et au nom de l'Eglise, le vénérable curé de Saint-Symphorien délia sur la terre, suivant la parole sainte, ce qui devait être délié dans le ciel.

VI

A la suite de la visite qu'il avait faite dans les prisons, le général Jourdan se retira dans ses appartements, suivi de ses hommes qui se groupèrent autour de lui. Au milieu d'un profond silence, il mit la main sur son cœur, et, d'une voix ferme, il s'exprima ainsi :

— Mes amis, l'heure de la justice a sonné. Nous l'attendions depuis longtemps. Soixante-six prisonniers, tous nos ennemis, se trouvent en notre pouvoir. Le pays attend de nous que nous vengions sur eux ses malheurs.

— Bravo ! c'est cela ! interrompit Minvielle.

— Vive le général ! hurla Brandefouaille qui se trouvait là avec bon nombre de braves brigands.

Jourdan sourit agréablement et continua :

— Contre nos ennemis, il n'y a qu'un parti à prendre. Il faut à tout jamais purger de leur présence Avignon et le monde entier. Nous avons donc unanimement voté la mort. Quelqu'un de vous a-t-il des objections à présenter ?

— Nous approuvons tous ! répondit Sabin Tournal.

— Tous ! reprit l'assemblée.

— Alors, je prie ces dames de se retirer. Il se passera

tout à l'heure, du côté des prisons, des choses qu'elles ne sauraient voir sans être profondément émues. Nous serons tous heureux de leur raconter demain matin comment les choses se seront passées.

Il se fit un mouvement dans l'auditoire. La Cigale, madame Minvielle, madame Mendes, madame Lafleur, celle-ci accompagnée jusqu'à la porte par le beau Minvielle, quittèrent leurs places et disparurent.

Le fils Lescuyer s'approcha de Jourdan.

— Général, lui dit-il, mon père a été frappé ce matin, à neuf heures, dans l'église des Cordeliers.

— C'est vrai, pauvre enfant!

— Depuis ce matin, vous me dites qu'il me sera permis de le venger, de frapper ses assassins.

— Tu peux les châtier sur-le-champ.

— Merci, général.

Et il alla se placer a côté du major Peytavin et de l'apothicaire Mendes, qui semblaient n'attendre qu'un ordre du général pour quitter la salle.

Le général, s'adressant alors au premier:

— Et surtout, major, pas de grâce! Ne vous laissez pas étourdir par les cris des femelles. Il y en a de jolies dans le nombre: la Ratapiole, la belle patinière, madame Crouzet. N'allez pas prendre feu et vous amouracher de quelqu'une d'elles.

— Je serai de bronze, mon général.

— Oui! oui! s'écria Tournal. Que tous meurent! Si quelqu'un survivait, c'est celui-là qui parlerait, qui dirait comment les choses se sont passées.

— D'ailleurs, ajouta Minvielle, nous n'avons qu'un moyen pour gouverner, pour rester les maîtres: c'est de nous défaire de tous ceux qui ne sont pas de notre parti, et cela sans aucune exception.

Savournin della Rocca prit la parole à son tour:

— Cette première exécution sera suivie, s'il le faut, d'une seconde et d'une troisième. Ce n'est que par de tels coups que nous régénérerons la population avignonnaise abâtardie, et que nous en ferons un peuple nouveau, docile à nos idées.

— N'oublions pas, messieurs, que vous voulez avant tout venger notre ami Lescuyer, traîtreusement mis à mort ! s'écria Lafleur.

Tandis que ces propos s'échangeaient à haute voix, Brandefouaille s'était avancé vers le major Peytavin et causait à voix basse avec lui.

— Sans doute ! sans doute ! lui répondit le major.

Puis, parlant tout haut à Jourdan, il ajouta :

— Brandefouaille me demandait ce que l'on devrait faire des bijoux et de l'argent que nous trouverons sur les prisonniers.

Jourdan consulta Lafleur, Minvielle et Tournal. Puis il ajouta :

— Vous garderez les bijoux, mes enfants. Quant à l'argent, vous l'apporterez ici ; il servira à venir en aide aux braves brigands. Et maintenant, reprit-il, après une pause, l'heure est venue. Qu'on mette en branle la cloche d'argent ! Allez rejoindre vos camarades et travaillez.

— Vive le général ! vociférèrent de nouveau les braves brigands.

— Mendes, avez-vous eu soin de songer à ce que les braves brigands trouvent dans la cour, durant la nuit, de quoi se rafraîchir et réparer leurs forces ?

— Oui, général, répondit l'apothicaire à haute et intelligible voix.

Tout bas, il continua :

— Je leur ai préparé une liqueur de ma façon. De l'eau-de-vie assaisonnée de poudre et de poivre. Si avec cela je ne leur mets pas le diable au corps !...

Les braves brigands s'élancèrent au dehors. Il les suivit, accompagné lui-même du major Peytavin et du fils Lescuyer. Jourdan, Minvielle, Sabin Tournal, Savournin et Barbe restèrent seuls.

— Les voilà lancés ! dit Minvielle.

— Et nul d'entre eux ne pourra prouver qu'il a obéi à nos ordres, reprit Lafleur.

— De telle sorte que si l'Assemblée nationale prenait mal cette affaire et voulait poursuivre, ce n'est pas à nous qu'elle pourrait s'en prendre, ajouta Barbe.

Jourdan regarda ses amis en souriant.

— Je ne comprends pas vos terreurs! Vous redoutez l'Assemblée nationale! Mais ne comptons-nous pas des défenseurs dans son sein? Ce que nous faisons cette nuit, c'est ce qu'on a fait à Nîmes, il y a quelques jours. C'est ce qu'on fera bientôt à Paris, soyez-en sûrs.

— Enfin, qu'importe! répondit Lafleur. Montrons-nous cette nuit sur le champ du massacre aussi peu que possible. Cent cinquante hommes travaillent pour nous; laissons-les faire, et, si vous voulez, nous allons nous disperser. Vers deux heures, nous nous rencontrerons dans l'auberge de la rue Bancasse, afin de nous communiquer nos impressions.

— J'irai à l'auberge de la rue Bancasse, dit Jourdan. Jusque-là on me trouvera ici. Je n'en sortirai pas.

— Et moi, fit Minvielle, je vais rôder dans le palais, de façon à tout voir sans être vu.

Ils sortirent peu après, à l'exception de Jourdan.

Lorsque ce dernier se trouva seul, il prit dans un meuble placé près de lui un verre vide, une bouteille pleine. Il plaça le tout sur une table, à sa portée, s'assit dans un fauteuil, et, ayant appelé son chien, qui accourut auprès de lui, il se mit à boire, en souriant à l'énorme dogue qui remuait la queue en signe de contentement. De temps en temps il quittait sa place, s'avançait vers la croisée afin de voir ce qui se passait au dehors.

Dans la grande cour du palais, une centaine d'hommes étaient réunis autour d'un grand feu, allumé sur le pavé et alimenté à l'aide de vieilles poutres trouvées dans les caves. On était au mois d'octobre. Dans cet admirable pays, qui confine à la Provence et dont le climat a la douceur du ciel italien, les soirées d'octobre sont charmantes quand le mistral ne souffle pas. Or, ce soir-là, le vent ne faisait pas entendre sa grande voix. L'air était calme, et les feuilles d'un châtaignier — le seul arbre qui fût planté dans la cour — étaient immobiles. Néanmoins, les individus réunis autour du feu tendaient avidement leurs mains vers la flamme, comme s'ils eussent eu besoin de réchauffer leurs corps frissonnant de l'émotion qui précède le crime. Mal vêtus, les uns de blouses en lambeaux, les autres d'uniformes dépareillés et coiffés de bonnets de laine rouge, leurs mines patibulaires révélaient de sanguinaires ardeurs, des cupidités inassouvies. C'est là ce que Jourdan Coupe-Tête et ses amis avaient su habilement exploiter dans les misérables dont ils allaient faire les instruments de leurs vengeances.

Brandefouaille, Languette, le bossu, d'autres encore étaient au premier rang. Sur deux tonneaux transformés en table, se trouvaient des bouteilles, des verres, et, debout devant ces tréteaux comme devant le comptoir d'un cabaret, l'apothicaire Mendes distribuait libéralement et à rasades l'infâme boisson préparée par lui dans son officine. Il n'avait pas meilleure mine que ses féroces consommateurs, et, n'eût été son costume assez soigné et relativement élégant, on l'eût pris pour le plus ignoble d'entre eux.

Un peu plus loin, allant du foyer autour duquel les bandits étaient groupés à la porte qui s'ouvrait sur la rue, on voyait le major Peytavin, une brute. Comme son général, il était en grand uniforme, chapeau à plumes sur la tête, le sabre au poing.

Avec une ardeur sans égale, il pressait les retardataires. Chaque fois qu'un individu se présentait dans la cour, il allait vers lui, constatait son identité, et, le poussant ensuite du côté de Mendes :

— Va boire, mon garçon, disait-il. Il y aura tout à l'heure de l'ouvrage là-haut. Il faut prendre des forces.

Tout à coup, une bande de femmes fit son apparition dans la cour. On en comptait dix ou douze.

Le major Peytavin et Mendes parurent surpris de cette invasion.

— Que souhaitez-vous? demanda le premier.

Une des mégères sortit des rangs.

— Toi, ici, Thérèse Fontaine! s'écria le major.

— N'est-il pas permis à des femmes, qui ont prouvé leur attachement à la cause du peuple, de venir encourager par leur présence les braves brigands ?

Hommes et femmes se réunirent. Les verres furent de

nouveau remplis, Mendes poussant à boire. Il y eut des toasts. On s'embrassait, on chantait, et ce fut pendant quelques minutes un tumulte indescriptible.

Le major Peytavin en profita pour s'avancer sur la place qui précède le palais. Devant la porte, deux sentinelles marchaient de long en large. Il les appela et leur dit à voix basse :

— A partir de ce moment, personne ne doit plus sortir du palais, sans donner le mot d'ordre Bancasse et Jourdan !

— Laisserons-nous entrer ?

— Les braves brigands seulement ! répondit-il.

Puis, il rentra dans la cour, fit un signe à Brandefouaille, à Laguette et au bossu.

— Brandefouaille et Languette vont distribuer les armes, ordonna-t-il. Quant à toi, le bossu, monte au clocher et sonne la cloche d'argent, afin d'appeler les camarades qui manquent encore à l'appel.

Le bossu s'élança. Il allait disparaître sous la voûte qui conduit au clocher, lorsque l'une des femmes qui venaient d'arriver s'approcha de lui. C'était une petite créature, d'aspect frêle, au regard timide, et qui semblait dépaysée au milieu de l'infâme bande qui l'entourait.

— Encore toi ! s'écria-t-il furieux.

— Ta femme te supplie de ne pas te mêler aux assassins ! murmura la malheureuse. Je t'en prie, ne te jette pas dans le crime. Quel profit en veux-tu tirer ? De l'argent ? Cet argent, vois-tu, nous portera malheur.

— Je veux venger Lescuyer ; ma place est ici ; laisse-moi, va-t'en !

Il la repoussa brutalement et disparut.

Pendant ce temps, Brandefouaille et Languette avaient distribué les armes, des haches, des baïonnettes, de vieux sabres, des faux, des barres de fer. C'était à qui prendrait les instruments les plus meurtriers.

— Chacun a-t-il ce qu'il lui faut ? demanda Brandefouaille.

— Et moi donc ? s'écria le fils Lescuyer en apparaissant au milieu des brigands.

Il était pâle, mais calme.

— Choisis, mon fils ! lui dit Brandefouaille.

Il s'empara d'une barre de fer carrée, courte et mince, et la brandiss nt,

— Ceci me suffit ! fit-il.

Au même moment, la cloche d'argent, mise en branle par le bossu, fit entendre ses premiers sons. D'abord lents et saccadés, ils se succédèrent bientôt plus rapides ; et pendant une demi-heure, elle continua à retentir, lancée à toutes volées. Mais, en l'entendant, les brigands poussèrent un cri formidable :

— Aux prisons ! aux prisons !

Et, comme un bataillon furieux, ils s'élancèrent vers la barrière close qui séparait la cour du palais de l'entrée des prisons.

Presque aussitôt le concierge se présenta, sortant du petit logis qu'il occupait à gauche, sous la voûte.

— Que désirez-vous ? demanda-t-il sans ouvrir.

— Que tu nous laisses entrer, d'abord ; que tu nous livres ensuite toutes les clefs.

— Que voulez-vous faire ?

— Venger la mort de Lescuyer.

— C'est que je n'ai pas d'ordre.

— Qu'à cela ne tienne ! s'écria Peytavin. Je t'ordonne d'ouvrir, Dumazer.

— Il me faut un ordre écrit du général.

— Un ordre écrit ! fit Brandefouaille ; un ordre écrit ! En voici un.

Et d'un coup de barre de fer il commença à briser la barrière.

Ce fut le signal d'un véritable assaut. Elle fut démolie en quelques minutes, et les brigands se ruèrent dans la galerie découverte à l'extrémité de laquelle se trouvait l'escalier des prisons. Mais, là, ils se divisèrent en deux troupes. Les uns s'élancèrent pour aller surprendre les prisonniers ; d'autres, comme si, maintenant qu'ils étaient maîtres des prisons et libres de tuer, ils eussent eu peur, revenaient sur leurs pas, dans la cour où Mendes continuait à verser à boire.

— Tous les détenus sont-ils en haut? demanda Brandefouaille.

— Il y en a trois dans une basse-fosse.

— Où est l'entrée?

— Par ici?

Et le concierge Dumazer, faisant quelques pas dans la galerie, ouvrit à côté de la porte de son logement une espèce de trappe à fleur de terre, semblable à l'embouchure d'un égout. Sur l'ordre de Brandefouaille, un homme apporta une torche et se pencha. Trois prisonniers dormaient étendus sur la paille, plongés dans une obscurité profonde.

La clarté les réveilla. L'un, un menuisier nommé Delmas, se releva, fut sur pied en une minute.

Il franchit d'un seul bond les trois ou quatre degrés qui séparaient le fond de la basse-fosse du niveau du sol, et passant comme un éclair devant Brandefouaille, qui avait levé la barre dont il était armé, il s'enfuit dans la cour.

Une décharge générale retentit; une balle l'atteignit au bras droit. Loin de l'arrêter, cette blessure sembla ranimer ses forces et activer la rapidité de sa course. Peut-être allait-il se sauver. Mais plusieurs de ceux qui cherchaient à l'arrêter arrivèrent à la porte avant lui et lui barrèrent le passage. Alors il revint sur ses pas, toujours courant, perdant son sang, haletant, affolé, comme un cerf traqué par des chiens, et se réfugia dans le logement du concierge.

La femme Dumazer était assise devant une table, la tête dans ses mains. Son mari cherchait à la rassurer. Ce fut derrière celui-ci que Delmas se précipita. Il l'entoura de ses bras comme pour s'en faire un rempart en disant:

— Par pitié, sauvez-moi!

Sans même lui répondre, Dumazer le repoussa brutalement. Épuisé par sa blessure, sa fatigue et son émotion, Delmas tomba à la renverse sur le seuil de la conciergerie au moment où le major Peytavin, Brandefouaille et leurs hommes allaient y entrer.

Ils saisirent l'infortuné par les pieds, le traînèrent dans la galerie et l'achevèrent à coups de sabre.

— En voilà toujours un de moins ! dit Brandefouaille.

Puis, s'approchant du caveau toujours plongé dans l'obscurité, il dit :

— S'il y a un homme dans ce caveau, je lui ordonne de sortir.

Il y en avait deux : l'un, Dibon, patron des mariniers du Rhône ; l'autre, Joachim Reynaud, tisseur de soie, accusés l'un et l'autre, comme Delmas et quoique innocents, d'avoir pris part à la mort de Lescuyer.

— Si l'un de nous se décide à sortir, dit Reynaud avec épouvante, l'autre sera sauvé, tandis que si nous restons ici tous les deux, nous y serons massacrés !

— Vous avez raison, répondit simplement Dibon. J'y vais.

— Oh ! non, murmura Reynaud, dont la voix tremblait.

— Laissez donc, reprit Dibon, je ne crains pas la mort. Je n'ai ni femme ni enfants.

Il sortit en disant :

— Que me voulez-vous ?

— T'offrir ceci, coquin, répondit Brandefouaille.

Et il laissa retomber sur le front du marinier la barre de fer qu'il brandissait. Dibon fut renversé par la violence du coup. Mais comme il respirait encore, Languette lui brisa la poitrine en sautant à plusieurs reprises et de toute sa force sur ce corps inanimé. Dibon fit entendre un sifflement ; un flot de sang jaillit de sa bouche et il expira. Brandefouaille essuya aux vêtements du mort sa barre de fer à laquelle s'étaient attachés des cheveux ensanglantés.

— Et de deux ! fit-il.

— Ça commence bien, ajouta Languette.

En ce moment, ceux de leurs compagnons qui, après la mort de Delmas, s'étaient dispersés dans la cour, revinrent auprès d'eux, tandis que le major Peytavin se montrait sur l'escalier, descendant des prisons, avec deux porteurs de torches.

— Voilà comme vous nous secondez, vous autres ! dit-il.

Mais soudain, ses regards tombèrent sur les deux cadavres de Delmas et de Dibon, noyés dans une mare de sang.

— Vous n'avez pas non plus perdu de temps ici, à ce que je vois. C'est bien, mes braves. Suivez-moi, maintenant. Vous trouverez là-haut à accomplir d'autres exploits dignes de vous.

— Nous vous suivons, major, répondit Languette, flatté par les paroles qu'il venait d'entendre.

Ils s'engageaient déjà dans l'étroit escalier qui conduit aux prisons, quand soudain la femme du concierge s'élança hors de son logement et les appela.

— Allez-vous laisser ces cadavres là ? demanda-t-elle.

Et son doigt tremblant montrait les corps de Dibon et de Delmas. Brandefouaille et Languette se regardèrent d'un air embarrassé. Le major Peytavin réfléchissait.

Soudain, le bossu, qui venait de confier à d'autres le soin de continuer à sonner la cloche d'argent, les rejoignit.

— Nous voilà bien embarrassés, lui dit Brandefouaille.

— Pourquoi ?

— Parce que nous ne savons où enterrer ces coquins.

Le bossu regarda autour de lui pour s'assurer qu'il était seul avec Peytavin, Brandefouaille et Languette. Puis, s'approchant d'eux et leur parlant si bas qu'ils avaient quelque peine à l'entendre, il leur fit part du plan qu'il venait de concevoir.

— Bravo ! s'écria Languette.

— De cette façon, on ne les retrouvera plus ! ajouta le major Peytavin.

Ils avancèrent, ainsi que Brandefouaille, du côté des cadavres, tandis que le bossu, criant à tue-tête dans la galerie, appelait à lui quelques hommes de bonne volonté. Il en vint cinq ou six.

— Mes amis, leur dit Brandefouaille, aidez-moi à porter là-haut cette pourriture.

Les bandits, divisés en deux troupes, enlevèrent les

tement les morts, et, chargés de leur fardeau, se mirent à gravir l'escalier des prisons, suivis du major Peytavin, de Brandefouaille et du bossu. Quant à Languette, il revint du côté de la cour, et la galerie demeura déserte.

Alors, de la basse-fosse émergea une tête blêmie par la terreur. Un corps décharné suivit cette tête et Joachim Reynaud, le compagnon des deux prisonniers qu'on venait d'assassiner, chercha autour de lui une retraite. Il voulait fuir. Mais de quel côté? Dans la cour, toutes les issues étaient gardées. Dans les prisons tout devait périr, et de la galerie il ne pouvait arriver que dans la cour ou aux prisons. A quelques pas devant lui, le logis du concierge était entr'ouvert. Par la porte vitrée, dans une chambre qu'éclairait un quinquet fumeux, Reynaud aperçut la femme Dumazer debout, les yeux pleins de larmes, dans une attitude qui révélait le plus affreux désespoir.

Il espéra qu'elle aurait pitié de lui. Il entra dans la conciergerie. A l'aspect du prisonnier, la Dumazer eut un geste de surprise et d'effroi.

— Ici!... vous!... Comment êtes-vous sorti de la basse-fosse?

— La porte était ouverte... Je ne veux pas être massacré comme les autres... Ayez pitié de moi... Faites-moi évader...

— Et par où? demanda-t-elle. Ne savez-vous pas que l'on a mis des sentinelles à toutes les portes, avec ordre de faire feu sur quiconque tenterait de violer la consigne? Retournez à votre cachot, on vous y oubliera et vous y serez plus en sûreté qu'ailleurs.

— Non, répondit Reynaud, ils y reviendront tout à l'heure, et s'ils m'y trouvent, ils ne m'épargneront pas.

— Mais je ne peux vous cacher.

— Voulez-vous donc que je meure de l'horrible mort qu'ont reçue mes compagnons? Oh! si vous avez des enfants, c'est en leur nom que je vous supplie de me conserver aux miens.

Il s'était agenouillé, pleurant et suppliant. La Dumazer était accessible à la pitié. Elle plaignit l'infortuné qui se traînait devant elle et résolut de le sauver. La conciergerie se composait de trois pièces. La Dumazer conduisit Reynaud dans celle du fond, le fit placer sous un lit en lui disant :

— Tenez-vous caché là. Demain, je pourrai, je l'espère, vous faire sortir du palais.

Joachim Reynaud commençait à la remercier, quand il fut interrompu par des cris déchirants qui venaient du côté de la cour.

Quelques minutes plus tôt, Languette, se rappelant tout à coup Marie Chabert, s'était mis à sa recherche. On a vu comment cette jeune fille s'était soustraite à son ravisseur et réfugiée sous une voûte sombre qui s'ouvrait devant elle.

Cette voûte était située en face de la barrière des prisons, de l'autre côté de la cour, à droite, en y entrant. Marie Chabert s'engagea dans l'obscurité sans savoir où ses pas la conduiraient.

Soudain, elle fut arrêtée par une grande porte en vieux chêne, sculptée, garnie de grilles en fer forgé. La porte n'était pas fermée. Elle la poussa, et faisant quelques pas, elle tomba épuisée sur un banc qui se rencontra sur son passage.

Elle se trouvait dans une salle immense, large et profonde, si profonde que son œil n'en pouvait voir les extrémités. Les voûtes étaient élevées comme celles d'une église, soutenues par des colonnes d'une hauteur telle que, bien que leur circonférence fût énorme, elles semblaient minces et légères. Les murailles étaient peintes en bleu et semées de trèfles en or qui, sous les pâles reflets du dehors, brillaient comme des vers luisants. Chaque pas qu'on faisait sur les dalles était répété par l'écho tant de fois, qu'on eût dit que vingt personnes marchaient ensemble.

Marie Chabert, en cet endroit qui semblait un temple, se crut en sûreté. Assise à la place où elle s'était arrêtée en entrant, elle essaya vainement de se reconnaître, puis ferma les yeux et attendit, les coudes sur les genoux, la tête dans les mains, accroupie, morne, désespérée.

Mais, brusquement, Languette se dressa devant elle. En le voyant, elle se leva et lui dit :

— Tu viens me tuer, je le sais. Frappe, mais ne me fais pas souffrir !

— Te voilà donc, coquine, répondit-il.

Elle recula, mais il avançait aussi, et son haleine, empestée par les liqueurs, arrivait sur le visage de Marie.

— Pitié ! murmura-t-elle.

— Tu m'as méprisé, disait-il, tu as cru m'échapper, et tu n'as pas compris que tu faisais naître en moi des désirs de vengeance. L'heure est venue de payer ta faute, et tu l'expieras cruellement.

— Je me défendrai ! s'écria-t-elle.

L'agneau devenait lion. Elle fouilla rapidement dans sa poche, y prit des ciseaux fins et allongés que, comme toutes les ouvrières, elle portait sur elle retenus à sa ceinture par une chaîne d'argent, et en posant la pointe sur sa poitrine, elle dit :

— Si tu fais un pas de plus, je me tue.

Languette laissa échapper une imprécation et, levant sur la tête de Marie la barre de fer dont il était armé, il la frappa de toutes ses forces. Elle tomba sans parler. Et il demeura debout, stupide, hébété, devant ce corps d'où la vie ne s'était pas encore retirée. Tout à coup, Marie poussa un long soupir. Ce fut comme une excitation pour lui ; il releva son arme et frappa jusqu'au point de défigurer les traits qu'il avait adorés. Lorsqu'il s'arrêta, Marie était morte.

Alors seulement il vit en quels lieux il se trouvait. La salle des conciles s'étendait sous son regard. Il eut peur. Il se courba sur le cadavre, et l'enleva sans voir que le sang coulait à flots sur ses vêtements. Puis, comme si des spectres l'eussent poursuivi, il s'enfuit dans la direction de la cour.

Il arriva, chargé de son fardeau, dans le groupe au milieu duquel Mendes distribuait sa liqueur infernale, et jeta devant le feu le corps de Marie.

— A boire ! fit-il d'une voix altérée.

Cinq fois et coup sur coup il vida son verre, que Méndes remplissait jusqu'au bord, en lui disant :

— Bois, mon fils, bois, ça te donnera du cœur.

A chaque instant, des hommes descendaient des prisons, couverts de sang, ignobles, abrutis, chancelants, et venaient là ranimer leurs forces épuisées. Peu après, ils formèrent un cercle autour du cadavre dont le sang se coagulait.

— Elle était jolie, cette fille ! dit l'un.
— Quelles dents !
— Quelle bouche !
— Et ces cheveux !

Quelques instants après, Languette ayant dépouillé le corps de Marie de ses vêtements et des bijoux qu'elle portait, le chargea de nouveau sur ses épaules et se dirigea du côté des prisons.

— Où vas-tu ? lui demandèrent ses camarades.
— La mettre avec les autres.

Et comme Languette arrivait à l'escalier des prisons, tous le suivirent en chantant. Les deux prisons dans lesquelles on avait enfermé les détenus se trouvaient au premier étage, réunies entre elles par une chapelle qui communiquait avec l'une et avec l'autre. On y arrivait par un large vestibule qui se présentait à droite au sommet de l'escalier. Après avoir passé devant la chapelle et devant les prisons, ce vestibule se continuait jusqu'à un autre escalier qui donnait accès dans une sorte de salle sans fenêtres, construite à mi-hauteur de la tour de Trouillas, — l'une des sept dont le palais des Papes est flanquée. Dans cette salle, d'une construction beaucoup plus récente que la tour elle-même, s'ouvrait en face de la porte une lucarne large, basse et cintrée, semblable à la gueule d'un four. Si l'on se penchait à cette lucarne, l'œil ne voyait qu'un grand puits, aux parois duquel poussaient, entre les pierres, quelques rares plantes, et dont le fond, bien qu'il ne fût guère au-dessous du niveau de la cour du palais, n'avait aucune issue qui permît d'y entrer ou d'en sortir. C'était comme une petite tour adossée à la grande.

On la nommait la Glacière.

C'est là que les braves brigands, sur l'ingénieuse idée émise par le bossu, avaient résolu de précipiter les morts. Ils les tuaient au premier étage, à quelques pas des prisons, puis ils montaient les corps en les portant sur les épaules, et, les faisant passer par le trou, ils les lançaient dans le vide béant.

Languette, suivi des hommes qui formaient son escorte, ne s'arrêta pas devant les prisons. Le massacre était déjà commencé. Le sang coulait sur les pavés. Des cervelles broyées, des cheveux rougis, des vêtements épars gisaient à terre. On marchait sur les corps. Quelques uns râlaient encore.

Languette tenait entre ses bras la dépouille mortelle de Marie Chabert, et, sous l'empire d'une idée fixe, il se dirigeait vers la tour de Trouillas. Le fardeau ne pesait pas entre ses bras. Un corps de jeune fille n'est pas bien lourd. Il gravit l'escalier de la tour et arriva devant le trou de la Glacière, autour duquel les assommeurs étaient occupés à jeter leurs victimes.

Il s'arrêta pour attendre.

Devant lui se trouvait le fils Lescuyer, enivré, non par la liqueur de Mendes, — il avait refusé de boire, — mais par l'odeur du sang et par l'excès de sa vengeance. Cet enfant avait travaillé comme un homme. Il se retourna vers Languette.

— J'en ai pour ma part tué cinq, dit-il, et je les ai jetés là-dedans.

— Qui sont ceux-là? demanda Languette.

— Le vieux Niel et son fils, madame Arnaud, la Sarrians et l'Argillière. Oh! je n'ai pas fini! Je puis tuer à mon aise, moi! Je n'ai peur de rien, je n'ai pas seize ans; et quoi qu'il arrive de ceci, on ne me coupera pas le cou.

Et, sans rien ajouter, il descendit en courant du côté des prisons.

Languette fit alors passer par le trou maudit le corps de Marie Chabert et le lâcha, se penchant pour le voir tomber. Le corps de Marie tomba sur neuf cadavres.

A mesure que la nuit s'avançait, le nombre des prisonniers diminuait. A une heure, quarante-huit d'entre eux avaient reçu la mort. Les assommeurs s'étaient rangés sur deux rangs, à l'extrémité de la galerie qui conduisait à la tour de Trouillas. Ceux qui ne voulaient pas tuer allaient chercher les prisonniers. Ils prenaient au hasard dans *le tas*, et disaient à celui dont le tour était venu :

— Le général veut vous parler.

Crédule ou non, de gré ou de force, l'infortuné sortait de la prison, faisait quelques pas et tombait sous les coups. Puis, d'autres bandits chargeaient les corps sur leurs robustes épaules et les emportaient. Mais comme leur tâche était plus longue que celle des assommeurs, il en résulta bientôt un amas de cadavres et la nécessité de déblayer la place.

Alors, on les vit se répandre dans toutes les directions. Les uns aidaient leurs camarades à monter les morts et à les jeter dans la Glacière. D'autres fouillaient dans les vêtements amoncelés de toutes parts. Ceux-ci essuyaient le sang qui coulait sur leurs bras et sur leurs mains. Ceux-là descendaient dans la cour pour aller respirer l'air pur de la nuit et réparer leurs forces en buvant. Quelques-uns rôdaient autour des cadavres comme des bêtes luxurieuses.

Le concierge Dumazer montrait les bijoux et l'argent dont les victimes venaient d'être dépouillées et que les bourreaux lui avaient confiés. La récolte était bonne. Sur M. Niel on avait trouvé cinq mille livres en or ou en assignats. Madame Arnaud, lorsqu'elle fut arrêtée, avait eu la fantaisie singulière de se parer de tous ses diamants. C'est ce qui la désigna l'une des premières au fer des assassins, qui s'empressèrent de les prendre. Tous les morts, sans exception, furent ainsi dévalisés. Ayme, celle qu'on appelait la belle patinière, fut l'objet de traitements odieux. Ils lui enlevèrent ses vêtements avant de la tuer et dansèrent autour d'elle une ronde cannibalesque.

Pendant que s'accomplissaient ces tragiques événements, Jourdan Coupe Tête, Lafleur, Minvielle, Tournal, Savournin, Barbe, réunis dans un cabaret du voisinage en suivaient les péripéties que leur faisaient connaître les émissaires envoyés vers eux par le major Peytavin ou par l'apothicaire Mendes.

Aucun d'eux n'avait osé se joindre aux assassins. Ils fuyaient les uns et les autres la responsabilité du crime. Jourdan Coupe Tête se montra à deux reprises, comme pour encourager les massacres ; mais il ne fit que passer. Vers une heure et demie, pendant le court instant de répit qui suivit la mort de quarante-huit des prisonniers, Minvielle apparut dans la galerie qui conduisait aux prisons. Tous les cadavres avaient été enlevés et précipités dans la Glacière. Mais le sang coulait sur les dalles, les vestiges hideux dont les murs étaient couverts, l'attitude des braves brigands, le désordre de leurs costumes, la lassitude qui les accablait, tout disait que les excitations subies par ces misérables avaient produit tous leurs résultats.

D'un regard, Minvielle embrassa ce spectacle et comprit. Un sourire éclaira son visage.

— A nous la victoire! murmura-t-il. Les braves brigands ont accompli l'œuvre jusqu'au bout.

Puis il chercha parmi ces hommes stupéfiés par l'ivresse et par leurs propres exploits quelqu'un à qui il pût parler. Dans un angle obscur de la galerie, le major Peytavin, Brandefouaille, Languette, le bossu et quelques autres des plus féroces de la bande formaient un groupe. Minvielle se dirigea de leur côté.

— Puisque vous vous reposez, mes braves, leur dit-il, c'est que votre tâche est terminée.

— A peu près, Minvielle, répondit le major Peytavin. Il reste peut-être encore une douzaine de prisonniers, mais ce sera une rapide affaire.

— Le général sera content.

— A moins d'être difficile, répliqua Brandefouaille; nous n'avons rien négligé pour le satisfaire.

— Les prisonniers avaient-ils beaucoup d'argent?

— Sept à huit mille louis environ, que Dumazer remettra au général. Mais les hommes ont eu une belle part de diamants.

— Le général ne les en récompensera pas moins, répondit Minvielle.

Sur ces mots, il disparut et la nuit s'acheva sans qu'il revînt. A trois heures du matin, dans les prisons pleines tout à l'heure, il ne restait que quinze prisonniers : dix hommes et cinq femmes. Les infortunés s'attendaient d'un moment à l'autre à mourir. Ils avaient vu sortir successivement leurs compagnons, dont les cris de détresse étaient montés jusqu'à leurs oreilles.

— Ce sera tout à l'heure notre tour ! pensaient-ils.

L'abbé de Nolhac et l'oratorien Mouvans s'entretenaient ensemble, ne s'interrompant que pour prodiguer tour à tour des consolations à deux ou trois des femmes qui les entouraient et dont la terreur allait toujours croissant. Accablée par la fatigue, madame Niel s'était étendue sur son grabat et dormait. Son fils veillait sur elle. La Ratapiole, un peu rassurée sur son sort depuis qu'elle se savait un protecteur, essayait d'apaiser la douleur et l'épouvante de madame Crouzet. Miette allait et venait de l'une à l'autre, tandis que d'autres de ces malheureux, ignorant que les assassins épuisés avaient pour quelques instants arrêté leurs forfaits, se communiquaient leurs angoisses.

Tout à coup la porte s'ouvrit. Le bossu entra. Ses vêtements souillés de sang et de boue, un sabre à la main, deux pistolets passés dans sa ceinture, son regard farouche racontaient les événements auxquels il venait de prendre part et le rôle qu'il y avait joué.

Sans voir les autres prisonniers, il alla vers la Ratapiole.

— Dans quelques instants le massacre va recommencer, lui dit-il à voix basse. On veut en finir avec les prisonniers qui restent encore dans les prisons.

— Es-tu assuré de nous sauver, non seulement moi, mais encore ma fille ?

— Je vous sauverai l'une et l'autre si tu veux m'obéir.

— Que faut-il faire ?

— Entrer avec moi dans apelle, et attendre, cachée derrière l'autel.

— Mais ne viendra- on pas m'y rcher ?

— J'espère que ta fille et toi y resterez inaperçues jusqu'au jour. Et alors les hommes, ayant terminé leur œuvre, s'éloigneront. Tu pourras sortir du palais.

La Ratapiole entra dans la chapelle et alla s'asseoir avec sa fille derrière le maître-autel dépouillé de tous ses ornements, et où le bossu la suivit.

— A la bonne heure ! s'écria le bossu ; ici, tu ne courras aucun risque. Et maintenant, ajouta-t-il, écoute ce que j'ai à te dire.

En disant ces mots, il s'assit sur les dalles de marbre blanc, à côté de la Ratapiole. Alors le soupçon qu'elle avait déjà conçu lorsque pour la première fois il s'était adressé à elle, s'éveilla de nouveau. Elle attira sa fille auprès d'elle.

Impatienté, le bossu leva les épaules.

— La petite a sommeil, dit-il. Laisse-la dormir.

— Oh ! je dormirai bien ici, répondit Miette.

Et aussitôt elle se pressa contre le sein maternel, et y posant sa blonde tête, elle ne tarda pas à s'endormir.

Le bossu attendit quelques instants.

— N'as-tu pas été surprise, demanda-t-il enfin à la Ratapiole, de me voir prendre ta défense si chaudement ?

— Très surprise, répondit-elle, et je me demande encore quels motifs t'ont poussé à te faire mon sauveur.

— N'as-tu pas deviné ?

— Tu m'as dit que c'était comme ami de Lusignan que tu es venu de la sorte au-devant de moi.

Au nom de Lusignan, le bossu fronça le sourcil.

— C'est bien de Lusignan qu'il s'agit ! s'écria-t-il. Il est mort, et les larmes que tu pourrais verser sur lui ne le ranimeraient pas.

— Il est mort ! Ah ! je l'avais prévu, murmura la Ratapiole. Que me disais-tu donc qu'il avait échappé aux flots de la Sorgue, que tu l'avais vu, que c'était lui qui t'envoyait ici ?

— Je voulais te rassurer sur son sort, t'inspirer confiance.

— Tu mentais !

— Pour apaiser tes alarmes.

La Ratapiole pencha la tête, et deux grosses larmes roulèrent de ses yeux sur Miette, qui, voulant feindre de dormir, venait, succombant à la fatigue, de céder au sommeil.

— Je ne suis qu'un maladroit, pensa le bossu.

Et tout haut, il reprit:

— Voyons, la Ratapiole, calme-toi, Il vit peut-être, ton Lusignan.

— Tu m'as dit qu'il était mort.

— Je le connais à peine. Je ne sais rien sur son sort. Voilà la vérité.

— Pourquoi me trompais-tu ?

— Parce que je t'aime.

La Ratapiole déposa doucement sur le marchepied de l'autel sa fille endormie et se leva.

— Qu'espères-tu donc ? demanda-t-elle.

— Je suis laid, contrefait, mais si je sauve ta vie, si je sauve ta fille...

Elle l'interrompit:

— Je ne veux, ni pour ma fille, ni pour moi, de l'existence à ce prix.

Elle allait rejoindre ses compagnons de prison.

Soudain ses yeux s'arrêtèrent sur Miette.

— Oh ! vouloir la soustraire à la mort et ne pouvoir ! s'écria-t-elle.

Et, tombant à genoux, elle arrosa de ses pleurs les blonds cheveux de l'enfant.

Le bossu s'approcha, bouleversé.

— Je t'aime, dit-il, et je ne veux pas que tu meures. Vis et accepte le salut de ma main. Je n'y mets aucune condition. Reste ici cachée, derrière cet autel. Nul ne viendra t'y chercher, et si l'on t'y découvrait, je serais là pour te défendre.

Il ne demanda pas de réponse. Il repoussa la Ratapiole derrière l'autel. Puis il s'enfuit vers les prisons, où des cris venaient de se faire entendre.

Le massacre recommençait. Dix hommes restaient vivants. On en tua huit. L'abbé de Nolhac et le portefaix Rey furent seuls épargnés. Celui-ci s'était caché sous son lit. On l'oublia. Quant à l'abbé de Nolhac, les assommeurs ne voulaient pas qu'il mourût sans avoir révélé en quel lieu il cachait les dépôts dont ils le savaient nanti.

Parmi ceux qui périrent se trouvait le fils de madame Niel. Sa mère, épuisée par les émotions de cette journée, s'était endormie. Il veillait auprès d'elle. Il vit partir tour à tour ses compagnons. Puis on vint l'appeler. Il se leva sur le champ, courageux et fier, résolu à mourir vaillamment.

— Invoquez Dieu, mon fils, lui dit l'abbé de Nolhac. Lui seul vous donnera la force.

— Je l'ai prié, mon père, et si je savais que ma mère sera sauvée, je mourrais sans regret.

— Marche donc! lui dit un des bandits. Ne t'inquiète pas de ta mère. Si au sortir de ce monde tu vas dans un autre, elle t'y rejoindra bientôt.

On le conduisit hors de la prison, dans la galerie. Il ne restait plus là qu'une vingtaine d'hommes ; les autres, cédant à la fatigue, à l'ivresse, peut-être à la crainte d'un châtiment, s'étaient peu à peu dispersés. Mais ceux qui demeuraient étaient les plus terribles : c'étaient Brandefouaille, Languette, le Bossu, puis Belley, Bouffier, Chauvelly, Jabouin, Tartivet, Peyremorte, le fils Lescuyer et d'autres encore dont l'enquête judiciaire qui suivit les massacres a conservé les noms. Le fils Niel comparut en leur présence. Vingt bras se levèrent pour le frapper. Il allait supplier ses bourreaux, non pour lui, mais pour sa mère. On ne lui en laissa pas le temps. Il fut renversé. Son sang jaillit de dix blessures et se mêla à celui qui inondait la galerie.

Quelques-uns des assassins coururent à la prison. Ils revinrent avec madame Crouzet. Elle n'avait pas cru la mort si près d'elle.

Vingt-cinq ans, une beauté de reine, toutes les grâces de la jeunesse ne trouvaient pas grâce. Une barre de fer s'abattit sur cette tête charmante. Madame Crouzet poussa des cris affreux, mais elle resta debout. Un second coup lui brisa le bras, sans toutefois la renverser.

Alors, elle se jeta à genoux, supplia, demanda qu'on la

laissât vivre. Prières vaines! Elle était condamnée. Mais elle ne voulait pas mourir. Les cheveux sur les épaules, le front ensanglanté, les yeux hagards, elle se redressa affolée et se défendit. Elle hurlait, courant à droite, à gauche, se jetant au cou des assassins, déchirant leur visage de ses mains crispées. Puis, l'un d'eux dont elle venait d'égratigner les joues s'étant écarté, elle s'enfuit dans la galerie. Ils la poursuivirent, formant un cercle autour de son corps. Elle leur échappait sans cesse, esquivant les coups avec une agilité qui augmentait leur rage.

Enfin, l'un d'eux eut une idée ingénieuse. Il lança le sabre qu'il tenait à la main sous les pieds de l'infortunée. Elle trébucha et tomba dans une mare de sang. Elle ne se releva plus; son corps adorable fut foulé, meurtri, déchiré. Elle criait encore. Brandefouaille lui écrasa la tête sous sa botte, et la vie s'exhala de cette chair pantelante et convulsée.

— Elle a été dure à mourir, la coquine! s'écria l'assassin en s'essuyant le front.

Un de ses compagnons se baissa. A l'aide de son sabre, il déchira les vêtements. L'orgie recommença, et la mort de madame Crouzet donna lieu aux mêmes forfaits hideux que la mort de la belle patinière qui l'avait précédée.

Quand leur rage fut assouvie, les bandits pensèrent à madame Niel, et quelques-uns se détachèrent afin de l'aller chercher. Le Bossu marchait à leur tête. Ils entrèrent dans la prison, madame Niel était seule. Le portefaix restait toujours dans la salle des hommes, caché sous son lit.

Quant à l'abbé de Nolhac, il s'était réfugié dans la chapelle, sans savoir que la Ratapiole s'y trouvait déjà, en y entraînant avec lui Anne Avi et Esprite Aubert, que jusqu'à ce moment les bourreaux avaient épargnées.

Madame Niel venait d'être réveillée par les cris de madame Crouzet. Elle demandait encore quelle était cette nouvelle victime, quand elle vit entrer les assommeurs. Le Bossu s'approcha d'elle.

— Levez-vous! dit-il. Il est temps de sortir d'ici. Votre

fils et tous ceux qui se trouvaient dans les prisons ont été tués. Votre heure est venue.

A cette brutale déclaration, madame Niel, qui s'était soulevée sur son grabat, retomba en murmurant ces mots :

— Mon fils ! mon fils !

Que se passa-t-il alors dans l'âme du Bossu ? L'ivresse du misérable se dissipait-elle ? L'épouvante ou la pitié descendait-elle en lui ? Le désespoir de madame Niel lui causa une émotion qu'il n'avait pas encore ressentie. Ses camarades le virent reculer, comme s'il eût été frappé d'une immense épouvante ou d'un remords soudain.

— As-tu peur ? demanda l'un d'eux.

C'était Belley. Le Bossu ne répondit pas. Belley haussa les épaules, et s'adressant à madame Niel :

— Hâtez-vous ! fit-il, remettez-nous vos bijoux.

Alors, elle se releva sur son lit, détacha ses boucles d'oreilles, ses bagues, qu'elle remit à Belley. Celui-ci les prit, et les tendant au concierge des prisons :

— Tiens, Dumazer ! part à deux ; garde la mienne.

Cependant, madame Niel s'était mise debout et commençait à se vêtir. Mais on ne lui laissa pas le temps de s'habiller et on l'entraîna vers la galerie. Là, on la confia à ceux qui attendaient, et Belley prononça ces mots :

— Voilà la Niel. Je vous la recommande.

Au même moment, la malheureuse créature heurta de son pied un cadavre. Elle chancela. Ses regards s'abaissèrent. Un cri sortit de ses lèvres :

— Mon fils ! mon bel enfant !

Elle voulut embrasser ce visage adoré. Elle s'agenouilla. Mais on ne lui permit pas de déposer un dernier baiser sur le front décoloré qu'avaient pris ses mains. Une barre de fer s'abattit sur sa tête.

— Seigneur ! murmura-t-elle, miséricorde !

Et ce fut tout.

— Et maintenant, dans la Glacière !

Les bandits prirent entre leurs bras les cadavres, et montèrent dans la tour de Trouillas. Madame Crouzet fut précipitée la première, madame Niel ensuite. Alors, Brandefouaille, qui portait le fils de l'infortunée, sentit palpiter entre ses bras ce corps qu'il croyait cadavre. Il s'arrêta, regarda sa victime. Elle entr'ouvrait les yeux et la bouche, et d'une voix éteinte, appelait :

— Ma mère ! ma mère !

— Tu réclames ta mère ! s'écria Brandefouaille ; va la rejoindre.

Et le fils Niel fut à son tour jeté dans la Glacière.

En trois heures, cinquante-neuf personnes venaient d'être massacrées.

— Il en reste encore, dit une voix.

— Combien ?

— Cinq : l'abbé de Nolhac, Rey...

— Ceux-là mourront la nuit prochaine.

— Anne Avi, Esprite Aubert.

— Un moment, interrompit Belley. Je demande la vie de celle-ci. J'ai été son apprenti. Elle était bonne femme et je veux sa grâce.

— Et moi la grâce d'Anne Avi, ajouta quelqu'un.

Nul ne fit d'objection.

— Il y a encore la Ratapiole.

— Expédions-la sur-le-champ.

Ils descendirent de nouveau, se dirigeant vers la prison, sur le seuil de laquelle ils rencontrèrent le Bossu. Il les avait entendus.

— Attendez jusqu'à demain pour tuer la Ratapiole, dit-il. Le jour va paraître. Nul de nous ne doit être surpris ici.

Ces paroles les arrêtèrent. Elles éveillaient en eux la perspective d'un châtiment redoutable, si Jourdan Coupe-Tête était désavoué par le gouvernement français.

— Cependant, objecta Languette, le général a dit que la Ratapiole devait mourir.

— Vous la tuerez demain.

— Et si le général demande...

— Vous direz qu'elle y a passé comme les autres.

— Pourquoi renvoyer à demain ce que l'on peut faire sur-le-champ ?

C'est Brandefouaille qui venait de poser cette question. Il ajouta :

— Cette coquine est plus coupable que tous ceux qui sont morts. Elle avait suscité contre nous Lusignan. Elle est la cause de la mort de Cardeline !

Au nom de Lusignan, le fils Lescuyer tressaillit. C'était le nom de l'homme qui, dans l'église des Cordeliers, l'avait soustrait à la colère des assassins de son père attisée contre lui.

— Lusignan ! s'écria-t-il. La Ratapiole le connaissait ?

— Ils étaient sur le point de se marier, répondit Brandefouaille.

Ce fut une révélation pour le fils Lescuyer.

— Mes amis ! s'écria-t-il, le Bossu a raison. En voilà assez pour cette nuit. Rien ne nous empêche de recommencer demain, et il est prudent de rentrer chez nous.

Pour sa part, il ne redoutait rien, et s'il tenait ce langage, c'est qu'il n'avait pas trouvé de meilleur moyen d'entraîner les braves brigands.

Indécis depuis un moment, accablés de lassitude, déjà pris d'une peur soudaine, ils se rendirent sur-le-champ à l'avis du fils Lescuyer, et s'éloignèrent. Brandefouaille les suivit. Le Bossu resta seul.

— La voilà sauvée jusqu'à demain, murmura-t-il, en revenant lentement vers la chapelle.

Quand il y entra, cinq personnes s'y trouvaient : la Ratapiole, Miette qui venait de se réveiller, Anne Avi, Esprite Aubert et l'abbé de Nolhac.

Elles avaient entendu les cris des dernières victimes et priaient pour elles. En voyant apparaître le Bossu, dont le visage sinistre, et les taches de sang qui souillaient ses vêtements, révélaient les crimes, l'abbé de Nolhac se leva, s'avança vers lui, et dit :

— Si vous devez encore égorger l'un de nous, prenez-moi et sauvez ces infortunées.

Le Bossu ne répondit pas. Son œil hébété, hagard, restait fixé devant lui sur quelque objet que seul il pouvait voir et qui l'épouvantait.

La Ratapiole s'approcha.

— Sauve-les ! dit-elle.

Il tomba à genoux en poussant des cris, en versant des larmes.

— Où suis-je? disait-il. Qu'ai-je fait?

Et courbant sa tête, il frappait la terre de son front, comme s'il eût voulu en finir avec la vie et puiser dans la mort l'oubli de ses forfaits. Il se roulait sur le sol, furieux, fou, horrible à entendre et à voir, dans ce déchaînement de ses remords tardifs.

Alors, l'abbé de Nolhac intervint à son tour, et sa parole pénétrante et persuasive arrêta bientôt cette douleur violente.

— Il est un moyen pour vous de réparer, au moins en partie, le mal que vous avez fait.

— Lequel?

— Nos jours sont menacés. Préservez-nous de la mort qui nous attend, et si quelqu'un doit encore être sacrifié que ce soit moi, et moi seul.

Le Bossu se leva lentement, n'osant regarder en face aucun des personnages présents. Puis il dit d'une voix épuisée :

— Les braves brigands sont partis. Il n'en reste plus un seul dans le palais. J'ignore s'ils reviendront ; mais je jure que pas un cheveu ne tombera de la tête de ces femmes.

En même temps, il s'avança vers la Ratapiole.

— Pardon ! murmura-t-il, en tombant à genoux devant elle.

Le champ de massacre avait été abandonné par les assassins. Tous étaient hors du palais. En se séparant ils s'étaient promis de se retrouver quelques heures plus tard. Dumazer, le concierge, venait de se coucher. Sa femme avait pu faire évader, au moment où les braves brigands procédaient aux derniers massacres, Joachim Reynaud, le seul des trois détenus enfermés dans la basse-fosse qui eût échappé à la mort.

Tout à coup, Jourdan Coupe-Tête sortit de ses appartements, traversa la cour du palais, et, franchissant la barrière des prisons, se présenta devant la conciergerie.

— Holà ! Dumazer, s'écria-t-il.

Ce dernier commençait à s'endormir sans éprouver ni crainte, ni remords, après avoir fait le compte de l'argent et des bijoux déposés dans ses mains par les assommeurs.

— Qui va là ? demanda-t-il.

Jourdan se nomma.

— Mon général, je suis à vous.

Il fut sur pied en quelques minutes et vint ouvrir.

— Prends une lanterne et guide-moi vers la Glacière, lui dit Jourdan.

Dumazer obéit, et les deux hommes se dirigèrent vers la tour de Trouillas. Lorsqu'ils arrivèrent dans la galerie qui gardait des traces sanglantes, Jourdan, après avoir jeté un long regard autour de lui, dit froidement :

— Il faudra laver les pavés et les murs afin qu'il ne reste aucun vestige de ce qui s'est passé.

Puis il monta. Arrivé dans la tour, il passa la tête dans la lucarne fatale et se pencha pour voir le fond de la Glacière. Mais l'obscurité était profonde, et ses yeux ne purent rien distinguer qu'une sorte de montagne qui s'agitait confusément.

— Je voudrais une longue corde, dit-il.

— Je cours en chercher une, mon général, répondit Dumazer.

Jourdan demeura seul. Aucun bruit ne se faisait entendre, mais une odeur étrange se dégageait dans l'air chaud de la salle où il se trouvait. Cette odeur, il la connaissait. C'était celle du sang humain dont les dalles avaient été arrosées. C'était celle de cet amas de chair précipité dans le puits et destiné à devenir pourriture.

— Nous aurons la peste, si l'on ne prend des précautions, murmura-t-il.

En même temps, quelques gouttes d'une sueur froide perlèrent sur son front. Il avait cru entendre des gémissements. Il regarda avec inquiétude autour de lui. Il n'était pas rassuré. Fort heureusement, Dumazer revint presque aussitôt. Il portait la corde demandée, une corde mesurant plusieurs mètres de longueur.

— Attaches-en le bout à la lanterne, dit le général.

Dumazer exécuta l'ordre.

— Maintenant, ajouta Jourdan, descend la lanterne dans la Glacière.

Il se pencha de nouveau sur le gouffre. La lanterne toucha bientôt le fond. Elle éclairait les cadavres couchés pêle-mêle sur le sol humide. Jourdan vit des yeux encore ouverts qui semblaient supplier, des poings crispés qui menaçaient. Par la manière dont il était tombé, l'un des corps était resté debout. C'était celui du P. Mouvans, vêtu de sa soutane noire, couverte de larges taches rouges.

Un pied de femme sortait du tas, dressé en l'air, et se détachait sur la masse sombre. Jourdan ne pouvait s'arracher à ce spectacle. Une puissance instinctive le tenait courbé sur cet abîme.

— Mes braves ont bien travaillé, disait-il.

Soudain, au fond de la Glacière, quelque chose remua. Jourdan regarda mieux.

Deux bras nus se soulevèrent au-dessus des morts, s'agitèrent et retombèrent inertes, tandis qu'un soupir, accompagné d'un cri rauque, troublait l'épouvantable silence de ces lieux.

— Les a-t-on tous tués avant de les jeter? demanda Jourdan.

— Je le crois, mon général, répondit Dumazer. Cependant il se peut que quelqu'un d'entre eux n'eût pas encore rendu l'âme au moment où il est tombé.

— Pour sûr il y en a qui vivent encore. La position doit être gênante.

Le misérable ayant prononcé ces paroles, qui arrachèrent un éclat de rire à Dumazer, ajouta :

— Il y a là-dedans des hommes, des vieillards, des prêtres, des femmes, des jeunes filles. C'est une drôle de marmelade.

Il se releva. Dumazer remonta sa lanterne.

— Je suis satisfait, reprit Jourdan. Je vais, pendant

quelques heures, dormir en repos. Nous avons sauvé la patrie.

Il se retira lentement pour aller retrouver la Cigale qu'il n'avait pas vue depuis plusieurs heures, et qui l'attendait avec impatience pour connaître de sa bouche le récit de ce qui s'était passé.

VII

Les obsèques de Lescuyer devaient avoir lieu le même jour, à trois heures. Redoutant avec raison l'indignation et la douleur que causerait dans Avignon la nouvelle des massacres de la Glacière, les chefs des assassins s'étaient décidés à rendre en grande pompe les honneurs funèbres à celui dont la mort avait été le prétexte des événements de la nuit. Ils espéraient ainsi par l'exhibition du corps de leur ami, justifier aux yeux du peuple les représailles auxquelles ils s'étaient livrés, ou, s'ils n'y parvenaient pas, se servir du déploiement de forces que nécessitait la cérémonie, pour répandre dans la ville une terreur salutaire.

La terrible nouvelle des massacres était connue depuis le matin. Joachim Reynaud, Esprite Aubert, Anne Avi, les seules qui eussent échappé aux assassins, étaient sortis du palais et avaient raconté ce qui s'était passé sous leurs yeux. Puis, quelques-uns des braves brigands étaient entrés dans les cabarets et s'y vantaient de leurs exploits avec emphase et volubilité.

On savait que madame Crouzet était morte en se défendant avec acharnement, que madame Niel avait été frappée sur son fils, que la belle patinière avait été victime de traitements odieux. La terreur était à son comble, et dans tout Avignon il ne se trouvait pas un homme qui eût assez d'énergie et d'autorité pour réunir les gens de cœur et marcher avec eux contre les sanglants oppresseurs de la cité.

Vers midi, la foule commença à circuler dans les rues. Mais nul n'osait trahir ses secrètes pensées, car, à chaque instant, passaient la menace aux lèvres et le sabre au poing, des soldats de Jourdan, qui eussent arrêté quiconque eût exprimé tout haut son indignation. Un grand nombre de personnes s'étaient réunies sur la place du Palais, avec l'espoir de pénétrer dans les prisons et de connaître exactement l'étendue de la catastrophe.

On disait que tous les prisonniers n'avaient pas succombé, et chacun espérait que ceux qu'il aimait étaient parmi les survivants. C'est pourquoi on se rapprochait du palais. Mais les portes étaient fermées, défendues par deux canons braqués sur la place, et nul, à l'exception des braves brigands, ne pouvait les franchir.

A deux heures, elles s'ouvrirent, et l'on vit sortir un vieux et lourd carrosse, sur les panneaux duquel étaient encore les armes pontificales, sous une couche de couleur destinée à les effacer, mais si grossièrement appliquée qu'elle ne les cachait pas. Autour du carrosse galopaient, le sabre à la main, une douzaine de soldats. Dans la voiture était assise, parée comme une châsse, cuirassée dans une robe de velours rouge, la Cigale, la maîtresse du général. Elle se rendait chez madame Minvielle, qui venait de la faire inviter chez elle, le cortège funèbre devant passer sous ses croisées. Soit qu'elle n'inspirât que de la pitié, soit que la terreur fût dans toutes les âmes, la Cigale traversa la foule sans être huée ni menacée. Enfin, un peu plus tard, Jourdan lui-même apparut, monté sur un cheval blanc, et se rendant à l'hôpital, où le corps de Lescuyer était encore.

C'est de là que partit le convoi, à trois heures. Jourdan, Peytavin, Lafleur, Minvielle, Tournal et Mendes marchaient en tête du cortège, précédés d'une escouade de braves brigands, traînant deux canons. Minvielle se faisait remarquer par l'excès de sa douleur. Il jouait son rôle à merveille, comme s'il eût voulu, en montrant combien la mort de Lescuyer était cruelle au cœur d'un patriote tel que lui, exciter le peuple à la venger. Puis venait le cercueil. Ce cercueil était découvert, et le corps y était placé de telle sorte que la tête de Lescuyer s'élevait au-dessus des planches.

A côté du corps marchait Savournin. A chaque instant, il faisait arrêter les porteurs. Il montrait au peuple ces restes mutilés et sanglants, et, soulevant la tête du mort, horrible à voir avec ses quinze blessures, ses yeux crevés, ses lèvres découpées, il s'écriait :

— Voyez, mes amis, comme on l'a défiguré ! Vengeance ! vengeance !

La foule tressaillait d'horreur, mais restait silencieuse, et les cris des braves brigands répondaient seuls aux excitations de Savournin. Il est certain que, sans la protection des soldats dont Jourdan s'était entouré, lui et ses amis, le peuple leur eût fait, ce jour-là, subir le même sort qu'à Lescuyer.

Au lieu de suivre le plus court chemin, le convoi parcourut ainsi tous les quartiers de la ville. Lorsqu'il passa devant la maison de madame Minvielle, on s'arrêta sous prétexte de faire reposer les porteurs. La maison était extérieurement tendue de draperies noires. Aux croisées, l'on voyait les femmes des chefs révolutionnaires, madame Lafleur, madame Minvielle, madame Mendes, et au milieu d'elles, la Cigale, triomphante, avec ses vêtements taillés dans les ornements d'église, aussi fière que son général au milieu de ses soldats. A cinq heures, tout était terminé.

Alors les parents des victimes se décidèrent à se rendre auprès du général, afin d'être fixés sur le sort des infortunés qu'ils pleuraient. Le général refusa de les recevoir, et fit répondre que les coupables avaient été châtiés. La situation des Avignonnais était intolérable. Nul ne pouvait affirmer que le soir il serait encore en vie. Les rues étaient encombrées par les braves brigands. Ils traitaient les citoyens comme des vaincus. Des femmes furent arrêtées et dépouillées de leurs bijoux. Des bandes de soldats se jetèrent vers les couvents, abandonnés depuis plusieurs jours. Ils pillèrent aux Cordeliers, aux Carmes, aux Capucins. Le même soir, ils se présentaient chez les orfèvres, qui furent contraints de leur acheter les vases sacrés et les pierreries enlevés dans les chapelles des maisons religieuses.

Quelques personnes influentes se réunirent, et il fut décidé que dans la nuit une députation de citoyens sortirait d'Avignon, dût-elle forcer les portes et se rendrait auprès de l'abbé Mulot, médiateur de la France, et du général de Ferrière, qui tenait garnison à Sorgues, pour les supplier de venir au secours de la ville.

Mais la surveillance exercée par Jourdan était telle, les portes si sévèrement gardées, que cette députation ne put sortir. Ce fut par un des assassins qu'on apprit à Sorgues les événements qui avaient ensanglanté Avignon.

Tandis qu'ils s'accomplissaient, Jourdan Coupe-Tête et ses amis s'étaient réunis à l'hôtel de ville, afin de se concerter sur la conduite qu'ils avaient à tenir. Ils ne pouvaient ignorer que les parents des victimes se préparaient à adresser leurs doléances à l'Assemblée nationale. Il était urgent de se préparer à répondre aux accusations qui allaient se formuler contre eux.

Minvielle et Tournal furent chargés de rédiger un rapport où ils devaient raconter à leur façon comment les événements avaient été provoqués par les papistes, et constater que c'était dans un intérêt de salut public qu'un châtiment terrible avait été infligé aux provocateurs.

Le jour s'écoula de la sorte au milieu d'émotions diverses. La nuit vint sans que la population pût obtenir de Jourdan qu'il laissât donner la sépulture aux morts. A six heures du soir, quelques braves brigands, parmi lesquels se trouvaient le major Peytavin, Brandefouaille et Languette, se rappelèrent que trois prisonniers vivaient encore. C'étaient la Ratapiole, le portefaix Rey et l'abbé de Nolhac.

— Il faut en finir avec ceux-là comme avec les autres, dit Brandefouaille.

Et les bandits, au nombre de quinze environ, se dirigèrent vers le château des Papes. Le concierge Dumazer leur ouvrit les portes et le guida lui-même vers les prisons.

Les prisonniers, livrés à eux-mêmes durant toute cette journée, commençaient à se flatter de l'espoir qu'ils auraient la vie sauve, lorsqu'à la chute du jour, dans la galerie qui précédait leur prison, un grand bruit de pas et de voix se fit entendre.

— Sauve qui peut ! s'écria Rey.

Il quitta sa place et s'enfuit dans la chapelle. Le bruit avait réveillé Miette. Anxieuse, effarée, elle se tenait debout à côté de sa mère.

— Eloignez-vous, ma fille, dit l'abbé de Nolhac à celle-ci. Je retiendrai ces hommes, et ils n'arriveront jusqu'à vous qu'en marchant sur mon corps.

La Ratapiole allait obéir. Elle n'en eut pas le temps. La porte s'ouvrit.

Les bandits entrèrent au nombre de quinze. Le Bossu venait de se joindre à eux. Profitant du trouble que causait l'invasion, il marcha vers la Ratapiole et lui dit à voix basse :

— Quoi qu'il arrive et quoi qu'on te dise, ne sors pas d'ici.

Ayant prononcé ces mots, il rejoignit ses camarades. Ils s'étaient approchés de l'abbé de Nolhac, qui les attendait de pied ferme.

— Il faut nous suivre, curé, dit brutalement Brandefouaille.

— Où voulez-vous me conduire ?

— Vous le saurez bientôt.

— Je sais que vous avez décidé ma mort, répondit le vénérable prêtre. Que vous ai-je fait ? N'ai-je pas toujours été le père des malheureux ? J'ai vu naître la plupart d'entre vous. J'ai versé sur leur front l'eau du baptême. J'avais marié vos parents et je les ai assistés lorsqu'ils allaient paraître devant Dieu.

— Tu parles trop, curé ! cria-t-on.

Il continua :

— En est-il un seul de vous qui, dans la misère et dans

la douleur, ne m'ait trouvé disposé à lui venir en aide? Pourquoi voulez-vous ma mort?

Brandefouaille reprit:

— Parle autant que tu voudras, mais suis-nous.

Alors, l'abbé de Nolhac vit bien qu'il fallait se résigner. Il croisa les mains sur sa poitrine, et d'une voix attendrie:

— Seigneur, dit-il, ayez pitié de moi, et pardonnez-leur comme je leur pardonne.

Il allait marcher. Tout à coup Dumazer, le concierge, s'avança:

— Tu peux encore te sauver. Achète-nous ta vie.

— Je n'ai rien qui m'appartienne. Avec quoi vous payerais-je?

— Beaucoup d'ennemis du peuple, des aristocrates, des papistes qui ont prudemment pris la fuite, ont remis entre tes mains, avant de partir, leurs bijoux, leur argent, des valeurs qu'ils avaient en leur possession, et que, dans la crainte d'être arrêtés, ils n'ont osé emporter. Livre-nous ces dépôts et tu vivras.

— Ces dépôts ne sont plus en ma possession, répondit le prêtre.

— Nomme-nous les citoyens qui les détiennent.

— Jamais. Ce serait disposer d'un bien qui ne m'appartient pas, et dénoncer les hommes courageux qui s'en sont faits les dépositaires.

Une effroyable acclamation accueillit cette réponse.

— Il résiste, le bandit!

— A mort! On ne l'a que trop écouté.

A ce moment, le fils Lescuyer, qui jusqu'alors n'avait pas pris la parole, intervint:

— Laissez donc ce vieillard, dit-il. Vous savez bien qu'il n'était pas dans l'église des Cordeliers quand mon père a été frappé.

— Qu'importe! Il faut qu'il meure?

— Alors, finissez-en tout de suite. J'ai hâte, moi, de voir périr le portefaix Rey. Il a provoqué l'assassinat qui m'a fait orphelin.

Ces paroles décidèrent du sort de l'abbé de Nolhac. On

l'entraîna. La Ratapiole s'agenouilla. Miette l'imita, et les deux femmes mêlèrent leurs prières et leurs sanglots.

L'abbé de Nolhac et ses bourreaux étaient arrivés dans la galerie, jusqu'au pied de l'escalier de la tour de Trouillas. Malgré sa vaillance et sa résignation, le vieillard tremblait. Il avait peur, non de la mort mais du supplice. Le premier coup allait lui être porté, quand Belley, l'un des plus féroces de la bande, — il avait vingt-trois ans ! — dit quelques mots à Dumazer. Celui-ci fit un signe d'acquiescement, s'élança et disparut. Belley arrêta le bras des assassins.

— Un moment ! dit-il, que du moins sa mort serve à quelque chose.

Et s'adressant à l'abbé de Nolhac, il ajouta :

— Tu vas sur-le-champ faire un billet de cinq mille livres à mon ordre, que tes héritiers devront me rembourser.

— Je ne laisse point d'héritage, murmura faiblement l'abbé de Nolhac.

— Signe toujours.

Dumazer revenait avec une plume, un encrier et quelques morceaux de papier blanc, souillé, maculé, froissé. Accroupi sur l'escalier de la tour de Trouillas, l'abbé de Nolhac rédigea d'une main tremblante une reconnaissance de cinq mille francs. Mais, dans son trouble, il oublia la formule : « à l'ordre du sieur Belley. » Les braves brigands eurent la cruauté, non seulement de l'obliger à recommencer, mais encore de lui faire faire un autre billet de trois mille francs à l'ordre de Dumazer. La plume s'échappait à peine de ses doigts qu'un coup de sabre lui fut porté. Frappé à la tête, il eut cependant la force de se relever, et, se jetant sur Belley, il l'étreignit entre ses bras, en lui disant :

— Mon ami, épargnez-moi. Pour vous et pour moi, ne commettez pas ce grand crime.

Belley se dégagea de ce corps épuisé, le renversa, et les braves brigands, se ruant sur l'infortuné vieillard, le frappèrent jusqu'à ce qu'il eût rendu l'âme. La dernière parole qu'il prononça fut celle-ci :

— Seigneur, ayez pitié de moi.

Après quoi on alla le précipiter dans la Glacière.

Les braves brigands revinrent en bande et en courant vers la prison. C'était au portefaix Rey qu'ils en voulaient maintenant. Ils passèrent devant la Ratapiole et devant Miette agenouillées, sans les voir, et entrèrent dans la chapelle, ayant deviné, sans s'être rien dit à ce sujet, que celui qu'ils cherchaient était caché là. Ils y pénétrèrent ensemble, également excités, également furieux. Le fils Lescuyer, cette fois, était à leur tête. Seul, le Bossu marchait en arrière, et fit à la Ratapiole un signe, comme s'il eût voulu la rassurer.

Ils trouvèrent Rey debout devant l'autel, dans une attitude qui les arrêta et leur donna à réfléchir. Il les avait entendus approcher, et trouvant une barre de fer, abandonnée la nuit précédente par l'un d'eux, il s'en était armé, résolu à défendre sa vie. Appuyé contre l'autel, tenant son arme d'une main crispée, montrant aux assassins son visage hâlé, aux traits énergiques, ses yeux assombris, sa grande taille que la demi-obscurité qui régnait dans la chapelle semblait grandir encore, ses membres vigoureux, il était terrible à voir.

Instinctivement, les bandits comprirent qu'ils n'auraient raison, par la force, de ce géant désespéré dont Avignon connaissait la vigueur, qu'en laissant plusieurs d'entre eux sur le carreau. Ce qui ajoutait encore à leur embarras, c'est qu'ils n'avaient pas d'armes à feu, et qu'il fallait engager la lutte corps à corps. Le fils Lescuyer, le plus pre à cette proie nouvelle, rugissait. Brandefouaille, Lanuette et Belley se consultaient et l'on vit six de leurs comagnons, que la perspective du combat périlleux épouvanaient, se retirer à l'insu des autres en se disant que la mort le l'abbé de Nolhac mettait un terme à leur sanguinaire orvée, que c'était assez de crimes en vingt-quatre heures. Is quittèrent le palais, réduisant d'autant le nombre des ourreaux.

Cependant Rey attendait toujours. Tout à coup Brandefouaille, fit un pas en avant.

— N'approche pas! cria le porte-faix. On ne m'égorgera pas comme un mouton, je me défendrai.

— Te défendre! Contre qui? demanda Brandefouaille, adoucissant sa voix autant qu'il le put : nul de nous ne veut ta mort.

Rey le regarda fixement, comme pour sonder son âme et savoir ce qu'il y avait de vrai dans ce langage. Brandefouaille continua :

— Peytavin a demandé ta grâce au général, et tous nous avons appuyé sa demande. Nous avons dit que tu appartiens au peuple...

— Presque tous ceux que vous avez tués appartenaient au peuple comme moi.

— Que tu étais des premiers qui demandèrent l'annexion à la France, et dont l'énergie obligea le vice-légat à quitter Avignon...

— M. Niel et M. Lamy étaient aussi du parti français. Ils sont morts cependant.

— Que t'importe! s'écria Brandefouaille impatienté, puisque le général t'accorde la vie. Nous venons te chercher par son ordre. Il veut te parler.

Le portefaix était ébranlé. Mais ses défiances subsistaient encore. Il secoua la tête ;

— Vous êtes des malins! dit-il. Vous voulez me *bouffonner*.

— Nous moquer de toi! te tendre un piège! Ne sommes-nous pas tes amis?

— Autrefois!

— Encore aujourd'hui. Si nous ne l'étions pas, nous t'aurions tué la nuit dernière avec les autres. Nous t'avons épargné, parce que nous avions l'espoir de convaincre le général de ton innocence.

Ces paroles parurent faire une vive impression sur le portefaix. Le malheureux ne demandait qu'à croire, et ce qu'on lui disait avait les apparences de la vérité. Et cependant, averti par un secret instinct, il hésitait encore ;

mais il avait abaissé son arme, et ses irrésolutions même l'affaiblissaient.

— Ah! c'est trop de ménagements! s'écria soudain le fils Lescuyer. Il faut en finir. C'est ta mort qu'on veut!

Le misérable enfant tenait un sabre. D'un bras irrité, mais sûr, il le jeta à la tête du portefaix. Pris à l'improviste, celui-ci ne put éviter le coup. Il fut frappé en plein visage. Aveuglé par la violence de la douleur qu'il ressentit, il porta ses deux mains à son front, en laissant échapper la barre de fer qui le rendait redoutable. Il les regarda. Elles étaient couvertes de sang.

— Mon Dieu! je suis perdu!

Comme il poussait ce cri, il fut assailli par la bande. Cette attaque lui rendit son énergie. Il bondit sur l'autel, et là, dominant ses ennemis, il lança les jambes à droite et à gauche. Le fils Lescuyer et Languette furent renversés sur les degrés. Ils se relevèrent en vociférant. Rey, acculé contre le tabernacle, cherchait vainement une arme. Il était si pressé de toutes parts qu'il ne put même voir où la sienne était tombée.

Alors, il s'accroupit une seconde, puis, d'un élan formidable, il sauta par-dessus la tête des assaillants et tomba derrière eux. Ils firent volte-face. La chapelle n'avait pas de lanterne; elle était seulement éclairée par un quinquet que Dumazer avait accroché contre le mur à droite de l'autel. Rey courut de ce côté enleva vivement le quinquet, arrachant du même coup le clou qui le retenait, et jeta le tout à la face des bandits. La lumière s'éteignit.

Mais les braves brigands étaient lancés dans la direction où ils avaient vu le portefaix. Brandefouaille, qui était au premier rang, entraîné par son élan, alla se heurter violemment contre le mur. Languette, qui le suivait, furieux d'avoir été renversé, le saisit croyant saisir Rey, et, trompé par l'obscurité, le frappa de la barre de fer qu'il brandissait. Le hurlement de son complice l'avertit de son erreur et arrêta son bras.

Les bandits ne se reconnaissaient plus. Ils s'appelaient et ne se répondaient pas. Pendant ce temps, Rey avait suivi le mur et trouvé une porte, non celle qui conduisait à la prison où était enfermée la Ratapiole, mais celle qui donnait sur la galerie.

La tête en feu, affolé du désir de vivre, il parcourut les corridors et descendit l'escalier au bas duquel se trouvait la conciergerie. Là, deux partis s'offraient à lui : se réfugier dans la conciergerie ou continuer sa course à travers la cour du palais. La crainte de rencontrer des sentinelles, l'espérance que ses ennemis le poursuivraient au dehors, et que, les ayant laissé passer, il s'échapperait derrière eux, le décidèrent pour le premier parti.

Il entra dans le logement de Dumazer comme une bouffée de mistral. La femme du concierge, après avoir vainement supplié son mari de ne prendre aucune part au second acte de l'horrible crime dans lequel il s'était engagé la veille, était demeurée chez elle tout en pleurs, terrifiée et plus alarmée encore que durant la première nuit. Deux de ses parentes restaient à ses côtés, essayant de la rassurer, — tentative difficile, puisqu'elles n'étaient pas moins effrayées. A l'aspect de Rey, dont le visage portait les traces de la lutte qu'il venait de soutenir, et exprimait plus de colère que d'effroi, les trois femmes poussèrent des cris qui furent sa perte. Cet homme qui venait implorer leur pitié les épouvantait. Il leur tenait les mains en suppliant ; il leur demandait asile. Elles ne comprenaient même pas ce qu'il disait, et le fuyaient comme s'il les eût menacées.

Il voulut revenir sur ses pas et fuir du côté de la cour. Mais il n'était plus temps. Les braves brigands lui barraient le passage. Ils entrèrent, et la lutte recommença. Pendant cinq minutes, on entendit leurs vociférations, les cris d'effroi des femmes qui s'efforçaient de les arrêter, les menaces de Rey qui se défendait comme un lion, le fracas que les meubles empilés par lui les uns sur les autres, produisait lorsque s'écoulait cette barricade derrière laquelle il cherchait vainement le salut.

Enfin, le bruit cessa, mais pour recommencer sous une forme plus lugubre. On venait de planter un sabre dans le ventre du portefaix. Il tomba dans un ruisseau subitement formé par son sang. Mais il n'était pas mort. De sa gorge s'exhalaient des plaintes stridentes, et la vigueur du géant était telle que même mourant, il fallait quatre hommes pour le contenir.

Entre leurs bras il se débattait comme un fou furieux, et sa voix retentissait rauque, étranglée, comme celle d'un bœuf blessé. Les braves brigands, en proie à une terreur mêlée de rage, le frappèrent de nouveau pour en finir avec ses effroyables cris et ses convulsions terribles. Ce fut en vain. La vie était enracinée dans ce corps colossal, comme dans le sol des forêts un chêne centenaire.

Alors ils se consultèrent du regard. L'un d'eux dit un mot. Les autres enlevèrent le portefaix et l'emportèrent, tandis que la Dumazer, courbée sur les dalles, les frappait de son front qu'elle meurtrissait, en sanglotant et en disant :

— Hier, j'ai vu mourir le premier; ce soir je vois mourir le dernier. Malheur ! malheur sur nous !

Les braves brigands, portant Rey, remontèrent l'escalier des prisons. Il criait. Ils traversèrent la galerie et s'engagèrent dans la tour de Trouillas. Il criait encore. Ils arrivèrent jusqu'à la lucarne meurtrière « semblable à la gueule d'un four », par où soixante victimes avaient passé. Ils y firent aussi passer le portefaix et le lancèrent. Il criait toujours. Durant toute la nuit on entendit sa voix. Il les appelait tous par leurs noms !

A six heures du matin, Jourdan Coupe-Tête, autant afin de faire cesser ces cris qui troublaient son repos que pour dissiper les odeurs pestilentielles qui commençaient à s'exhaler de ce gouffre maudit, ordonna de jeter sur les cadavres vingt paniers de chaux vive. Puis il fit murer le trou.

Pressées l'une contre l'autre, la Ratapiole et sa fille attendaient leur sort, quand la porte s'ouvrit, livrant passage à six hommes : Dumazer, Brandefouaille, Languette, Belley, Lescuyer fils et le Bossu.

La Ratapiole se redressa.

— Il faut nous suivre, dit Brandefouaille.

Elle recula jusque contre le mur, tenant toujours dans

sa main la main de Miette. Le Bossu lui fit un signe, et ce signe pouvait se traduire par ces mots :

— Ne consens pas à sortir d'ici.

Tout à coup, Brandefouaille s'adressa au Bossu :

— Nous nous sommes promis de partager le plaisir de mettre à mort la coquine. L'heure est venue. Aide-moi à l'entraîner dans la galerie.

Le Bossu se rapprocha du groupe formé par les braves brigands.

— Est-il bien nécessaire de la faire périr ? demanda-t-il à demi-voix.

A l'exception du fils Lesouyer, qui restait étranger à cette scène, tous les hommes présents répondirent :

— C'est l'ordre formel du général.

— Elle est inoffensive, reprit le Bossu, qui voulait attendrir ses anciens complices. Sa fille n'a qu'elle au monde. Et puis, il paraît que la pauvre femme est enceinte.

Une exclamation de colère et de surprise arrêta le Bossu.

— Est-ce toi qui vas la défendre ? dit Brandefouaille.

— Pourquoi pas ? répliqua le Bossu.

— Tu ne pensais pas, hier, à la soustraire au châtiment qu'elle mérite.

— Depuis hier j'ai reconnu qu'elle est innocente.

Brandefouaille haussa les épaules. On l'entendit murmurer avec impatience :

— Allons donc !

Puis il mit la main sur le bras de la Ratapiole et voulut l'entraîner. Mais le Bossu se précipita devant elle.

— Cette femme m'appartient autant qu'à toi ! dit-il à Brandefouaille. J'ai juré qu'elle ne périrait pas. Je défends qu'on y touche ; elle ne sortira pas de cette salle.

— Le Bossu devient fou ! s'écria Brandefouaille en riant aux éclats.

Et, comme si cet homme n'eût pas été entre lui et la Ratapiole, il tenta de ressaisir celle-ci. Le Bossu présenta la pointe de son sabre. Brandefouaille se jeta à droite.

— Ah ! c'est la guerre, fit-il ; eh bien, soit !

Et, avant que le Bossu eût eu le temps de se mettre sur la défensive, il le frappa. Celui-ci riposta, et la lutte allait s'engager, quand leurs amis les séparèrent.

— Des camarades se battre pour une femme! dit Languette. Nous retiendrons le Bossu, ajouta-t-il; toi, Brandefouaille, emmène la Ratapiole.

Languette et Belley avaient pris le Bossu chacun par un bras et le tenaient immobile entre eux, tandis qu'il criait, suppliait, menaçait, essayant de sauver la malheureuse femme. Pendant qu'il se débattait, celle-ci allait être entraînée par Brandefouaille. Soudain l'on vit Miette se jeter aux pieds des bandits; on l'entendit les implorer pour sa mère. Elle ne fut même pas écoutée. Brandefouaille menaçait la Ratapiole, qui persistait à ne pas le suivre et lui résistait de toutes ses forces.

— Courage! tiens bon, la Ratapiole! s'écriait le Bossu, placé dans l'impossibilité de lui venir en aide.

Alors, Miette, qui était encore à genoux, se releva, et, s'avançant vers Belley, elle se jeta à son cou en disant :

— Sauvez ma mère, sauvez-la, je vous aimerai bien. Je prierai le bon Dieu pour vous.

Il prononça quelques paroles à demi-voix et repoussa rutalement Miette. Elle revint à la charge, vers lui d'ard, puis vers Brandefouaille, puis vers Languette, les mbrassant, les suppliant, pressant leurs genoux, et répéant sans cesse :

— Grâce! sauvez ma mère!

Mais ils ne voulaient rien entendre. Epuisée par cette utte, par cette émotion, la Ratapiole allait peut-être céder; mais Miette se précipita devant elle en s'écriant :

— N'y va pas. Je ne veux pas que tu meures.

Et, s'adressant alors au fils Lescuyer, qui, dans un coin e la prison, les yeux hagards, la tête inclinée, semblait ndifférent :

— Et vous, monsieur, ne vous attendrirai-je pas? aisserez-vous tuer une innocente?

Ce cri d'enfant troubla jusqu'au cœur le jeune Lescuyer. l parut sortir d'un rêve et revint du côté du bandit.

— Quelle est cette femme? demanda-t-il.

— La Ratapiole. Le général a dit : Il faut qu'elle y passe comme les autres !

— La Ratapiole ! Cette femme ne doit pas mourir. Je ne veux pas qu'elle meure.

Et, d'un bras énergique, il prit la Ratapiole, la fit passer derrière lui, se mettant entre elle et Brandefouaille. De la bouche de ce dernier sortit une exclamation de surprise et de colère. Languette et Belley, stupéfaits, lâchèrent le Bossu, qui courut se placer à côté du fils de Lescuyer. Ce dernier continua :

— Il ne tombera pas un cheveu de la tête de la Ratapiole. Je ne sais pas ce qu'elle vaut ni ce qu'elle a fait, mais elle est chère à Lusignan. Cela me suffit.

— Lusignan ! notre ennemi !

— Dans l'église des Cordeliers, hier, il a préservé mes jours. D'ailleurs, comment résister à cette fillette?

Et ce jeune homme, tigre tout à l'heure, passait ses doigts sanglants dans les cheveux de Miette. Cependant les brigands se consultaient. Brandefouaille voulait la mort de la Ratapiole. Languette et Belley hésitaient. L'attitude énergique de Lescuyer et du Bossu leur en imposait. Et puis, étaient-ils peut-être lassés de tant de massacres.

— Laissons-la vivre ! dit Belley.

— Mais le général?

— Le général la croit morte, Brandefouaille, répondit le Bossu. On le maintiendra dans son erreur.

Brandefouaille était désormais seul de son avis. Il jeta sur les personnages présents un regard plein de rage, et sortit en murmurant.

— Dumazer, ajouta Lescuyer, tu me réponds sur la tête de la Ratapiole. Tu as vu que je sais me venger.

Et sans attendre que la Ratapiole lui adressât un remerciment, il s'élança au dehors, entraînant à sa suite Languette et Belley. Le Bossu dit alors :

— Je t'ai sauvée, la Ratapiole. Me pardonnes-tu?

— Je désire que le ciel ait pour tes crimes une pitié égale à la mienne.

A cette réponse, le Bossu éclata en sanglots et disparut.

— Vous ne risquez plus rien, fit Dumazer, que la menace du fils Lescuyer avait impressionné. Je vais vous envoyer ma femme. Elle passera la nuit auprès de vous. Dormez en paix. Vous sortirez lorsque je jugerai qu'il n'y a au dehors aucun danger pour vous. Votre fille vous a sauvée.

— Oui, ma fille et Lusignan, murmura la Ratapiole en serrant entre sç bras Miette tremblante, accablée, en songeant au danger que sa mère avait couru, et heureuse cependant que son rêve se fût réalisé.

VIII

Environ trois semaines après les massacres de la Glacière, c'est-à-dire dans les premiers jours du mois de novembre, la Ratapiole remontait la rive gauche du Rhône, se dirigeant vers la petite ville de Sorgues.

Depuis cinq jours, par les soins du concierge Dumazer, dont la femme s'était intéressée à son sort, elle avait enfin quitté les prisons du palais des Papes, à l'insu de Jourdan Coupe-Tête, qui la croyait ensevelie dans la Glacière.

A peine en liberté, son premier soin avait été de se mettre à la recherche de Lusignan. Avec les plus grandes difficultés, elle était parvenue à sortir d'Avignon. Dans l'île de la Barthelasse, elle avait trouvé la mère Lusignan inquiète de son fils, absent depuis trois semaines. Elle s'était alors décidée à aller trouver à Sorgues les chefs de l'armée française, pour porter plainte contre les bourreaux de la Glacière, et obtenir qu'on explorât la rivière à la place où Cardeline et Lusignan étaient tombés.

Miette confiée à la mère Lusignan, elle s'était mise en

route. L'espoir de retrouver Lusignau ou de venger sa mort soutenait la Ratapiole. Elle était seule et marchait rapidement. Le ciel était gris, la température froide, le vent impétueux. Le Rhône roulait ses eaux avec fracas. Il charriait d'énormes troncs d'arbres qui prouvaient que, débordé du côté de Lyon, il ne tarderait pas à venir mouiller les remparts d'Avignon.

Vers neuf heures du matin, La Ratapiole entrait dans Sorgues où, durant les troubles, la petite armée française, sous les ordres du général de Ferrière, était demeurée l'arme au bras, son chef ayant refusé de marcher contre Jourdan Coupe-Tête.

Le plan de la Ratapiole consistait à se faire conduire auprès de l'abbé Mulot, médiateur de la France, qu'elle connaissait pour l'avoir rencontré à diverses reprises dans Avignon, et à obtenir de lui que des troupes fussent envoyées sur-le-champ au secours des malheureux que Jourdan Coupe-Tête continuait à opprimer.

Aussi, en entrant dans Sorgues, ayant avisé quelques soldats, elle s'approcha d'eux et leur demanda la demeure de l'abbé Mulot.

— Il n'est plus à Sorgues, lui répondit-on; il a été rappelé à Paris, il y a dix jours, ainsi que les autres médiateurs.

Les soldats, pressés de questions par la Ratapiole, lui apprirent alors ce qu'elle ignorait. La nouvelle des crimes commis dans Avignon était arrivée à Sorgues le 17 octobre, quelques heures après la mort de la dernière victime, au moment où l'abbé Mulot essayait vainement de décider le général de Ferrière à envoyer des troupes pour déjouer les sinistres projets de Jourdan et de ses amis. Un courrier extraordinaire avait été expédié sur-le-champ à Paris, pour faire connaître ces tragiques événements au gouvernement et à l'Assemblée nationale, qui commencèrent alors seulement à comprendre que les retards apportés à l'annexion définitive d'Avignon et du Comtat étaient la cause des maux de ce pays. Le décret d'annexion fut préparé sur-le-champ. En même temps, les médiateurs étaient rappelés, ainsi que le général de Ferrière; celui-ci remplacé par le général de Choisy, et ceux-là par trois commissaires civils chargés de prendre, au nom de la France, possession des provinces annexées.

La Ratapiole se fit conduire auprès du général de Choisy. Au moment où elle fut introduite dans son appartement, il était à Sorgues seulement depuis quelques heures. Auprès de lui se tenaient les commissaires civils.

— Que souhaitez-vous? demanda le général.

— Justice! répondit la Ratapiole.

Et elle raconta les scènes épouvantables auxquelles elle avait assisté. Le général de Choisy et les commissaires français l'écoutèrent en silence, et séance tenante, décidèrent qu'un aide-de-camp serait envoyé aux administrateurs provisoires d'Avignon pour leur enjoindre d'ouvrir les portes de la ville, de laisser la libre circulation aux étrangers comme aux habitants, et enfin, d'afficher le décret de réunion.

L'aide-de-camp partit une heure après. Lorsqu'il revint rendre compte de sa mission, il déclara que les administrateurs provisoires étaient prêts à ouvrir les portes de la ville devant l'armée française.

— Défiez-vous, monsieur, dit la Ratapiole au général, et prenez garde que la promesse de Jourdan Coupe-Tête et de ses complices ne cache un piège destiné à vous tromper, vous et vos braves soldats.

Depuis les massacres, c'est-à-dire depuis plus de quinze jours, les complices de Jourdan Coupe-Tête s'étaient peu vus. Quelle que fût leur influence et la terreur qui s'attachait à leur pouvoir, la réaction qui s'était manifestée dans Avignon les avait retenus chez eux. Ils étaient restés cachés, laissant à leurs soldats le soin de maintenir l'épouvante et l'effroi dans la ville. Seul, Jourdan Coupe-Tête avait osé se montrer. On le voyait passer, tantôt à cheval, entouré d'une escorte d'hommes dévoués qui l'accompagnaient, le sabre au poing, tantôt en voiture, ayant à ses côtés la Cigale, qui se trouvait en fait la reine d'Avignon. Plus de quinze jours s'étaient écoulés ainsi à la suite des événements de la Glacière. Les Avignonnais appelaient avec ardeur la délivrance, se demandant, non sans angoisse, si elle leur arriverait assez tôt pour empêcher Jourdan Coupe-Tête de commettre de nouveaux forfaits.

Or, le soir du jour où la Ratapiole s'était rendue à Sorgues, les principaux auteurs de la tragédie des 16 et 17 octobre furent convoqués extraordinairement au palais des Papes, chez Jourdan, à la requête des administrateurs provisoires de la ville. Barbe porta la parole au nom de ces derniers.

— Nous avons de graves nouvelles à vous communiquer, dit-il. L'abbé Mulot a été rappelé à Paris, et notre ami, le général de Ferrière, qui commandait à Sorgues, rappelé avec lui. Ils sont allés rendre compte de leur conduite à l'Assemblée nationale. On leur reproche de n'avoir pas empêché les événements des deux nuits que l'on nous impute à crime.

— Notre conduite aura été odieusement calomniée, objecta Minvielle.

Barbe continua.

— Le général de Choisy, successeur du général de Ferrière, est arrivé à Sorgues avec les commissaires civils Lescène des Maisons, Champion de Villeneuve et d'Albignac. Ils se préparent à marcher sur Avignon.

— Viennent-ils en ennemis? demanda Sabin Tournal d'une voix irritée.

— Ils viennent au nom de la France, prendre possession des pays annexés. Ils nous ont fait enjoindre de leur ouvrir les portes.

— Qu'avez-vous répondu?

— Que nous les ouvririons. Mais comme il nous est assuré que l'exécution des ennemis du peuple, qui a eu lieu par nos soins, a été énergiquement blâmée à Paris, et que le général de Choisy est chargé de nous en demander compte, nous n'avons rien voulu décider sans vous demander conseil.

Il se fit un assez long silence. Tout à coup Minvielle se leva :

— Nous ne devons pas ouvrir les portes! s'écria-t-il. Barricadons-nous dans la ville, fortifions-nous dans le château; nous pouvons y soutenir un siège pendant un an ; défendons-nous, jusqu'au jour où ceux de nos amis qui sont à Paris, Rovère entre autres, aient expliqué et justifié notre conduite.

Cette opinion rallia toutes les voix. Jourdan fut chargé de réunir dans le palais des Papes des provisions de bouche, des munitions de guerre, et une troupe suffisante pour résister au corps d'armée qu'on redoutait.

Le lendemain, les Avignonnais, à leur grande terreur, virent le vieux palais se hérisser de canons. Un appel fait aux braves brigands en avait réuni environ cinq cents. Le même jour, les administrateurs provisoires, Minvielle, Mendes, Sabin Tournal, vinrent s'installer dans le château avec leurs familles. Jourdan Coupe-Tête et le major Peytavin, sous ses ordres, prirent le commandement de la petite garnison.

Mais, pendant ce temps, les Avignonnais envoyaient à Sorgues une députation pour adresser au général commandant les troupes françaises les mêmes supplications que la Ratapiole. Un moment arrêté par la résistance que Jourdan Coupe-Tête menaçait de lui faire, et par la crainte de verser un sang désormais français, le général de Choisy venait de recevoir de Paris l'ordre formel d'entrer immédiatement dans Avignon.

— Messieurs, dit-il aux habitants de cette ville réunis autour de lui, demain je me présenterai aux portes de votre ville.

Ces paroles répétées à Jourdan Coupe-Tête et aux chefs de la garnison réunis dans le palais leur donnèrent à réfléchir. Ils tinrent un nouveau conseil.

— Résister à l'armée française, forte de trois mille hommes, dit Duprat, serait une tentative folle dont nous serions victimes. Accueillons-la, au contraire, en citoyens qui ont fait leur devoir et n'ont rien à se reprocher.

— Soit, répliqua Sabin Tournal; mais, par prudence, envoyons dès demain à Paris, à l'effet d'appuyer les réclamations de nos amis, un mémoire justificatif de notre conduite.

Cette proposition fut approuvée, bien qu'elle contrariât singulièrement Jourdan Coupe-Tête, qui s'était vu pendant un moment à l'état de héros, en soutenant un siège contre l'armée française. On le consola en lui faisant observer qu'il marcherait à cheval, entouré de la municipalité et des administrateurs provisoires, à la rencontre du général de Choisy.

Ce dernier fit son entrée dans la ville le 7 novembre, à onze heures du matin, précédant de vingt-quatre heures les commissaires civils. Derrière lui marchaient le régiment de Boulonnais, le régiment de la Marck, le Lorraine-Dragons, des hussards et quatre compagnies d'artillerie. Une foule compacte s'était portée à leur rencontre. La joie était universelle. Avignon croyait à la fin de ses maux, et accueillit par des cris d'allégresse le drapeau français. Cependant, au milieu de cet immense enthousiasme, un spectacle indignait et serrait les cœurs : Jourdan Coupe-Tête, entouré de ses complices, se mêlant à cette multitude qui maudissait son nom ; Lafleur poussant l'audace jusqu'à haranguer le général de Choisy. Il termina son discours par ces mots :

Le peuple avignonnais a versé son sang pour la Constitution.

Le général l'écouta en silence, retenant à grand'peine l'indignation qu'il éprouvait à se voir entouré de cette bande d'assassins, qui empêchaient les parents de leurs victimes d'arriver jusqu'à lui. Quand Lafleur eut fini, il répondit d'une voix sévère :

— Je désire que le peuple avignonnais soit dans d'aussi bonnes conditions que vous le dites ; mais quant à moi, je vous déclare que j'ai ordre d'entrer dans la ville, et d'y maintenir l'ordre. Malheur à ceux qui auront embrassé le mauvais parti.

Un murmure d'approbation s'éleva dans la foule, tandis que Jourdan Coupe-Tête et ses amis se regardaient déconcertés.

Soudain, l'on vit une femme fendre les flots pressés de la foule. Son nom circula dans toutes les bouches. C'était la Ratapiole. Elle n'était pas seule. Auprès d'elle marchaient deux jeunes gens. Elle les conduisit jusque devant le général de Choisy, qui la reconnut, et à qui elle dit :

— Eux aussi, vous demandent justice !

— Les fils de M. Niel ! murmurait-on dans la foule.

A l'aspect de la Ratapiole, qu'ils croyaient morte, Jourdan Coupe-Tête, Minvielle et Lafleur ne purent retenir une exclamation de surprise et de colère. Nul témoin ne pouvait les accabler autant que cette femme qui, du commencement à la fin de leurs forfaits, avait tout vu, tout entendu. Cependant, les deux jeunes gens qu'elle avait amenés là s'étaient agenouillés devant M. de Choisy, presque sous les pieds de son cheval. Le plus jeune, à peine âgé de quinze ans, prit la parole, et, les mains jointes :

— Général, dit-il, mon père et mon frère ont été assassinés dans l'horrible nuit du 16 octobre. Leur sang crie vengeance. Les coupables sont ces hommes qui nous environnent.

L'enfant s'interrompit, suffoqué par les sanglots que lui arrachait, non la peur, mais l'émotion. Puis son bras s'étendit énergiquement dans la direction de Jourdan Coupe-Tête.

— Remettez-vous, mon ami, lui dit M. de Choisy, qui descendit de cheval et essaya de relever le jeune Niel.

Mais, sans changer d'attitude, ce dernier continua :

— Vous me rendrez justice, général, j'en suis certain. J'ai perdu mon père, mon frère... Je suis sans état, sans ressources. Les brigands nous ont tout pris. Le peuple généreux que vous représentez ne pourra connaître nos malheurs sans avoir pitié de nous.

— Justice sera faite, répondit M. de Choisy.

Une immense acclamation s'éleva, et l'on entendit ce cri, mille fois répété :

— Vengeance ! vengeance !

— Justice sera faite, répéta M. de Choisy.

Puis, ayant ordonné à un peloton de soldats d'accompagner jusqu'au palais des Papes, Jourdan, Minvielle, Tournal et Lafleur, pour les protéger contre cette foule menaçante, il se dirigea vers l'hôtel de ville. Là, d'autres plaintes l'attendaient. Ce n'était plus un enfant de quinze ans qui implorait sa protection, c'étaient les fils, les frères, les mères des victimes de la Glacière. Les mêmes scènes se renouvelèrent le lendemain, lorsque les commissaires civils du gouvernement français firent à leur tour leur entrée dans Avignon. Leur premier acte fut de briser la municipalité, qui, par sa faiblesse ou sa complicité, avait laissé massacrer des innocents. Une première satisfaction fut, de la sorte, donnée aux Avignonnais; mais ce n'était pas assez, et le sentiment public réclamait contre les véritables auteurs du crime un châtiment plus éclatant.

Menacés dans Avignon, les assassins ne perdirent ni l'espoir ni l'audace.

— Nous avons des protecteurs à Paris, disaient-ils.

Et chaque jour, ils expédiaient lettres sur lettres à ceux qu'ils appelaient ainsi. Devant l'Assemblée nationale, et contre l'abbé Mulot, leur principal accusateur, ils étaient énergiquement défendus, d'abord par Lafleur le jeune, frère de l'odieux complice de Jourdan, ensuite par Rovère. Rovère et Lafleur le jeune, qui devaient être un peu plus tard élus députés à la Convention, avec Minvielle, avaient aidé de toutes leurs forces à la révolution d'Avignon, et pris part aux cruels exploits de l'armée de Vaucluse. Envoyés à Paris, après le licenciement de cette armée, pour hâter et faire rendre à leur profit le décret d'annexion, ils étaient, sinon de fait, du moins d'inspiration, coupables autant que les autres des massacres de la Glacière. C'est sur eux, sur leur influence, que comptaient Jourdan et ses amis. C'est par eux que le général de Choisy fut accusé d'avoir, en entrant dans Avignon, menacé les patriotes. Ils obtinrent peu après le changement de ce brave soldat qui, en quelques semaines était parvenu à rétablir l'ordre dans cette ville.

Conservant ainsi l'espoir de dominer de nouveau la ville, Jourdan Coupe-Tête, ses complices et ceux des brigands qui n'avaient pas pris la fuite, osèrent encore braver l'indignation publique. On les voyait dans les rues, non seuls, mais par groupes, la tête haute, menaçant de la parole et du geste les passants inoffensifs. Jourdan Coupe-Tête, surtout, déployait une rare audace.

Peu de jours après l'arrivée du général de Choisy et des commissaires, on s'occupa de donner une sépulture aux victimes entassées dans la Glacière. Une ouverture fut pratiquée au bas de la tour, au niveau du sol. Il en sortit des exhalaisons si nauséabondes que les hommes employés à cette triste corvée reculèrent par trois fois. C'est de là, qu'en usant des plus grandes précautions, on retira soixante et un cadavres mutilés, des têtes, des jambes, des bras, des seins. Un seul cadavre fut reconnu, celui de l'abbé de Nolhac, couvert encore de morceaux de soutane.

Ces tristes restes furent ensevelis dans vingt cercueils, et ces cercueils déposés, après qu'on les eut scellés et plombés, dans la salle des Conciles, jusqu'au jour prochain des funérailles.

Or, le soir du jour où ce triste travail d'exhumation s'était terminé, Jourdan Coupe-Tête eut l'audace de se montrer dans un café, accompagné de la Cigale, parée de ses plus beaux atours. Il continuait à porter l'uniforme sous lequel les Avignonnais étaient accoutumés à le voir. Jamais son panache n'avait paru plus insolent. Il s'éleva autour de lui un tel murmure qu'il dut quitter le café. Des huées accompagnèrent sa sortie. Au moment de disparaître, il eut l'imprudence de montrer le poing à ceux qui le maudissaient. La salle entière se leva. Il n'eut que le temps de s'échapper, laissant la Cigale entre les mains de ses ennemis.

La malheureuse fut renversée, foulée aux pieds, relevée quelques instants plus tard et transportée à l'hôpital, où elle mourut peu après.

Jourdan, poursuivi par une troupe qui se grossissait de tous les passants, fut enfin arrêté dans la rue Baucasse. C'en était fait de lui, quand un aide de camp du général de Choisy, à la tête de quelques soldats, vint l'arracher à la colère du peuple. Cet officier eut beaucoup de peine à le sauver. Il dut invoquer le nom déjà très aimé de M. de Choisy, qui ne voulait pas que le sang coulât de nouveau dans les rues, et promettre que Jourdan subirait un jour le châtiment de ses crimes. Puis il le ramena jusqu'au palais, où il le laissa, après l'avoir toutefois engagé à ne pas se montrer en public.

Jourdan Coupe-Tête rentra chez lui furieux, rêvant de vengeances terribles, et ne songeant qu'à frapper d'effroi ses ennemis. Ce qui le soutenait, c'était la certitude que ni M. de Choisy, ni les commissaires civils n'oseraient le faire arrêter sans un ordre venu de Paris, et que, grâce à Rovère et à Lafleur jeune, cet ordre ne viendrait jamais.

Au milieu de la nuit, il fut brusquement réveillé.

— Qui va là? s'écria-t-il en sautant sur ses pistolets.

Il reconnut Brandefouaille qui lui dit:

— Général, des poursuites sont ordonnées contre vous. Minvielle, Tournal et Peytavin se sont cachés; Mendes court sur la route de Paris. Vous n'avez que le temps de fuir.

Jourdan se leva sans mot dire, se vêtit d'un costume bourgeois, prit ses pistolets, l'argent qu'il possédait, et suivit Brandefouaille. Il parvint à sortir de la ville.

Vers quatre heures du matin, une escouade de soldats, commandée par un jeune officier de hussards, M. de Saint-Hilaire, arrivait au château des Papes et frappait à la porte de l'appartement de Jourdan. La porte demeura close. Les soldats frappèrent de nouveau. Même silence. On enfonça la porte; on monta dans la chambre de Jourdan. Le lit était vide.

M. de Saint-Hilaire laissa quelques hommes en faction dans le château, avec l'ordre d'arrêter quiconque se présenterait pour parler à Jourdan, et se rendit ensuite chez Minvielle, qu'il devait mettre également en état d'arrestation, ainsi que Duprat, le major Peytavin, Sabin Tournal et les autres auteurs du massacre de la Glacière. Chez Minvielle, on ne trouva que sa femme.

— Mon mari est parti, dit-elle.

On fouilla la maison du haut en bas. On ne découvrit ni le misérable, ni rien qui pût mettre sur ses traces. Il en fut de même chez Lafleur, chez Sabin Tournal, chez Peytavin, chez Mendes. Les perquisitions pratiquées à leurs domiciles restèrent sans résultat. Néanmoins, le même soir, plus de cent individus, soupçonnés avec raison d'avoir pris part à la tuerie des 16 et 17 octobre, étaient emprisonnés. Mais ce n'étaient pas les plus coupables. Ils avaient agi sous l'empire d'une excitation que d'autres avaient allumée. Leur arrestation ne donnait à l'opinion publique qu'une satisfaction incomplète. Le général de Choisy ordonna de nouvelles recherches. Elles devaient commencer dans la nuit.

Dans la soirée, la Ratapiole se présenta à l'hôtel de ville, où habitait le général de Choisy, et fut introduite auprès de lui.

— Monsieur le général, dit-elle, j'ai appris que vous faites poursuivre Jourdan Coupe-Tête et ses amis. Où sont-ils? Je l'ignore. Mais je sais que Minvielle possède aux portes d'Avignon, sur la route de Sorgues, une maison de campagne. Un pressentiment secret m'avertit qu'il s'est réfugié là. Jourdan s'y trouve peut-être. Envoyez vos soldats de ce côté.

M. de Saint-Hilaire fut de nouveau requis pour cette mission, et, accompagné de vingt hommes, il se mit en route. La maison de Minvielle, située, comme l'avait dit la Ratapiole, sur la route de Sorgues, était une petite habitation d'apparence assez modeste, entourée d'un jardin clos de murs, au-dessus desquels s'élevaient les cimes des cyprès.

A l'entrée du jardin, on mit pied à terre. La grille était fermée. Deux hommes firent sauter la serrure. On entra. La maison était au bout d'une avenue. Aux croisées, on ne voyait aucune lumière, et tout d'abord il était difficile de supposer que ces lieux ne fussent pas abandonnés.

Cependant, M. de Saint-Hilaire s'avança jusque devant l'habitation, ordonna à ses hommes de la cerner, de faire feu sur quiconque voudrait fuir, et, suivi seulement de deux sous-officiers de hussards, il frappa trois coups sur la porte. A sa grande surprise, cette porte s'ouvrit. Un paysan apparut.

— Si tu pousses un cri, tu es mort, dit M. de Saint-Hilaire, en lui mettant un pistolet sur la gorge.

— Eh! monsieur, répondit l'inconnu, je suis de vos

amis. Vous venez arrêter les braves brigands que vous supposez cachés ici. Je vous attendais. Minvielle, Tournal et Peytavin sont ici.

— Pourquoi n'as-tu pas averti plus tôt le général ? demanda M. de Saint-Hilaire avec défiance.

— Comment l'aurais-je fait ? Ne devais-je pas veiller sur les misérables, les suivre, s'ils avaient eu la velléité de quitter ce logis où ils se croient en sûreté ? Ils sont arrivés ici dans la nuit. Depuis un mois, j'étais moi-même réfugié dans cette maison, que j'avais trouvée déserte, ignorant les événements, blessé, malade, croyant Avignon toujours au pouvoir des braves brigands et n'osant me présenter dans la ville où ils avaient mis ma tête à prix. Quand Minvielle et ses deux compagnons sont venus, je n'ai eu que le temps de me cacher. J'ai entendu leur entretien.

— Ton nom ?

— Lusignan !

— Tu devais épouser la Ratapiole ?

— La connaissez-vous ?

— C'est sur son conseil que je suis ici. Elle a échappé à ses bourreaux. Elle vit.

Un cri de joie sortit de la bouche de Lusignan. Depuis un mois, il avait beaucoup souffert. C'est par miracle qu'il avait échappé à la mort ; dans la maison isolée où il avait trouvé un refuge, il vivait en proscrit.

Mais maintenant, puisque la Ratapiole vivait, tous ses maux étaient oubliés. Il ne formait plus qu'un souhait, celui d'être libre et de pouvoir partir pour Avignon.

M. de Saint-Hilaire le retint.

— Lusignan, lui dit-il, je suis ici pour arrêter les misérables qui s'y trouvent. Tu m'as affirmé qu'ils étaient dans cette maison. Tu dois m'aider à les prendre.

— Qu'à cela ne tienne ! répondit Lusignan.

Il fit alors un signe à M. de Saint-Hilaire, qui venait d'ordonner à quelques-uns de ses soldats de marcher derrière lui, et gravit l'escalier qui conduisait au premier étage, dans une salle où il supposait les coupables réunis. On arriva à cette chambre, elle était vide. Lusignan parut d'abord désappointé, mais son désappointement fut de courte durée, et presque aussitôt il dit :

— J'ai l'assurance qu'ils sont dans cette demeure. Ils n'ont pu en sortir. Fouillez de tous les côtés, dans les matelas, dans les armoires, sous les lits, dans les coins les plus cachés. Vous les trouverez quelque part.

M. de Saint-Hilaire donna des ordres, et les perquisitions commencèrent. De la cave au grenier, les hommes s'étaient répandus, obéissant consciencieusement aux instructions de Lusignan. Recherches vaines, efforts inutiles !

Soudain au fond d'une cave, le pied de Lusignan, en se posant sur une dalle, produisit un son particulier qui révélait l'existence d'un trou dans cet endroit.

— Cherchez ici, s'écria-t-il.

Armés de baïonnettes et de sabres, les soldats enlevèrent la terre autour de la dalle ; puis ils la soulevèrent, et un caveau s'offrit à leurs yeux. Lusignan sauta brusquement dans le trou. Deux coups de pistolets partirent en même temps. Lorsque la fumée se fut dissipée, M. de Saint-Hilaire et ses hussards virent Lusignan accroupi sur deux corps qui se débattaient pour lui échapper. L'un de ces corps était celui de Minvielle ; l'autre celui de Sabin Tournal.

En une minute, ils furent matés et désarmés, liés et dans l'impossibilité de faire résistance. Les soldats les placèrent au milieu d'eux.

— Peytavin manque à l'appel, s'écria tout à coup Lusignan.

D'un bond, il se trouva une fois encore dans le caveau. Dans un coin, accroupi, immobile et muet, le major Peytavin essayait de se soustraire par la ruse au châtiment qu'il redoutait. On se précipita sur lui. On le retira de sa cachette, pâle, piteux, abattu.

— Je vous en avais promis trois, mon lieutenant, dit Lusignan, en s'adressant à M. de Saint-Hilaire ; les voici.

Une heure après, Minvielle, Sabin Tournal et le major Peytavin étaient écroués au château des Papes. Mendes,

Jourdan Coupe-Tête et Lafleur manquaient encore. Le premier était sur la route de Paris. Il allait solliciter, en faveur de ses amis, les membres influents de l'Assemblée nationale. Lafleur s'était réfugié à Marseille.

Quant à Jourdan Coupe-Tête, on ne savait ce qu'il était devenu. Mais, encouragé par les succès de son expédition, M. de Saint-Hilaire promit à son général que, sous trois jours, le chef de l'infâme bande serait en son pouvoir.

La nuit suivante vers une heure du matin, sur un ordre spécial du général de Choisy, la porte du Rhône, que l'on fermait, ainsi que les autres, toutes les nuits, s'ouvrit pour laisser sortir Lusignan. Il se dirigeait vers la maison de l'île de la Barthelasse, où il espérait trouver la Ratapiole. Il y fut rapidement rendu. Une lumière brillait à l'une des croisées du rez-de-chaussée. Il s'avança, et à travers les vitres chargées d'un brouillard léger il plongea avidement ses regards dans l'intérieur de la chambre.

Elle était éclairée par deux bougies à la clarté desquelles il vit la Ratapiole agenouillée devant un lit. Sur ce lit, rien qu'un drap blanc; mais sous le drap, une forme humaine.

— Ma mère est morte ! murmura Lusignan, qui dut s'appuyer contre le mur pour ne pas tomber. Elle est morte, tuée sans doute par la douleur que lui causait mon absence.

Il resta là quelques secondes, immobile, désespéré. Puis, il entra dans la maison, arriva jusqu'à la chambre, s'agenouilla, sans dire un mot, aux pieds du lit de sa mère morte, à côté de la Ratapiole, et s'unit d'intention aux prières de celle-ci, tandis que de grosses larmes tombaient de ses yeux.

La Ratapiole était si absorbée que d'abord elle ne le vit pas.

Mais, un sanglot qu'il ne put contenir la fit se retourner. Elle tressaillit et toute pâle se leva :

— Ah ! je savais bien que Dieu t'avait sauvé, dit-elle. Miette l'affirmait, et si ta mère avait conservé le même espoir que nous, elle vivrait encore.

En présence d'un cadavre, elle n'osait manifester la joie que lui causait le retour de Lusignan. Elle ne se précipita pas dans ses bras, mais il vit bien que jamais il n'avait été plus aimé.

Alors elle lui raconta les événements qu'il ignorait, et lui-même lui fit connaître comment il avait appris par M. de Saint-Hilaire qu'elle vivait encore. Jusqu'au matin, ils s'entretinrent à voix basse des maux passés, de la douleur présente et des espérances de l'avenir.

Le lendemain, la mère de Lusignan fut enterrée, par les soins de son fils, dans le cimetière de Villeneuve. A l'heure où, suivi de la Ratapiole, il lui rendait les derniers devoirs, on célébrait solennellement dans Avignon les obsèques des soixante-et-une victimes de la Glacière.

Le même jour, au lever du soleil, au moment où le propriétaire de l'auberge la plus achalandée de Bédarrides, petite ville située non loin de Sorgues, ouvrait son établissement, il fut appelé par un voyageur qui, depuis la veille, occupait une chambre dans son auberge.

Il monta dans cette chambre. Le voyageur n'était pas seul. Un paysan se tenait auprès de lui.

— Vous m'avez appelé, camarade? cria l'aubergiste.

— Nous voulons déjeuner sur-le-champ. Sers-nous ce que tu as de meilleur en nourriture et en vins. Et vivement! nous sommes pressés.

— Descendrez-vous dans la salle à manger?

— Non, nous avons à causer avec mon ami. Nous mangerons ici.

L'aubergiste disparut, et dix minutes plus tard, ses deux clients s'asseyaient devant un confortable déjeuner.

— Eh bien, mon brave Brandefouaille, dit alors l'un d'eux, ne penses-tu pas que nous avons eu raison de coucher dans cette auberge? Tu vois que notre sommeil n'a pas été troublé. Qui aurait pensé à nous chercher ici, aux portes d'Avignon, pour ainsi dire? On a cru que nous nous dirigions sur Paris ou sur Marseille, et les imbéciles iront loin, tandis que nous sommes sous leur main.

Brandefouaille éclata de rire; Jourdan Coupe-Tête en fit autant.

— Cependant, objecta Brandefouaille, nous ne pouvons éternellement demeurer ici. Quelqu'un peut nous reconnaître, nous dénoncer...

— Aussi allons-nous partir après notre repas. A un kilomètre d'ici se trouve le petit village d'Entraigues. J'y ai des amis qui nous donneront asile jusqu'au jour où, ceux de Paris ayant eu gain de cause, nous rentrerons en maîtres dans Avignon. Car nous y entrerons ainsi, Brandefouaille, je te l'affirme.

Jourdan Coupe-Tête mangeait et buvait avec gloutonnerie, ne s'interrompant même pas pour parler et parlant la bouche pleine.

— Oui, répéta-t-il en remplissant deux fois son verre et en le vidant coup sur coup; oui, nous y retournerons, dans cette bonne ville, et nous couperons le cou à tous ceux qui souhaitent notre mort.

Sans doute le vaillant général dressait par la pensée la liste des personnes qu'il ferait arrêter si jamais le pouvoir revenait dans ses mains, car, jusqu'à la fin du repas, il n'ouvrit plus la bouche que pour manger. Brandefouaille respecta son silence.

Lorsque les plats et les bouteilles furent vides, Jourdan se leva.

— Demande nos chevaux et paye l'aubergiste, dit-il à son compagnon, en lui remettant un assignat de vingt livres.

Brandefouaille disparut un moment.

— Nous pouvons partir, mon général, fit-il, lorsqu'il rentra dans la chambre.

Chacun d'eux s'enveloppa dans un vaste manteau à triple collet, puis ils descendirent dans la cour, où se trouvaient deux chevaux que Jourdan avait achetés la veille. Ils se mirent en selle; Jourdan fit un léger salut à l'aubergiste et partit. Brandefouaille le suivit. L'aubergiste les accompagna du regard et remarqua qu'ils s'éloignaient par la route d'Entraigues. Il les vit disparaître derrière les cyprès, à travers les champs de garance; puis il rentra dans son auberge.

Une heure à peine s'était écoulée, quand soudain un

grand bruit l'appela au dehors. Devant la porte de son établissement, une escouade de dragons et de hussards venait de s'arrêter, commandée par M. de Saint-Hilaire. A côté de lui se tenait un jeune homme, presque un enfant. Seul parmi la petite troupe il ne portait pas le costume militaire. Il était vêtu de noir, et l'on eût dit, tant il était jeune et mince, le clerc d'un notaire ou un étudiant en vacances, bien plutôt qu'un cavalier assez solide pour être envoyé à la poursuite du plus féroce des assassins.

Ce jeune homme était le fils d'un négociant en soies d'Avignon. Il se nommait Bigonet. On l'appelait le petit Bigonet. Pendant la durée du pouvoir des braves brigands, il n'avait cessé, dans les cafés, sur les places publiques, d'exciter les jeunes gens à se défendre. Il avait une langue bien pendue, au service d'un esprit très acéré, et comme son courage était à la hauteur de son éloquence, il ne se gênait jamais, ni nulle part, pour dire son sentiment sur les hommes et sur les choses.

Un jour, la parole du petit Bigonet fut sur le point de provoquer une émeute. Jourdan, auquel les rapports de ses agents signalaient cet enfant comme un homme dangereux, donna l'ordre de l'arrêter. Prévenu à temps, le petit Bigonet se cacha, et se cacha si bien, que les agents de Jourdan ne purent mettre la main sur lui.

— Sa tête est à prix ! s'écria Jourdan à cette nouvelle. Cent livres à qui me la rapportera !

Plusieurs des braves brigands se mirent à la poursuite du petit Bigonet. Ce fut en vain. Grâce à sa figure fine et imberbe, il avait pu se déguiser en femme, et c'est sous ce costume qu'il vécut en paix jusqu'à l'arrivée du général de Choisy.

Sa vie était sauve, mais il portait au cœur une violente rancune et ne demandait qu'à exercer d'une manière quelconque tout ou partie de sa vengeance. Lorsqu'il apprit, par M. de Saint-Hilaire, avec lequel il s'était lié, après l'avoir rencontré dans le principal café de la ville, que l'arrestation de Jourdan Coupe-Tête était ordonnée, il lui dit :

— Accordez-moi une grâce, mon officier. Emmenez-moi avec vous. J'ai un vieux compte à régler avec le coquin, et je ne serai pas fâché d'être à côté de vous lorsque vous le prendrez. D'ailleurs je connais bien le pays. Je peux vous être utile.

— C'est entendu. Je vous emmène.

Et c'est ainsi que M. de Saint-Hilaire et le petit Bigonet, après une course rapide arrivaient ensemble, suivis de dragons et de hussards, devant l'auberge de Bédarrides. L'aubergiste s'était avancé vers M. de Saint-Hilaire.

— Du vin à mes hommes! dit ce dernier.

L'aubergiste fit un signe au domestique qui l'accompagnait, et qui courut à la cave. Les cavaliers allaient mettre pied à terre. Le petit Bigonet les en empêcha, et s'adressant à l'aubergiste :

— Connaissez-vous les voyageurs qui sont chez vous?

— Je n'en ai pas en ce moment, répondit l'aubergiste. Deux seulement ont passé chez moi la journée d'hier et la nuit. Ils viennent de partir.

— Leur signalement?

L'aubergiste regarda le petit Bigonet, ne comprenant pas de quel droit on lui faisait ces questions, ni de quel intérêt elles pouvaient être pour ceux qui les lui faisaient. Mais la présence de M. de Saint-Hilaire à côté du jeune homme, l'anxiété avec laquelle on semblait attendre ses réponses, lui donnèrent à réfléchir, et il s'empressa de communiquer le renseignement qu'on lui demandait.

— L'un de ces voyageurs devait être le maître, l'autre le valet. Le premier, vêtu comme un riche fermier, a de trente-cinq à quarante ans, le visage rébarbatif, l'œil méchant, des cheveux courts, mais si courts qu'on a dû les couper il y a très peu de jours, une moustache hérissée comme le poil d'un chat. Sa voix est dure, il monte très bien à cheval. Quant à l'autre...

— Le signalement du premier me suffit, répondit le petit Bigonet. C'est lui, ajouta-t-il en s'adressant à M. de Saint-Hilaire.

— Lui? qui lui? demanda l'aubergiste.

— Jourdan Coupe-Tête.

L'aubergiste poussa un cri d'horreur, et levant les bras au ciel :

— Que m'apprenez-vous là ? J'ai donné asile à Jourdan Coupe-Tête, à cet infâme, à ce monstre ! Il a couché dans un de mes lits, il s'est assis devant l'une de mes tables, il a bu mon vin !...

— Mangé ta cuisine ; et, sans doute, il t'a payé, fit M. de Saint-Hilaire, qui s'amusait du désespoir de l'aubergiste.

— Oui ! oui, il m'a payé. J'ai même encore là son assignat.

Et il retira de sa poche l'assignat de vingt livres qu'il avait reçu de Brandefouaille.

— Garde-le, reprit l'officier. Calme-toi et dis-nous par où tes voyageurs sont partis.

— Il y a deux heures environ ils quittaient mon auberge, se dirigeant du côté d'Entraigues.

— Filons ! dit le petit Bigonet.

Les soldats vidèrent à la hâte les bouteilles de vin qu'on venait de leur apporter et, quelques instants après, la troupe s'élançait au grand trot sur la route d'Entraigues. Entre Bédarrides et Entraigues il n'y a guère plus de deux kilomètres. Les cavaliers étaient bien montés. Quant au petit Bigonet, il conduisait habilement un cheval de Camargue, qui, lorsqu'on lui mettait la bride sur le cou, semblait avoir le diable au corps. La distance fut vite parcourue. On allait arriver à Entraigues, quand soudain, dans un sentier qui contourne le village, le petit Bigonet vit deux individus qui cheminaient au tranquille trot de leurs chevaux. Bien qu'ils fussent enveloppés de manteaux et qu'il ne les vît que de dos, le petit Bigonet les reconnut.

— Voilà Jourdan ! s'écria-t-il.

En une minute il eut mis cinquante mètres entre M. de Saint-Hilaire et lui. Les cavaliers qu'il observait se retournèrent.

Il ne s'était pas trompé. C'étaient Jourdan Coupe-Tête et Brandefouaille. A l'aspect du petit Bigonet et des soldats qui accouraient derrière lui, les deux complices changèrent de couleur. Brandefouaille dit à Jourdan :

— Fuyez, mon général ! je retarderai le petit un moment.

Sans répondre, Jourdan enfonça ses éperons dans le ventre de son cheval, tandis que Brandefouaille revenait sur ses pas pour barrer le chemin au petit Bigonet. Mais celui-ci, qui tenait un pistolet à la main, frappa vivement Brandefouaille en plein visage avec la crosse de son arme. Brandefouaille étourdi le laissa passer. Puis, voyant venir les hussards et les dragons, il se dit :

— Je ne sauverai pas le général. Tâchons de ne pas nous faire prendre avec lui.

Et il s'enfuit dans la direction opposée, sans que personne songeât à le poursuivre. Le petit Bigonet courait toujours après Jourdan et gagnait rapidement du terrain sur lui. Ce dernier allait sans savoir vers quels lieux le conduiraient les hasards de la fuite. Il entendait derrière lui le galop du cheval de Bigonet, et n'osait même se retourner pour mesurer la distance qui les séparait. Ce qu'il redoutait surtout, c'était une balle. Il ne savait pas qu'on s'était promis de le prendre vivant. Tout à coup son cheval s'arrêta brusquement. La Sorgue coulait en cet endroit et lui barrait la route.

— Vite, à gauche ! murmura Jourdan.

Mais, en se retournant, il vit, à cinquante pas derrière lui, le petit Bigonet ; les cavaliers de M. de Saint-Hilaire, qui s'étaient éparpillés, formaient un demi-cercle fermé par la Sorgue et qui se resserrait de plus en plus.

— Je suis perdu ! s'écria-t-il.

Il attendit une minute, hésitant, furieux, mais impuissant.

Enfin il se décida et se jeta dans la Sorgue. Le petit Bigonet n'était pas homme à s'arrêter devant cet obstacle, et le suivit. Les chevaux nageaient vaillamment, et les deux hommes, maintenus à la surface de l'eau, commencèrent à s'apostropher. Soudain, Jourdan se redressa. Un soupir de soulagement s'échappa de sa poitrine. Son cheval venait de reprendre pied. Il se crut sauvé. Il saisit dans sa poche un pistolet chargé, et mettant en joue le petit Bigonet :

— Si tu avances, je te brûle la cervelle, lui dit-il.

— Bah ! tu es un lâche et tu me manqueras, répondit le petit Bigonet ; mais moi je ne te manquerai pas.

En même temps, il courut brusquement sur Jourdan et le renversa. M. de Saint-Hilaire à la tête de ses hussards et de ses dragons vint lui prêter main-forte. En une minute, Jourdan fut retiré de l'eau, jeté sur la berge, lié, dans l'impossibilité de faire un seul mouvement. Il eut peur.

— Ne me tuez pas ! murmura-t-il d'une voix éteinte.

— Te tuer ! s'écria le petit Bigonet. Aucun de nous ne voudrait se salir d'un sang qui doit être versé par le bourreau.

Jourdan fut confié à deux solides dragons, entre lesquels il fut contraint de marcher. Il obéit sans mot dire, la tête basse, morne, roulant ses yeux farouches, comme s'il eût voulu tuer de ses regards les braves gens qui venaient de l'arrêter.

On revint à Bédarrides. M. de Saint-Hilaire y passa la journée avec son prisonnier et attendit la nuit pour rentrer dans Avignon. S'il y fût rentré de jour, il n'aurait pu préserver Jourdan des fureurs populaires.

Pendant ce temps, Brandefouaille errait dans les environs d'Avignon, cherchant en vain un refuge. Le troisième jour de sa fuite, vers midi, il se trouvait non loin de la fontaine de Vaucluse, à une portée de fusil du château de Pétrarque, dont les ruines minées par le temps se confondent avec les rochers au milieu desquels elles s'élèvent.

Arrivé en cet endroit, il tomba, mourant de fatigue et de faim, assis sur la terre nue, et d'un œil éteint regarda autour de lui. Sous ses yeux s'étendait un énorme amoncellement de roches élevées qui formaient un demi-cercle irrégulier, et au pied desquelles se trouvait un trou large, ouverture d'un gouffre profond. De ce trou sort une source plus abondante à certains moments de l'année que celle des grands fleuves, mais qui, se divisant en plusieurs ruisseaux, ne parvient à former qu'une petite rivière : la Sorgue. L'eau coule avec un bruit de cascade sur un lit de cailloux blancs. De tous côtés, sauf du côté de l'Isle, vers lequel se dirige la rivière, le vallon est enserré entre des rochers grisâtres, arides, nus, affectant des formes bizarres, formant une infranchissable barrière, comme si ce lieu solitaire était le bout du monde.

Brandefouaille ne connaissait ce vallon que de nom. Lorsqu'il s'était décidé à s'y réfugier, c'était avec l'espoir qu'il s'y trouverait à l'abri de toutes les poursuites, et qu'il rencontrerait au moins une chaumière dans laquelle on consentirait à le recueillir.

Il s'était trompé. Le vallon ne renfermait alors aucune habitation. Il ne restait à Brandefouaille que la ressource de gagner le petit village de Vaucluse, situé non loin de la fontaine, et de s'y présenter comme un voyageur malade qui réclamait, moyennant argent, un asile et des soins. Il espérait vivre ainsi, caché, oublié, jusqu'au jour où il pourrait sans danger revenir sur ses pas, et gagner une route qui le conduirait hors du Comtat Venaissin.

Il allait partir, quand soudain il entendit un bruit de voix.

— On vient me relancer jusqu'ici, murmura-t-il. Oh ! mais je leur échapperai.

Il croyait avoir à ses trousses les dragons de M. de Saint-Hilaire. A quelques pas de lui, un rocher qui surplombait la route, formait un renfoncement avec des saillies et des ouvertures telles, que l'on pouvait s'y tenir caché sans cesser de voir ce qui se passait sur le chemin de l'Isle, qui longe la Sorgue.

Brandefouaille se réfugia derrière le rocher. Les voix se rapprochaient. Brandefouaille écouta. Tout à coup, les individus qu'il redoutait apparurent à ses yeux au détour du chemin. Il eut une exclamation d'étonnement. Il venait de reconnaître Lusignan et la Ratapiole.

Quelques jours avant, Lusignan avait pris la résolution de se rendre en pèlerinage à un sanctuaire célèbre situé au delà de Carpentras. Durant sa vie, la mère Lusignan disait souvent qu'elle voudrait qu'après sa mort ce pèlerinage fût accompli par quelqu'un de sa famille pour aider au repos de son âme.

En fils pieux, Lusignan s'était rappelé ce vœu, l'avait fait connaître à la Ratapiole, et ils s'étaient mis en route pour l'accomplir, voyageant dans une de ces petites voitures à deux places, assez semblables à ce que l'on appelait autrefois un *mylord*, et telles que l'on en voit encore dans un grand nombre de villages du Midi.

S'étant arrêtés à l'Isle pour y passer la nuit, ils voulurent le lendemain aller voir la fontaine de Vaucluse, située à sept kilomètres. Ce détour allongeait leur route de quelques heures; mais rien ne les pressait, et le bonheur de se trouver ensemble rendait les heures trop courtes au gré de leurs désirs. A Vaucluse, ils laissèrent leur voiture pour faire à pied leur excursion. En dix minutes ils arrivaient à la source. C'est alors que Brandefouaille les vit.

Sa résolution fut prise sur-le-champ. Il laissa la Ratapiole et Lusignan s'avancer et passer devant lui.

Puis il sortit, derrière eux, de sa cachette, et, à vingt pas de Lusignan, il tira de sa poche un pistolet, visa et tira. Deux cris se firent entendre : un cri de terreur et de désespoir poussé par la Ratapiole, un cri de souffrance poussé par Lusignan, qui tomba sur ses genoux au milieu du chemin. Le sang coulait avec abondance de la blessure qu'il venait de recevoir. La Ratapiole s'était jetée sur lui pour lui porter secours, se demandant d'où venait ce coup de foudre qui, pour la seconde fois, frappait l'homme qu'elle aimait. Mais au même instant elle vit Brandefouaille. Il s'avançait pour achever sa victime, qu'il croyait hors d'état de lui résister.

Elle se plaça devant Lusignan. Brandefouaille s'arrêta, se rappelant qu'un soir elle l'avait jeté par terre aussi facilement que s'il n'eût été qu'un enfant. Mais soudain Lusignan, quoique affaibli par sa blessure, bondit sur lui. Il ne voulait pas mourir seul et laisser vivant après lui ce cruel ennemi de la Ratapiole. Les deux hommes roulèrent ensemble sur le sol. Pendant cinq minutes, la Ratapiole éperdue ne vit rien de l'odieux combat qui se livrait sous ses yeux. Enfin Lusignan se souleva, tandis que son ennemi restait étendu sans vie, étranglé. Mais lui-même était épuisé. La Ratapiole s'agenouilla, prit entre ses mains la chère tête qui pâlissait de plus en plus, et de ses genoux lui fit un oreiller. Ses yeux, gonflés de larmes, plongeaient avidement dans ceux de son fiancé, d'où la vie se retirait.

— Ecoute, amie, dit Lusignan d'une voix éteinte, je meurs. Tu vas être seule. Brandefouaille était l'ami de Jourdan Coupe-Tête. C'est de ce dernier qu'il faut te garder. Adieu... Sois heureuse... Je t'aime.

Il ne dit plus rien, poussa un long soupir et mourut.

Le 26 novembre, quarante jours après les massacres de la Glacière, les commissaires civils de la France procédèrent à l'installation d'un tribunal chargé de se livrer à une enquête sur ces sanglants événements. Ce tribunal était composé de sept membres: cinq juges, un accusateur public et un commissaire du roi. Il tenait ses séances dans l'une des salles du château des Papes.

L'enquête eut deux parties. Dans la première, on entendit quarante-cinq accusés ; dans la seconde, cent quarante témoins. Un greffier recueillait les dépositions des uns et des autres, et c'est cet interrogatoire, dont une copie authentique est dans nos mains, qui nous a permis de retracer ce récit. Commencée à la fin du mois de novembre, l'enquête durait encore à la fin du mois de janvier suivant.

Pendant deux mois, Avignon et le Comtat Venaissin goûtèrent un calme profond qui malheureusement fut de courte durée. Tandis qu'en apparence ces belles contrées, si longtemps livrées à la guerre civile, se pacifiaient, la révolution faisait à Paris des progrès rapides, et l'œuvre commencée pour conduire les Avignonnais à une ère définitive de repos et de prospérité, était compromise avant même d'être réalisée.

Cent prisonniers environ étaient détenus dans le palais des Papes, et parmi eux Jourdan Coupe-tête, Minvielle et Tournal. Mais Lafleur et Mendes étaient parvenus à gagner Paris. Là, ils se présentaient, eux et leurs amis, comme des martyrs de la liberté. Ils se faisaient des partisans dans le sein de l'Assemblée nationale, et loin de s'attendre à être condamnés, les assassins pouvaient caresser l'espoir d'une prochaine délivrance. D'autres brigands s'étaient réfugiés à Marseille. Dans cette ville livrée à toutes les effervescences de la révolution, les braves brigands rencontraient des sympathies.

L'écho de ces manifestations ne tarda pas à arriver dans Avignon, à y devenir pour le tribunal d'enquête une source d'hésitation, pour les prisonniers un motif d'espérance, pour la population une cause d'appréhension et d'effroi. Des poltrons et des audacieux adressèrent des pétitions à l'Assemblée nationale en faveur des assassins de la Glacière. Les honnêtes citoyens y répondirent par des protestations éloquentes.

Dans l'une d'elles, nous lisons ce qui suit :

« Que demandent à l'Assemblée nationale Lafleur, Mendes et leurs complices ? Entreprendront-ils de se justifier des crimes dont ils se sont noircis ? Mais l'Assemblée n'est point un tribunal ; elle en a créé un pour connaître de ces crimes. Ce tribunal, séant à Avignon, peut seul les laver s'ils sont innocents, doit seul les punir s'ils sont coupables. L'Assemblée ne peut ni ne doit préjuger à cet égard. Jourdan, Minvielle, Sabin Tournal, sont détenus dans ces mêmes prisons où ils ont massacré nos pères, nos femmes, nos enfants, et Lafleur et Mendes, leurs chefs, leurs complices, sont libres au milieu de la capitale ! Et Lafleur et Mendes trouvent des appuis, des protecteurs ! et Lafleur et Mendes sont admis à la barre de l'Assemblée nationale ! Peut-être demandera-t-on pour eux les honneurs de la séance ! Ah ! messieurs, vous ne vous déshonorerez pas ! Ne nous portez pas au désespoir ! »

Ces accents d'une légitime douleur ne furent pas entendus. Pour comble de malheur, le général de Choisy fut rappelé à Paris à la fin du mois de janvier, bien que son maintien dans Avignon eût été sollicité comme une condition d'ordre. A ce moment, on n'entendait parler dans tout le Comtat que d'assassinats, de fusillades, de pendaisons. Deux des commissaires civils quittèrent Avignon.

L'évêque de Carpentras abandonna son siège épiscopal, et les émigrations recommencèrent.

Enfin, dans les derniers jours de février, le bruit se répandit que l'Assemblée nationale allait amnistier les assassins de la Glacière. A cette nouvelle, le tribunal chargé de procéder à l'enquête se sépara. La surveillance rigoureuse exercée jusque-là sur les prisonniers cessa tout à coup, il suffit à quelques compagnies de la garde nationale de Nîmes, dans lesquelles ils comptaient de nombreux amis, de se montrer une journée dans Avignon pour assurer l'évasion des assassins. Jourdan Coupe-Tête se réfugia à Marseille.

De là, afin d'être plus près de la ville où il avait régné, et où il voulait commander encore, il vint se fixer à Arles, au milieu des patriotes marseillais, qui avaient fait de ce pays le quartier général de leurs opérations. En devenant territoire français, Avignon et le Comtat Venaissin avaient été, non groupés en un département tel qu'il existe aujourd'hui, mais divisés en deux districts, celui de Vaucluse et celui de l'Ouvèze, et rattachés, le premier, qui comprenait l'ex-cité papale, au département des Bouches-du-Rhône, le second au département de la Drôme.

Avignon, se trouvait donc sous l'autorité du directoire qui siégeait à Marseille, et qui nomma pour administrer la ville deux commissaires: Rebecqui, un patriote exalté, et Bertin, un homme sans énergie, que dominait son collègue. Durant son séjour à Arles, Jourdan Coupe-Tête fit la connaissance de Rebecqui, et une étroite intimité ne tarda pas à s'établir entre ces deux hommes. C'était le moment où le dernier se préparait à entrer dans Avignon pour y prendre possession de son poste. Jourdan se promit d'y rentrer en même temps que lui.

Au camp d'Arles, avec Jourdan Coupe-Tête, se trouvaient également Minvielle et Sabin Tournal. Ensemble, ils travaillèrent au but que poursuivait le premier, c'est-à-dire à obtenir de revenir dans Avignon, à la suite des nouveaux commissaires Une similitude complète d'opinions entre eux et Rebecqui fut d'abord la première cause de leur entente. Puis, l'Assemblée nationale rendit, le

28 mars, un décret qui, ratifiant les bruits qui avaient été répandus par les braves brigands eux-mêmes, portait amnistie « de tous les crimes et délits relatifs à la révolution, commis à Avignon et dans le Comtat Venaissin jusqu'au 18 novembre précédent ».

Cette amnistie, qui laissait impunis les sauvages qui avaient saccagé Cavaillon et Sarrians, assiégé Carpentras, pillé les couvents et les églises d'Avignon, massacré les prisonniers détenus dans le palais des Papes, rendit à Jourdan et à ses amis toute leur audace. Leur influence sur Rebecqui s'accrut, se consolida. Ils n'eurent aucune peine à le convaincre de l'urgence qu'il y avait pour lui à rétablir dans Avignon des hommes tels qu'eux, dont le patriotisme s'était affirmé dans des circonstances que l'Assemblée nationale semblait approuver, puisqu'elle les amnistiait.

Si Rebecqui et Bertin, son collègue, avaient eu encore quelques doutes à cet égard, un fait particulier vint bientôt les dissiper. Ils se trouvaient à Arles, sans troupes régulières, sans garde nationale. Or, ils ne pouvaient entrer dans Avignon sans être entourés d'une force armée qui fût la représentation de la puissance qui leur était conférée. Ils voulurent requérir quelques bataillons des gardes nationales du Gard et de l'Hérault. Mais les directoires de ces départements s'opposèrent à ces réquisitions. Le directoire des Bouches-du-Rhône n'avait pas assez de soldats, et ne pouvait en fournir à ses délégués.

— Vous manquez de soldats, dit Jourdan à Rebecqui. Je vous en fournirai, moi. N'y a-t-il pas ici mes patriotes marseillais ? A ma voix, tous les braves brigands se réuniront à eux, et vous vous trouverez bientôt à la tête d'une armée qui vous fera honneur.

Rebecqui et Bertin acceptèrent. Puis ils firent prévenir la municipalité d'Avignon qu'ils feraient leur entrée dans la ville le 29 avril, afin de prendre d'une manière définitive possession du district de Vaucluse, qu'au nom du directoire des Bouches-du-Rhône ils étaient chargés d'administrer.

Le dimanche 29 avril, à midi, la foule s'était portée à

la rencontre des commissaires, croyant qu'ils entraient dans la ville avec des soldats français. Le cortège arriva du côté de la porte Saint-Michel, fit le tour des remparts et se présenta ensuite dans les rues d'Avignon. Un odieux spectacle frappa tous les yeux. Dans le peuple, un cri d'horreur et d'indignation se fit entendre.

Le major Peytavin ouvrait la marche, à la tête d'une troupe de patriotes de sa façon qu'il avait recueillis un peu partout, sur l'ordre de Jourdan, et qui l'avaient suivi jusqu'au camp d'Arles. Puis venait un homme en costume de général, monté sur un cheval blanc, le front couronné de lauriers, le sabre nu à la main. C'était Jourdan Coupe-Tête. A ses côtés, l'on voyait, montées sur de fringants chevaux, madame Minvielle et madame Lafleur. Elles portaient l'une et l'autre un feutre gris à longue plume et une robe de couleur éclatante à longue jupe. Derrière ces trois personnages, les autres héros de la Glacière s'avançaient, trônant sur des chars de parade ornés de guirlandes de buis, de fleurs et de lauriers. Enfin, dans un carrosse qu'entourait un bataillon de volontaires marseillais, se trouvaient Rebecqui et Bertin, Tournal et Minvielle. Ce cortège traversa la ville et se rendit au palais des Papes.

Le soir, un grand banquet réunit chez Minvielle les principaux d'entre eux, et le lendemain, les commissaires rétablirent au pouvoir les hommes du 16 octobre.

La Ratapiole, qui depuis trois mois vivait retirée, tout entière à sa tristesse, avait cependant assisté par hasard à cette entrée triomphale. Il y avait, près de la porte Saint-Michel, une prairie où, durant les beaux jours, les mères conduisaient leurs enfants. Elle s'y trouvait avec Mietto et vit défiler la grotesque cavalcade. Quand Jourdan Coupe-Tête passa, la Ratapiole sentit son cœur se soulever de dégoût et d'épouvante. En même temps elle se rappela ces mots de Lusignan expirant :

— Brandefouaille était l'ami de Jourdan Coupe-Tête. C'est de ce dernier qu'il faut te garder.

— Oui, je me garderai de lui, murmura-t-elle ; mais je jure par ta mémoire, mon Lusignan, de venger ta mort sur le véritable assassin.

S'étant fait cette promesse, elle prit la main de Miette et rentra dans sa maison.

L'Assemblée nationale désavoua Rebecqui et Bertin.

Le 10 mai, Français, député de Nantes, monta à la tribune et prononça ces paroles : « J'ai parcouru les fastes des nations ; mais je n'ai rien vu qui m'ait glacé de plus d'effroi que l'entrée dans Avignon de trois ou quatre brigands couronnés de lauriers, traînant des magistrats et un peuple égaré à la suite de leurs chars de triomphe. Ici, quels sont les triomphateurs? Ce sont trois ou quatre particuliers, sans autre autorité que celle que le vice audacieux usurpe sur la vertu timide, qui se montrent au milieu d'un peuple bon et régénéré; des hommes qui s'honorent du titre de brigands, qui ont dépouillé des citoyens, imposé des taxes arbitraires ; qui ont forcé les portes des prisons une fois pour en sortir, une autre fois pour y assassiner; en sorte que pour les connaître il faut demander, non de quel crime ils sont coupables, mais quel est celui qu'ils n'ont pas commis. Voyez, à l'approche de Jourdan, les magistrats avignonnais dans la consternation, le tribunal dispersé, toutes les autorités légitimes dissoutes, les citoyens s'enfuir en jetant un regard de douleur sur une cité devenue semblable à ces arènes où l'on lâche des bêtes farouches contre des hommes. »

A la suite de ce discours, l'Assemblée nationale cita Rebecqui et Bertin à sa barre. Le directoire des Bouches-du-Rhône les révoqua, et parmi les considérants qu'il allégua pour justifier cette mesure, on trouva ceux-ci :

« Considérant que le 29 avril, les sieurs Bertin et Rebecqui sont entrés à Avignon avec l'appareil imposant de la force ; que Jourdan, Minvielle, Lafleur, Tournal et autres prévenus des crimes commis à Avignon ont précédé l'entrée de ces commissaires par une marche triomphale; qu'à l'aspect de ce redoutable cortège, un grand nombre de familles ont pris la fuite ;

Considérant que les prévenus des crimes atroces commis dans Avignon se promènent dans la ville pour insulter les parents de leurs victimes ;

Considérant qu'il s'est commis des assassinats dans Avignon et que des citoyens y ont été maltraités.

Le directoire révoque les sieurs Bertin et Rebecqui.

Bertin et Rebecqui partirent pour Paris. Jourdan Coupe-Tête se réfugia de nouveau à Marseille, et les complices se dispersèrent dans diverses directions.

Avignon respire. Mais, dans les premiers jours de septembre, les Marseillais, qui revenaient de Paris où ils avaient concouru à la journée du 10 août, ramenaient dans la ville les commissaires. Jourdan vint bientôt les rejoindre, nommé par eux commandant de la gendarmerie de Vaucluse. Dès lors Avignon fut livré à la terreur.

Nous raconterons bientôt comment la Ratapiole accomplit la promesse qu'elle s'était faite de venger Lusignan, et comment Jourdan Coupe-Tête, après avoir conspiré contre son pays et commis de nouveaux crimes, subit enfin le châtiment qu'il avait mérité.

IX

Vers le milieu du mois d'août 1793, à l'heure de midi, un carrosse de forme antique, attelé de deux mules vigoureuses, gravissait une assez dure montée qui se trouve sur la route de Lyon à Paris, à quelques kilomètres de Fontainebleau. Dans ce carrosse, il y avait trois femmes. Deux occupaient les places du fond. La troisième, assise en face d'elles, portait le costume des paysannes de la Haute-Loire ; à son air à la fois obséquieux et dévoué, l'on devinait qu'elle était au service des autres. La personne de celles-ci était marquée d'une distinction qui ne laissait aucun doute sur leur origine patricienne. L'une, — la plus âgée, — était vêtue comme une religieuse, grande robe noire, guimpe blanche, les cheveux complètement cachés sous un voile, portant en outre au doigt un anneau pastoral. L'autre avait une toilette de voyage simple et de bon goût.

— Pensez-vous que nous entrions dans Paris avant la nuit, ma tante ? demanda-t-elle tout à coup à la religieuse.

— Je l'espère, ma nièce. Pourquoi cette question ?

— Parce que, si nous ne devions pas arriver dans la capitale en plein jour, il serait bon de nous arrêter dans quelque village jusqu'à demain matin.

— Nous arrêter !...

— On dit que, la nuit venue, les portes de Paris sont fermées.

— Allons donc ! je voudrais bien voir qu'on refusât de les ouvrir pour laisser passer le carrosse de la comtesse de Beaufort, abbesse du monastère de Bellecombe, alors surtout qu'elle vient faire appel à la justice du gouvernement ! Soyez sans crainte, ma nièce, on les ouvrira.

La jeune femme à laquelle elle s'adressait secoua la tête d'un air de doute ; puis elle se mit à regarder à travers la portière le paysage qui se déroulait à droite et à gauche, vivement éclairé par un soleil éblouissant et chaud. Peu à peu, à regarder ainsi, sa tête s'alourdit. Le carrosse montait lentement la côte, enveloppé dans la poussière. Cette poussière, le silence, la chaleur, toutes ces choses eurent bientôt raison de la voyageuse. Elle posa sa tête contre les coussins et s'endormit. Tout à coup madame de Beaufort éleva la voix pour interroger sa nièce,

— Madame de Fontbrune dort, répondit la camériste.

— Ah ! au fait, elle a raison ; imite-la, si tu veux, Rosette. Je vous réveillerai quand nous serons arrivées.

Qu'au milieu de la triste année 1793, quelqu'un, par ignorance ou hardiesse, ait eu la pensée de voyager en France et dans la direction de Paris, avec un carrosse armorié, deux valets en livrée, et en costume de religieuse, cela semble à peine croyable. Cependant, rien n'est plus vrai, et cette partie de notre récit ne pêche pas plus que les autres par le défaut d'exactitude.

Madame de Beaufort était abbesse de Bellecombe, magnifique monastère de filles nobles, situé dans la Haute-Loire, non loin du Puy, à courte distance d'un village appelé Saint-Jeures-de-Bonas. M. de Thézard, son neveu, propriétaire d'un château situé non loin de l'abbaye, avait été arrêté, sur la dénonciation d'un capitaine de la garde nationale, par la commission populaire que le comité de salut public avait instituée dans la Haute-Loire, sous la présidence d'un de ses délégués. Le crime de M. de Thézard ne différait en rien du crime qu'on punissait alors. Il avait un domaine trop grand, au gré de certains de ses voisins désireux de s'arrondir. Il était trop aimé dans sa commune. Il avait caché, assurait-on, deux de ses cousins dans les caves de son château.

Pour toutes ces causes, il fut arrêté, traduit en jugement devant la commission populaire qui siégeait au Puy, et condamné à mort. Les exécutions, à cette époque, n'avaient pas lieu dans cette ville. Tous les mois, la commission populaire expédiait au Comité de Salut public les aristocrates et les suspects qu'elle avait condamnés. Grâce à la précaution qu'il avait eue de rester toujours muni d'une ceinture de peau largement garnie de pièces d'or, grâce surtout à l'humanité de son geôlier, M. de Thézard parvint à éviter le terrible voyage de Paris. Lorsque le délégué du comité de salut public s'étonnait qu'il ne partît point, le geôlier répondait:

— Ce pauvre homme a beaucoup de rhumatismes; il ne pourrait pas supporter la charrette. Il faut attendre une autre fournée.

Mais, bien qu'il échappât ainsi à la mort, la position de M. de Thézard n'en était pas moins triste. Dans son château, il avait une femme et dix-neuf enfants auxquels sa présence eût été nécessaire, et que la prolongation de sa captivité désespérait. C'est alors que sa tante, madame de Beaufort, résolut d'aller demander sa grâce à Paris; madame de Fontbrune, sœur de M. de Thézard, s'offrit à l'accompagner. Ignorantes des événements, ignorantes surtout des mœurs et des opinions des hommes qui étaient les maîtres, madame de Beaufort et madame de Fontbrune firent atteler à l'un des carrosses du couvent deux solides mules, et, en compagnie de trois domestiques, — deux hommes et une femme, — entreprirent, à petites journées, le voyage de Paris.

Au moment où elles venaient de dépasser Fontainebleau, elles étaient en route depuis six semaines. Elles avaient traversé une partie de la France révolutionnée, sans se douter des périls auxquels elles s'exposaient, et sans qu'un seul éclatât sous leurs pas. Quelque hâte qu'elles eussent d'arriver, elles ne pouvaient voyager que pendant le jour, la nuit étant indispensable au repos des gens et des bêtes. Ainsi s'explique la longueur de leur voyage. Il est plus difficile d'expliquer par quelles causes elles n'avaient été ni arrêtées ni pillées. Mais cela était, et il faut le constater.

A diverses reprises cependant, lorsqu'elles trouvaient des villes et des villages, leur voiture, et plus encore ce costume religieux que madame de Beaufort n'avait pas quitté, attirèrent l'attention. Parfois elles entendirent des murmures dans les groupes auprès desquels elles passaient. Mais elles étaient rassurées, d'abord parce que leurs passeports étaient en règle, et ensuite parce que les mules attelées à leur voiture étaient assez agiles pour les entraîner loin du danger.

Le jour où commence ce récit, elles n'étaient plus qu'à quelques lieues de Paris. La route se fit assez rapidement et, à cinq heures du matin, la voiture entrait dans le faubourg Saint-Antoine. Les rues étaient remplies d'une population hâve, déguenillée, à l'œil avide et féroce, qui effraya beaucoup madame de Fontbrune et Rosette. La première se pressa contre sa tante, qui, de son grand air énergique et calme, contemplait le spectacle qu'elle avait sous les yeux. Chacun se retournait avec stupéfaction sur le passage de ce carrosse, et, comme si le cocher eût compris qu'il importait de passer vite, il lança ses mules au galop.

Malheureusement, un embarras de charrettes l'obligea à s'arrêter. Presque aussitôt la voiture fut entourée d'une foule menaçante. Le cocher voulut revenir sur ses pas. Un cri retentit, poussé par cent voix:

— A la lanterne! les aristocrates!

En un clin d'œil, il fut précipité de son siège, les mules dételées. La voiture allait être renversée, quand soudain la figure impérieuse et hautaine de madame de Beaufort apparut à la portière. Il y avait dans ce regard tant de fermeté, de courage et d'audace, que les pillards hésitèrent. L'abbesse jeta les yeux à droite et à gauche, cherchant de quel côté elle pouvait espérer un secours.

Tout à coup, elle vit à quelques pas un officier portant l'uniforme de la gendarmerie, qui, les bras croisés sur la poitrine, assistait en souriant à ce spectacle.

Elle tressaillit, le regarda mieux et respira. Elle se sentait sauvée. D'une voix ferme, elle appela:

— Jourdan!

A ce nom, l'officier surpris fit un pas vers celle qui le nommait. Tout à coup il la reconnut.

— Quoi! c'est vous, madame de Beaufort! Comment et pourquoi êtes-vous ici?

— Je te le dirai plus tard. Pour le moment, mon drôle, si tu as gardé le souvenir des bontés que j'ai eues pour toi quand tu étais petit, débarrasse-moi de cette canaille.

Jourdan n'hésita pas.

— Oh! oh! ce sera drôle, fit-il. Vous allez voir, madame.

Et, tirant son sabre, il se mit à frapper à droite et à gauche sur la foule qui l'entourait. En voyant un officier de gendarmerie prendre la défense de ceux qu'elle allait pendre, la foule s'enfuit dans toutes les directions. Il retint deux hommes par le collet de leur habit, et, sans respecter le bonnet phrygien dont ils étaient coiffés:

— Halte-là! vous autres, fit-il. Vous avez dételé ces mules; attelez-les sur-le-champ, ou je frappe.

Il parlait si vivement que les deux sans-culottes obéirent sans murmurer. Cinq minutes après, le carrosse de madame de Beaufort, dans lequel Jourdan Coupe-Tête avait pris place, se dirigeait vers l'hôtel qu'il occupait lui-même, et où il pourrait leur être de quelque secours.

Maintenant, si le lecteur est surpris de voir le féroce Jourdan Coupe-Tête se porter au secours d'une religieuse et d'une aristocrate, s'employer pour elles et les prendre sous sa protection, nous ferons cesser en quelques mots cette surprise. Jourdan était né à Saint-Jeures-de-Bonas. Son père était boucher et approvisionnait le couvent de Bellembe. C'est son fils qu'il chargeait d'aller tous les matins porter à l'abbaye la provision de viande. Ce souvenir de sa tranquille enfance, Jourdan l'avait gardé. Il se rappelait les bontés que lui témoignait madame de Beaufort, les complaisances des sœurs tourières qui lui donnaient des friandises. Il se rappelait le beau jardin du couvent, où on lui permettait de prendre des fleurs et de fruits.

Lorsqu'à l'entrée de Paris, il vit madame de Beaufort attaquée et menacée, toutes ces choses lui revinrent e mémoire, et il n'hésita pas à lui venir en aide.

— Vous ne pouvez garder ce costume de religieuse madame, lui dit-il, tandis que la voiture les conduisait l'hôtel qu'il habitait. Il ne servirait qu'à vous comprometre et à vous exposer à des aventures comme celle d'o je viens de vous retirer, — car sans moi, ajouta-t-il ave un rire bruyant, vous alliez passer un mauvais qua d'heure.

— Oh! oui! c'est convenu, tu nous as sauvé la vie répondit madame de Beaufort. Mais que me dis-tu, que j dois quitter l'habit de mon ordre? C'est donc une cavern de brigands, ce Paris?

— Taisez-vous donc, madame: si quelqu'un autre qu moi vous entendait, il pourrait vous envoyer à l'échafau pour ce que vous venez de dire.

— Hélas! ce n'est que le quart de ce que je pense, mu mura madame de Beaufort.

— Paris n'est pas une caverne de brigands, reprit Jou dan, c'est une ville où le peuple est le maître, et le peu ple ne veut ni aristocrates, ni rois, ni prêtres, ni reli gieuses.

— Ah! mon Dieu, s'écria madame de Fontbrune, qu sommes-nous venues faire ici?

— Au fait, pourquoi êtes-vous à Paris? demanda Jou dan.

— Pour solliciter la grâce d'un de nos parents injust ment arrêté, injustement condamné à mort par la com mission populaire du Puy.

A ces mots, Jourdan se laissa aller à un accès d'hilari qui rendit madame de Beaufort stupéfaite.

— Implorer une grâce pour un aristocrate!

Madame de Beaufort reprit vite son sang-froid.

— A qui faut-il s'adresser?

— Personne ne peut vous servir en cette circonstan madame, répondit Jourdan redevenant sérieux. Sollicit pour un condamné, c'est s'exposer soi-même à la mort. Les ordres du Comité de Salut public, dominé par la Commune, sont terribles. En ce moment, il n'est pas disposé à faire grâce, et, le 2 juin, les Girondins eux-mêmes ont été arrêtés. Il y avait là d'excellents patriotes pourtant, mon ancien ami Minvielle et Lafleur jeune, notamment. Mais ils ont trouvé des patriotes plus hardis, plus résolus qu'eux-mêmes...

Il aurait pu parler longtemps encore; madame de Beaufort et madame de Fontbrune ne l'entendaient plus. A peine arrivées, elles reconnaissaient l'inutilité de leur voyage et leur impuissance à sauver leur malheureux parent.

— Mais toi, dit tout à coup madame de Beaufort, en regardant l'uniforme de Jourdan, tu m'as l'air d'être l'ami de ces coquins; ne peux-tu rien pour nous?

— Je ne m'exposerais pas à faire soupçonner mon civisme. Je ne me suis déjà que trop compromis en vous arrachant tout à l'heure aux mains du peuple et en montant dans votre voiture. Heureusement, je suis peu connu dans Paris, et cette affaire passera inaperçue. Je vous offre un asile dans l'hôtel que j'habite et des conseils; c'est tout ce que je puis faire.

— Quels conseils nous donnes-tu?

— Celui de renoncer à toute demande, et de repartir au plus tôt pour regagner Bellecombe.

On arrivait en ce moment à l'hôtel. Les dames se firent donner un appartement et s'y retirèrent aussitôt, afin de goûter quelque repos.

Depuis le jour où, à la suite de la destitution de Rebecqui et de Bertin, Jourdan Coupe-Tête s'était enfui d'Avignon pour la seconde fois, deux ans environ s'étaient écoulés. Pendant ces deux années, la révolution avait marché à pas de géant. La journée du 10 août, celle du 21 janvier avaient vu la fin de la royauté, et successivement marqué l'avènement de la République et de la Terreur. La ville d'Avignon et le Comtat, devenus provinces françaises, avaient dû envoyer des députés à la Convention. Les noms de Rovère, de Minvielle et de Lafleur le jeune étaient sortis de l'urne. Ce dernier avait été nommé de préférence à son aîné. Il en était résulté entre eux une haine violente et terrible, qui devait concourir à la perte du jeune. Au milieu du trouble général, après avoir failli périr dans Marseille de la main des fédéralistes, Jourdan Coupe-Tête, délivré par le général Cartaux, était retourné dans Avignon.

Peu de jours avant, Rebecqui, réhabilité par la Convention, était aussi revenu dans la ville pour y reprendre ses fonctions. Son premier soin fut d'assurer une position à son ami Jourdan, qui, grâce à lui, fut nommé commandant de la gendarmerie du district de Vaucluse. Ainsi, l'illustre général des assassins de la Glacière tombait au rang de simple chef d'escadron. Mais son premier titre n'avait été ratifié que par ses braves brigands, et ce n'était pas assez. Il ne réclama pas, et accepta la position nouvelle qu'on lui offrait.

Tout d'abord, il n'y trouva qu'agréments. Il arrêtait, délivrait à sa guise; la ville tremblait comme autrefois devant lui, et les citoyens que sa présence éloignait d'Avignon n'osaient y rentrer. Mais bientôt les commissaires du directoire des Bouches-du-Rhône furent changés, et Rebecqui rappelé à Marseille. Alors, l'étoile de Jourdan Coupe-Tête commença à pâlir. Bientôt, dans la ville, un astre rival s'éleva en face de lui. C'était un jeune homme nommé Agricol Moureau. Il était à peine âgé de vingt-cinq ans.

Il avait combattu en volontaire, sous les ordres du général Cartaux, contre les Marseillais révoltés, et, à la tête d'un bataillon formé par lui, contribué à leur défaite à Orange, à Cadenet et à Salon. Puis il s'était fait entendre dans les assemblées populaires, et, tout en applaudissant à la mort du roi, il flétrissait énergiquement ceux qu'il appelait les assassins de la Glacière. Bientôt, la ville devint trop petite pour contenir deux personnalités rivales. Jourdan apprit que Moureau avait envoyé au Comité de Salut public des lettres dans lesquelles il était représenté comme un mauvais patriote. Il résolut alors d'aller lui-même présenter sa défense auprès de Robespierre. En juillet 1793, il partit pour Paris. Agricol Moureau était en ce moment absorbé par l'insurrection des Marseillais révoltés contre la Convention. Déjà vaincus, ils relevaient la tête, et entrèrent dans Avignon, d'où le général Cartaux, aidé par le lieutenant d'artillerie Bonaparte, les délogea dans la journée du 27 juillet.

A la même heure, Jourdan était à Paris. Précédé par sa réputation sanguinaire, il s'était fait présenter aux Jacobins, puis à Robespierre et aux membres influents de la Commune et de la Convention. Deux mois avant, les Girondins avaient été arrêtés, et le 13 juillet, Marat, l'idole des sans-culottes, tombait, frappé dans son bain, par le couteau de Charlotte Corday.

Au milieu de ces circonstances, qui disposaient les cerveaux, exaltés déjà, à une exaltation plus grande encore, Jourdan Coupe-Tête fut reçu comme un héros, jouit d'une popularité éphémère, qui, durant quelques semaines, fit de lui, dans les clubs et dans les tribunes de la Convention, l'égal des plus illustres d'alors. Reçu par les membres du Comité de Salut public, il répondit victorieusement aux accusations portées contre lui par Agricol Moureau, et travailla si bien contre son ennemi, qu'il put espérer d'obtenir un ordre d'arrestation qui le débarrasserait de l'homme qu'il détestait.

C'est dans ces circonstances que le hasard le jetait sur les pas de madame de Beaufort. Durant le séjour que l'abbesse de Bellecombe fit à Paris, il ne tenta pour elle aucune démarche : il ne voulait pas entacher sa réputation de civisme ; mais la puissance des souvenirs de son enfance était telle, qu'il ne cessa de la couvrir de sa protection. Madame de Beaufort et sa nièce reconnurent en peu de jours que leurs tentatives seraient inutiles et compromettraient celui pour lequel elles s'employaient plus encore qu'elles ne le serviraient. Elles se décidèrent donc à partir. Jourdan obtint pour elles un passeport qui devait les protéger jusqu'au Puy, et les accompagna jusqu'aux barrières de Paris. En se séparant de lui, madame de Beaufort lui dit :

— Jourdan, on assure que ta vie est pleine de crimes odieux. Tu en as racheté une partie par la conduite que tu as tenue à mon égard. Rappelle-toi que tu pourrais les racheter tous, en consacrant à la bonne cause l'énergie que tu possèdes et ta popularité.

Elle n'en dit pas davantage. Ces paroles tombèrent sur cette nature cupide et viciée comme un grain de blé sur la terre. Jourdan ne tarda pas à se dire que si la République se montrait ingrate à son égard, il irait offrir ses services à un parti qui les apprécierait à leur valeur.

En venant à Paris, il avait surtout en vue la chute d'Agricol Moureau et la consolidation de son propre pouvoir, ébranlé par ce fougueux patriote, plus résolu, mais aussi plus convaincu que lui. Son civisme, son dévouement à la République avaient été constatés et prouvés. Il pouvait rentrer dans Avignon, assuré désormais des sympathies et de l'appui du Comité de Salut public. Mais cette satisfaction donnée à son amour-propre ne lui suffisait pas. Il ne voulait pas qu'une influence pût contrebalancer la sienne, et poursuivait de toutes ses forces l'arrestation d'Agricol Moureau.

Pour l'accomplissement de cette tâche, il avait trouvé une influence occulte considérable dans Lafleur l'aîné, son ancien complice lors des massacres de la Glacière. Irrité par le choix des électeurs du district de Vaucluse, qui, ayant à envoyer des députés à la Convention, lui avaient préféré son frère, et nommé ce dernier en même temps que Minvielle et Rovère, Lafleur l'aîné devint le plus cruel ennemi de l'homme auquel l'unissaient les liens du sang. Il enveloppa Minvielle dans sa haine, autant parce que Minvielle, jadis son ami, était devenu celui de son frère, que parce qu'il avait découvert, depuis, qu'il avait été trompé par lui au temps de leur plus étroite intimité. C'est un fait historiquement constaté : Minvielle avait été l'amant de madame Lafleur. Tout entier à sa vengeance, Lafleur l'aîné accusa d'abord Minvielle d'avoir voulu l'assassiner. Puis il dénonça son frère comme suspect de modérantisme.

Robespierre n'était que trop disposé à accueillir les dénonciations. En ce moment, il poursuivait les Girondins, dont Minvielle et Lafleur le jeune, bien qu'ils n'eussent pas complètement embrassé ce parti, étaient les amis. Grâce à Lafleur l'aîné, son frère et Minvielle furent arrêtés le 2 juin, et c'est ainsi que deux des ordonnateurs des massacres de la Glacière eurent l'honneur de monter sur l'échafaud avec le généreux Vergniaud.

Mais, entre leur arrestation et leur exécution, plusieurs mois s'écoulèrent. On sait que tous les membres de la Gironde ne purent être arrêtés. Plusieurs avaient pris la fuite, et vingt-deux seulement furent incarcérés dans la prison des Carmes, où ils demeurèrent jusqu'en octobre, époque de leur procès et de leur mort. Minvielle et Lafleur le jeune étaient parmi ceux-là.

A la suite de cette arrestation, Lafleur l'aîné, venu à Paris pour voir Robespierre, y demeura longtemps encore. C'est lui qui aida le plus efficacement Jourdan dans ses poursuites contre Agricol Moureau, coupable à ses yeux de s'être déclaré l'ennemi de tous les assassins de la Glacière. Lafleur l'aîné avait présenté successivement Jourdan à Robespierre, à Couthon, à Saint-Just. Quelques jours après le départ de madame de Beaufort, un matin, Jourdan se rendit chez Lafleur. Ce dernier habitait un petit appartement, dans l'une des rues qui avoisinent le Palais-Royal. Il s'était logé là autant pour être à proximité du domicile de Robespierre, qui habitait rue Saint-Honoré, que pour se trouver près des promenades. En venant à Paris, il avait amené sa femme, — non celle que le lecteur a déjà vue dans la première partie de ce récit. Celle-là était morte. Il s'était remarié avec une ex-religieuse. Jourdan trouva son ami assis devant une table chargée de papiers, de journaux, de brochures.

— J'allais t'envoyer chercher, lui dit Lafleur, en le voyant entrer.

— Y a-t-il du nouveau ?

— Agricol Moureau se démène là-bas comme un beau diable. Il écrit lettres sur lettres au Comité de Salut public pour démontrer que toi et moi nous sommes des ci-devant révolutionnaires, encroûtés dans les systèmes rétrogrades, des hommes de 89, des modérés, des fédéralistes, des tyrans!...

— Un fédéraliste, moi! s'écria Jourdan; moi qui ai failli laisser ma peau entre les mains des Marseillais!

— Il ajoute, en ce qui te concerne, ajouta Lafleur, que tu es bon tout au plus à être brûlé vif ou guillotiné par la sainte Montagne.

— Il a écrit cela!

— J'ai vu sa lettre dans les mains de Robespierre.

— Et tu n'as pas déclaré...

— J'ai dit ce qu'il fallait dire; on est convaincu de la pureté de notre civisme.

— C'est heureux, reprit ironiquement Jourdan, qu'on n'en ait pas douté.

— Sans nous, Avignon restait au pouvoir du pape ou tombait au pouvoir des royalistes.

— C'est vrai, cependant, objecta Jourdan avec naïveté.

— Quant à moi, continua Lafleur, je n'ai plus à donner des gages de mon patriotisme. Par amour pour la nation, j'ai foulé aux pieds les sentiments intimes que la nature met au fond de nos cœurs. J'ai fait arrêter mon frère et mon ami, le jour où ils ont conspiré contre la République. Oh! je n'exagère rien, reprit-il avec vivacité.

Et comme s'il eût été nécessaire qu'il appuyât de preuves ses affirmations, il prit sur la table une lettre.

— Voici ce que mon frère m'écrit du fond de sa prison.

Et il lut à haute voix: « Lâche, vous êtes seul capable de calomnier ma conduite. Poursuivez courageusement la carrière où vous êtes entré avec tant de gloire. Vos débuts sont en vérité brillants, et depuis que les pervers ont fait de la calomnie une vertu publique, il n'avait pas encore paru sur le grand théâtre des dénonciations un homme aussi célèbre que vous. Sans doute vous vivrez éternellement avec Brutus, ou plutôt votre mémoire passera glorieusement à la postérité la plus reculée, comme celle de l'assassin du vertueux Abel. »

— Il se compare au vertueux Abel! s'écria Jourdan. C'est dire que tu es, toi, l'abominable Caïn.

Il leva les épaules en signe de dérision.

— Ce n'est pas tout, continua Lafleur. On a saisi sur un gardien de la prison un papier adressé aux Girondins réfugiés en Normandie, et voici ce que mon frère leur dit de moi : « Hommes vertueux, partagez un instant la douleur qui m'accable ; je n'ai pas, comme vous, obtenu la gloire d'être dénoncé par Robespierre et Marat. C'est mon frère qui se fait mon accusateur, c'est mon frère qui m'assassine ! »

— Et tu supportes ça, toi ?

En prononçant ces paroles, Jourdan donna sur la table un coup de poing.

— Puisque c'est vrai ! répondit simplement Lafleur.

En même temps, une tristesse soudaine envahit son visage. Il appuya ses coudes sur la table, sa tête dans ses mains, et resta immobile.

— Eh bien, qu'as-tu donc ? demanda Jourdan. Si tu regrettes ce que tu as fait, il est inutile de le laisser voir !

— Je ne regrette rien ! fit sourdement Lafleur. Seulement, il m'est bien permis de songer qu'autrefois j'avais dans mon frère un ami. Il est difficile de se soustraire aux souvenirs du passé. Mais j'ai tort de te parler ainsi, dit-il tout à coup en s'interrompant, tu ne peux pas me comprendre.

— Oui, en effet, je ne comprends pas !...

Sans lui laisser achever sa phrase, Lafleur se redressa, et sans que son visage gardât aucune trace de l'émotion passagère qu'il venait de ressentir, il reprit :

— Tout à l'heure, quand tu es entré, je t'ai dit que j'allais courir chez toi.

— En effet, pour quelle cause ?

— Pour t'annoncer que le Comité a signé hier et expédié au directoire des Bouches-du-Rhône l'ordre d'arrêter Agricol Moureau.

Jourdan bondit, en poussant une exclamation de joie.

— Et tu te taisais ?

— Je voulais te faire connaître les motifs qui ont déterminé l'envoi de cet ordre. J'étais chez Robespierre quand sont arrivées les attaques nouvelles que Moureau dirige contre nous. Elles ont passé sous mes yeux. J'en ai pris prétexte pour déclarer à Robespierre que s'il était mon ami, il ne devait pas laisser passer ces calomnies sans les punir. Il a compris.

— C'est une grande victoire, s'écria Jourdan. Je pars aujourd'hui même. Je veux arriver en même temps que les ordres du Comité, et j'arrêterai moi-même le misérable qui a voulu me perdre.

Il sortit en gambadant et en chantant. Resté seul, Lafleur quitta sa place, ouvrit une porte et entra dans une chambre où se trouvait sa femme. La seconde madame Lafleur n'avait ni la distinction, ni la grâce de la première, et le beau Minvielle n'eût certes pas fait pour celle-là les folies et les imprudences qu'il avait commises pour l'autre.

Elle vint à la rencontre de son mari, et voyant ses yeux rougis, ses traits altérés, elle lui dit d'un ton de tendre reproche :

— Tu t'es encore laissé aller à tes idées noires?

— Non, je t'assure!

— Oh! tu me caches quelque chose, tu n'es pas heureux.

Et l'ex-religieuse, d'une voix dolente, avec des gestes mignards, se mit à lui adresser de tendres reproches.

Il l'interrompit.

— Je t'assure que sauf les contrariétés que me cause mon frère, je suis très heureux. Fais-toi belle, ajouta-t-il, et allons respirer l'air pur du jardin des Tuileries.

La jeune femme, crédule et consolée, se hâta de procéder à sa toilette.

— Je suis très heureux, avait dit Lafleur.

Il mentait. Depuis que, sur sa dénonciation, son frère était arrêté, compromis et menacé de mort, il éprouvait une sombre mélancolie. Des rêves horribles troublaient son sommeil.

Il voyait, dans le silence de ses nuits, aller et venir devant lui des ombres sanglantes. Il reconnaissait les malheureux qui, par sa volonté, étaient morts dans la Glacière. Elles portaient entre leurs mains rougies la tête de Lafleur le jeune, et la tête de Minvielle, tandis que le corps décapité de ce dernier valsait avec rapidité, entraînant une jeune femme qui lui souriait, et dans laquelle Lafleur aîné reconnaissait la sienne, celle qui était morte.

Parti de Paris dans la seconde quinzaine de septembre, Jourdan faisait diligence, voulant arriver à Avignon assez tôt pour procéder lui-même à l'arrestation d'Agricol Moureau. Mais cette satisfaction ne devait pas lui être laissée, par suite d'une aventure qui lui arriva en route.

Il voyageait en poste, ainsi qu'il convenait à un fonctionnaire de son rang Il ne fit que passer devant Lyon, qu'assiégeaient alors les troupes de la Convention, et qui devait, à quelques semaines de là, tomber en leur pouvoir. Il continua son voyage, sans s'arrêter jusqu'à Valence. Il entra dans cette ville le matin, vers dix heures, après avoir signifié au postillon qu'il ne voulait pas s'arrêter, et que si les chevaux manquaient à la poste, on le conduirait au relais suivant.

Lorsque, après avoir fait viser son passeport à la barrière, il entendit le bruit des roues sur le pavé de la ville, il leva les stores, afin de se soustraire à tous les regards, et demeura immobile, non sans éprouver quelque émotion. C'est que cette ville lui rappelait certains souvenirs qu'il ne voulait pas, en se laissant voir, ressusciter dans la mémoire de ceux qui pourraient le reconnaître.

Son père, nous l'avons dit, était boucher. Jourdan quitta à vingt ans cet état pour devenir maréchal-ferrant. Ayant dissipé l'héritage paternel, il fit banqueroute, s'enfuit de son pays et s'engagea au service d'une bande de contrebandiers. Puis, lassé de la contrebande, il se mit à exercer le brigandage avec une douzaine de gars aussi déterminés que lui. C'est l'Auvergne qu'ils avaient choisie pour se livrer à leurs exploits. Plusieurs châteaux furent dévalisés par eux. A Monistrol, chez un gentilhomme nommé M. de Sornel de Paulin, il commit un vol. Il le commit avec l'aide d'un seul de ses compagnons. Ils en partagèrent le produit, trente mille livres dérobées pendant la nuit dans la chambre de M. de Paulin.

La police, qui depuis longtemps était à leur poursuite, redoubla d'ardeur, et les deux coquins furent pris dans une cave de Monistrol. Conduits à Valence, ils y furent jugés et condamnés à mourir sur la roue. Mais, la mère de Jourdan ayant obtenu de voir son fils, trois jours avant l'exécution, lui apporta un saucisson rempli de pièces d'or, à l'aide desquels il parvint à corrompre ses gardiens et à s'enfuir, laissant en prison son complice, nommé Jacquelou.

Nous le retrouvons un peu plus tard à Paris, attaché comme surveillant des écuries à la maison du cardinal de Rohan; puis, après la disgrâce de ce dernier, marchand de vins. Sous le nom de Petit, il escroque six mille livres à l'un de ses correspondants de Bourgogne, prend part à la prise de la Bastille, y déploie une férocité qui lui valut, plus tard, lorsqu'il osait s'en vanter, le surnom de *Coupe-Tête*, et enfin vient se fixer dans Avignon, où il devait se rendre tristement célèbre.

Tels étaient les souvenirs qui revenaient en foule à la pensée de Jourdan au moment où la chaise de poste traversait Valence. C'était là qu'il avait été condamné à mort pour crime de vol à main armée dans une maison habitée. Depuis, les magistrats qui l'avaient condamné étaient morts ou en fuite. On ne devait plus se souvenir de lui. Mais il suffisait qu'une seule personne le reconnût, pour l'exposer à certains dangers et pour altérer singulièrement la réputation de probité qu'il voulait conserver intacte. Il était donc très ému.

De temps en temps, il se penchait vers le postillon, et par l'ouverture placée devant lui, il l'excitait à aller plus vite. Les chevaux volaient. Soudain, au détour d'une rue, la voiture accrocha une borne. Un des chevaux, violemment tiré en arrière, tomba à moitié étranglé, tandis que la chaise s'affaissait sur son essieu rompu. Jourdan, qui n'avait eu aucune blessure, poussa un juron formidable, sauta à terre et put se rendre un compte exact du dommage. Il fallait au moins une demi-journée pour le réparer. Se procurer une autre voiture, il n'y fallait pas songer, à moins de montrer une hâte et de faire une dépense qui auraient pu éveiller certains soupçons. Il se décida donc à attendre.

Pour échapper aux curieux qui se pressaient autour de lui, il se fit indiquer la plus prochaine auberge, s'y rendit, se promettant de tuer le temps en vidant quelques bouteilles d'Ermitage et de Tavel. Une heure ne s'était pas écoulée depuis que, retiré dans sa chambre, assis dans un fauteuil, il se livrait à cette noble distraction, quand soudain on frappa à la porte. Il n'attendait personne. Dans la ville, il croyait n'avoir ni connaissances, ni amis. Qui donc pouvait venir ? Sans savoir pourquoi, il eut peur. Il ouvrit cependant. Un homme de quarante ans environ se présenta, vêtu de noir, cravaté de blanc, rasé de frais, les cheveux crânement portés à la patriote, souriant et guilleret.

— Bonjour, ami Jourdan, dit-il.

Jourdan n'avait pas reconnu le visage. Il reconnut la voix. Il recula brusquement, tout effaré.

— Jacquelou ! murmura-t-il.

— Eh bien, oui, Jacquelou, répondit l'autre. As-tu peur de moi ? Suis-je donc mis à épouvanter les braves républicains ? Autrefois, je ne caressais qu'une ambition : arriver à ressembler à un notaire ou à un procureur. Tu vois, j'y suis parvenu.

Jourdan se taisait. Jacquelou le regarda, regarda les bouteilles posées sur la table.

— Oh ! boire seul ! fi donc !

Il passa la tête dans l'entrebâillement de la porte ouverte, et, d'une voix de stentor, ordonna à l'aubergiste de lui apporter un verre, ce qui fut fait sur-le-champ. Alors il ferma la porte, revint du côté de la table, y posa le verre qu'il remplit, s'assit en face du siège qu'occupait Jourdan avant qu'il entrât, et lui dit :

— Assieds-toi donc. Nous avons à causer.

Jourdan obéit, déjà rassuré par les manières joviales de son ex-complice.

— Tu n'as pas changé, toi, reprit ce dernier ; toujours aussi laid que par le passé, toujours ta figure qui ne donne pas envie de rire. Mais, par exemple, tu portes un costume qui m'étonne ! Gendarme, toi ! Est-ce à force de les fréquenter que tu as pris du goût pour leur métier ?

Jourdan fit un geste d'impatience.

— Voyons, Jacquelou, dit-il, tâchons de parler sérieusement, si c'est possible. Puisque tu m'as reconnu, puisque te voilà, que veux-tu de moi ? Je te préviens que je suis pauvre comme Job. Les braves sans-culottes n'aspirent pas à la richesse, et l'on ne fait pas fortune au service de la nation.

— Connu ! connu !

— Tu me crois riche ?

— Eh ! qui te parle de cela ? Crois-tu que je viens ici pour essayer de t'extorquer quelques écus, en te menaçant de te dénoncer comme un ancien condamné à mort, comme un ancien voleur ? Allons donc ! Pourrais-je le faire sans me perdre moi-même ? Quand tu t'es sauvé seul de la prison, à l'aide des louis de ta mère, — c'était donc vrai, cette histoire de saucisson ? — je t'en ai un peu voulu ; mais, je me suis également évadé vingt-quatre heures après toi, en me disant que probablement, à ta place, j'en aurais fait autant.

Il s'arrêta un moment pour juger de l'effet de ses paroles. Jourdan vidait et remplissait son verre coup sur coup.

— Non, reprit Jacquelou, je ne viens pas ici en ennemi. J'ai quelque bien, et le seul désir de retrouver un camarade m'a poussé à te suivre lorsque tu as laissé dans la rue ta voiture brisée pour venir à cette auberge.

— Tu as donc été témoin de l'accident ?

— Oui, j'habite Valence.

— Sans craindre que quelqu'un ne se souvienne du passé ?

— Sans rien craindre ! J'ai coupé ma barbe. J'ai changé de nom. Au jour du danger, j'ai fait fuir les juges qui nous avaient condamnés. Ils allaient périr comme aristocrates, je les ai sauvés. Ils me vénèrent comme un saint du paradis, et déclarent qu'ils se sont trompés en m'envoyant à la roue ; que j'étais innocent. Donc, de ce côté aucun danger ! D'ailleurs, qui oserait s'attaquer à moi, le plus enthousiaste des patriotes de Valence ?

A mesure que Jacquelou parlait, Jourdan respirait. Autant il avait eu peur, autant il se sentait rassuré.

— Allons ! fit-il, tout est pour le mieux et je suis ravi de t'avoir vu.

Il y eut un moment de silence.

— Es-tu riche, toi ? demanda tout à coup Jacquelou.

— Non, répondit Jourdan avec une vivacité qui fit sourire son complice.

— Oh ! je ne veux pas t'emprunter de l'argent, fit ce dernier. Je veux te proposer de t'unir à moi pour faire rapidement fortune.

— Par quels moyens ?

— Par les plus simples. Acheter des biens nationaux à vil prix et les revendre à un prix très élevé.

Jourdan ouvrit de grands yeux ; Jacquelou continua :

— Si tu as dans Avignon l'influence que j'ai dans Valence, tu dois obtenir la faveur d'acheter les biens nationaux à très bon marché.

— C'est possible. Et puis ?

— Et puis ? Et puis tu les revendras aux véritables propriétaires, en prélevant un honnête gain. On les a dépouillés ; pour la plupart, ils sont désireux de racheter leurs propriétés. Tu garderas ces propriétés à leur disposition, et le jour où tu les leur rendras, tu feras en même temps une bonne action et un gros bénéfice.

— Tiens ! je n'avais pas songé à cela.

— La proposition vaut que tu y réfléchisses. Ce que tu feras à Avignon, je le fais à Valence. J'ai de l'argent ; je le mets à ta disposition et tu auras ta part dans les opérations que je réalise ici, comme j'aurai la mienne dans celles que tu réaliseras là-bas.

Jourdan était enthousiasmé. Ses gros yeux s'écarquillaient.

— Tope là, fit-il en tendant la main à Jacquelou.

— Je n'attendais pas moins de toi, répondit ce dernier. Tu fais deux fois une bonne affaire. Tu gagneras de l'argent gros comme toi, et si jamais les royalistes triomphent, ils n'oublieront pas que tu leur as rendu service.

Les deux complices s'entretinrent longtemps ensemble, et Jourdan ne quitta Valence que le lendemain matin. Lorsqu'il partit, il voyait sa fortune faite à six mois de là.

Il arrivait à Avignon vingt-quatre heures après. Agricol Moureau avait été arrêté la veille par les agents du directoire des Bouches-du-Rhône, et dirigé sur Paris, par les ordres du Comité de Salut public. Jourdan ne regretta pas d'être arrivé trop tard.

Lorsque, après une absence de plusieurs mois, redevenu tout-puissant par suite de l'arrestation d'Agricol Moureau, il rentra dans Avignon, la guillotine était en permanence sur la place de l'Horloge. Un tribunal criminel siégeait dans la ville, et il ne se passait pas de semaine qu'il ne prononçât une ou plusieurs condamnations à mort. Ce n'était qu'un début. Quelques mois plus tard, la commission populaire d'Orange devait pousser jusqu'à la folie la soif du sang, et faire tomber trois cent trente-deux têtes en quarante-sept jours !

En sa qualité de commandant de la gendarmerie, Jourdan devint l'un des plus intrépides pourvoyeurs du tribunal d'Avignon. Pendant le temps qu'il venait de passer à Paris, il avait vu comment les choses se pratiquaient. Grâce à lui, Avignon eut bientôt des clubs plus puissants que le pouvoir régulier, des visites domiciliaires toutes les semaines, des arrestations innombrables pour les causes les plus futiles.

— C'est pour le bien de la patrie, disait Jourdan. Ne négligeons pas ses intérêts.

Il ne négligeait pas non plus les siens. Il poursuivit également certaines vengeances. C'est ainsi qu'il envoya à l'échafaud des hommes coupables seulement d'avoir déposé contre lui dans l'enquête judiciaire qui avait suivi les massacres de la Glacière. En même temps, il ne perdait pas de vue les instructions de son ami Jacquelou, et lorsque les biens confisqués à l'Église, aux nobles, aux communautés, furent mis en vente sous le nom de biens nationaux, il commença à en acheter, profitant de son influence pour se les faire adjuger à vil prix, à lui ou à d'autres individus, — ses créatures dévouées, — qui le représentaient. En deux mois, il réalisa des bénéfices considérables. On le vit peu à peu devenir propriétaire de deux ou trois maisons de campagne situées dans les environs d'Avignon, d'un hôtel dans la ville. Il eut cinq chevaux dans ses écuries, et, en sa qualité de commandant de la gendarmerie, il les nourrit aux frais de la commune.

Son influence, qui n'avait d'autre cause que la terreur qu'il inspirait, était immense. Son orgueil n'eut plus de bornes. Il osa parcourir les rues et les environs d'Avignon dans une confortable voiture que traînaient quatre chevaux, et sur le siège de laquelle se pavanaient deux braves brigands vêtus d'une somptueuse livrée. Il n'habitait plus le palais des Papes. Mais ses appartements offraient le spectacle du luxe le plus insolent.

Le district de Vaucluse, ruiné par des révolutions successives, venait d'être frappé d'une contribution de huit cent mille livres. Les ouvriers étaient sans travail. La misère était horrible, et c'est ce moment qu'il choisissait pour étaler son faste, pour se livrer à des prodigalités qui étaient une injure à des infortunes cruelles. Les haines les plus violentes se déchaînèrent de nouveau contre lui. Les montagnards exaltés, que l'arrestation d'Agricol Moureau avait laissés sans chef, accusaient Jourdan d'être un faux patriote. Il répondait en les arrêtant, et le commissaire délégué dans Avignon par le directoire des Bouches-du-Rhône était lui-même impuissant à mettre un terme à ce scandale.

Cependant, quelque chose manquait au bonheur de Jourdan. Depuis la mort de la Cigale, il vivait seul, se traînant dans de crapuleuses amours, dont il chassait les tristes héroïnes, après les avoir séduites ou violentées. Cela ne suffisait pas. Il aurait voulu être aimé pour lui-même, par une femme digne de vivre à ses côtés. Cette femme se trouva.

Un soir, après une excursion aux environs d'Avignon,

lorsqu'il rentra en ville, mollement étendu dans sa voiture, entourée de gendarmes qui galopaient autour de lui, le sabre au poing, on fut bien surpris de voir une femme jeune et belle assise à son côté. C'était sa nouvelle maîtresse. Quoique mariée, elle s'était éprise de ce monstre, et, pour le suivre, elle venait de quitter son mari et ses enfants. Jourdan l'installa chez lui. Elle y vécut au même titre et sur le même pied qu'une femme légitime.

Au milieu de ses violences et de ses débauches, il s'occupait de spéculations et d'agiotage. Il était en correspondance avec Jacquelou, qui vint même passer quelques jours auprès de lui. On vit alors Jourdan s'éloigner de plus en plus des montagnards exaltés, parmi lesquels il ne comptait plus que de rares amis, et se rapprocher des hommes modérés qui, en reconnaissant la nécessité de la révolution de 1789, blâmaient les excès qui l'avaient suivie. Chose plus étrange encore, Jourdan ne fut pas honteusement repoussé. On l'accepta, avec la volonté de se servir de lui pour mettre un terme aux excès dont on gémissait.

A mesure que s'accroissait sa fortune, il sentait s'amollir son féroce patriotisme. Il n'avait plus confiance dans un gouvernement qui confisquait les biens des suspects. Tant qu'il n'avait rien possédé, Jourdan s'était tenu du côté de ceux qui voulaient prendre; maintenant qu'il était riche, il passait dans les rangs de ceux qui voulaient garder. Ceux-là ne le traitaient plus comme un vil assassin, voué au mépris de tous les cœurs honnêtes, mais comme un guerrier dont les services, le courage, l'expérience pouvaient être utiles à une cause plus découragée que désespérée. Des gentilshommes qui n'avaient pas émigré, des grandes dames dont les sourires et les attraits étaient au service de leur parti, devinrent les amis de Jourdan. On plongea le passé dans un profond oubli. Il était de mauvais goût de rappeler les horribles événements de la Glacière et le rôle plus horrible encore que Jourdan y avait joué. Il trouva des défenseurs parmi des hommes honorables qui n'avaient d'autre but que de se servir de lui, de son influence, pour soulever la contrée et répondre par les armes aux exigences de la Convention. On le traita avec respect, on lui fit croire qu'il était un héros duquel la patrie éplorée attendait un secours providentiel, pour sortir du gouffre sanglant dans lequel elle était tombée.

Il perdit la tête. L'orgueil l'aveugla, le rendit fou. Il se crut chargé des destinées les plus hautes, parmi lesquelles il comptait au premier rang la régénération de son pays. Avignon assista à cet incroyable spectacle d'un homme chargé de crimes devenant le plus intrépide soutien des faibles. L'audace de Jourdan dépassa toutes les espérances. Enivré de son nouveau rôle, il se jeta dans la réaction avec un enthousiasme, une ardeur qui auraient fait courir les plus grands dangers à la République dans le Midi, si celui qui se mettait à la tête du mouvement eût été sans reproches.

Un tribunal était établi dans Avignon, et toutes les semaines il envoyait une ou plusieurs victimes à l'échafaud. Jourdan osa braver les juges de ce tribunal. Après lui avoir, à son retour de Paris, fourni de la besogne, il eut la prétention de lui arracher les accusés, lorsque ces accusés n'avaient à se reprocher que leurs opinions contraires à celles des montagnards. Jourdan devint le défenseur des honnêtes gens. C'est à lui que les parents des condamnés avaient recours pour sauver les êtres qui leur étaient chers. Il se faisait payer ses services. Mais il en rendait de réels à ceux qui le sollicitaient au nom du parti royaliste.

Un jour, ayant rencontré sur l'une des places d'Avignon le président du tribunal criminel, il l'apostropha en lui demandant comment il osait condamner des innocents, et le menaça d'aller lui-même, à la tête de ses gendarmes, l'arrêter sur son siège. Et comme le président rappelait à Jourdan les funèbres nuits de la Glacière, l'ancien chef des assommeurs lui envoya un cartel.

En même temps, sans ordre, il arrêta quelques-uns des patriotes les plus turbulents d'Avignon, et les fit enfermer dans le palais des Papes, voulant prouver par cet acte, dit-il, que le règne des sans-culottes était fini.

A quelques jours de là, il se présenta à la Société populaire des Montagnards d'Avignon, composée, en grande partie, de ses ennemis. Il monta à la tribune. L'individu qui l'y avait précédé lui ayant présenté le bonnet rouge dont les orateurs de ce club avaient l'habitude de se couvrir, il repoussa la coiffure qu'on lui offrait d'un air dédaigneux :

— Qu'est-ce que cette singerie? demanda-t-il d'une voix irritée. Est-ce qu'à Paris on suit de pareils usages? J'apprends que cette société n'est qu'une tabagie, dont les membres se querellent comme des crocheteurs. J'ai déjà fait arrêter les plus brouillons. Je continuerai à sévir contre les factieux.

Nulle objection ne lui fut faite. Il présentait ces arguments entouré de gendarmes, et inspirait un effroi que nul n'osait dissiper. Mais lorsqu'il fut sorti, les réclamations éclatèrent, et, sur-le-champ, une adresse fut rédigée, signée, envoyée au Comité de Salut public, pour demander la punition exemplaire de Jourdan, coupable d'avoir violé toutes les lois, abusé de ses fonctions et commis des actes arbitraires.

Ces événements se passaient à la fin de l'année 1793. Depuis deux mois, Agricol Moureau était détenu au Luxembourg. Du fond de sa prison, il envoyait lettre sur lettre à Robespierre, dénonçant Jourdan comme un ennemi de la République. Mais Robespierre restait sourd à ses plaintes. Il fallut des événements plus graves pour le déterminer à sévir contre Jourdan

X

A quinze kilomètres environ de Carpentras, au pied du versant méridional du mont Ventoux, dominant une plaine fertile qu'encadrent des sites accidentés et pittoresques, se trouve, bâti en amphithéâtre, un gros bourg appelé Bédoin. À l'époque de ce récit, Bédoin comptait quatre cent cinquante feux et deux mille habitants, presque tous propriétaires ou agriculteurs. Jadis fortement attachée au pouvoir pontifical qu'elle regrettait encore, cette population s'était opposée autant qu'elle l'avait pu à l'annexion du Comtat à la France. Elle aurait peut-être volontairement accepté le gouvernement du roi, mais elle n'avait que haine et mépris pour l'autorité républicaine qui s'imposait à elle sans ménagements et sans transition.

Abritée par son isolement, par les collines qui l'environnaient, cette contrée, où l'énergie propre aux montagnards est une vertu commune, n'avait pu subir sans révolte l'invasion des idées françaises. Là s'étaient réfugiés les derniers partisans du pouvoir pontifical. Les partisans persécutés de la Monarchie vinrent également y chercher un asile après le 10 août. La population de Bédoin s'accrut ainsi de quelques centaines de proscrits et les accueillit avec empressement. Des prêtres, des nobles, des religieuses, des suspects de toute nature, chassés d'Avignon, de Carpentras, de Marseille, vécurent plusieurs mois dans Bédoin, nourrissant des espérances aussi honorables qu'insensées, et applaudissant à toutes les fautes, à tous les revers, à toutes les dissensions de la République.

S'il faut en croire les historiens de ces temps agités, dont les assertions sont confirmées par les documents qui sont sous nos yeux, les habitants de Bédoin, en juin 1790, avaient pris part à l'un des mouvements papistes que réprima l'armée de Vaucluse. À l'époque de la fédération des Marseillais, ils embrassèrent avec enthousiasme une cause dont le triomphe devait renverser la Convention. Au mois d'août 1793, bien que l'insurrection fût étouffée dans presque tout le Midi, ils n'avaient rien perdu de leurs illusions. Les Anglais, appelés dans Toulon par un groupe de royalistes, maîtres de la ville, venaient d'y proclamer Louis XVII roi de France, et, assiégés par les armées républicaines, continuaient une résistance dont il appartenait au commandant d'artillerie Bonaparte d'avoir raison

L'ennemi était sur toutes nos frontières, la Vendée en insurrection, la Convention livrée à des discussions sanglantes, le trésor à sec, la misère partout. A l'émigration comme en France, les royalistes s'agitaient et espéraient. Ceux de Bédoin se voyaient déjà marchant au-devant de la monarchie réintégrée dans ses anciens droits. Ils complotaient, conspiraient, menaçaient : les hommes se préparant à prendre de nouveau les armes ; les femmes fabriquant des fleurs de lys, des tiares, des cocardes blanches. Retranchés au pied des montagnes, ils se croyaient inexpugnables. L'inertie du directoire des Bouches-du-Rhône, des autorités révolutionnaires d'Avignon et de Carpentras, les entretenait dans cette croyance.

C'est de ce côté que vinrent les premières ouvertures qui furent faites à Jourdan Coupe-Tête, dans le but de l'attirer parmi les royalistes. Ces derniers comprenaient la nécessité de se donner pour la forme un chef qui fût en apparence tout-puissant, en réalité la créature des plus influents d'entre eux, et dont le nom pût inspirer une crainte salutaire. Ces ouvertures n'eurent d'abord qu'un caractère purement personnel. Elles furent le fait de quelques hommes désireux de vaincre à tout prix et par tous les moyens.

La vanité de Jourdan facilita ces démarches. A la timide proposition qui lui fut faite, il ouvrit une oreille complaisante. L'appât du gain, les spéculations auxquelles il se livrait sur les biens nationaux et sur les subsistances, l'avaient mis en rapport avec les ennemis de la République. Il fut ébloui par la pensée qu'il pourrait devenir chef d'un parti, aider à son triomphe et trouver grâce aux yeux de ceux qu'il avait combattus, non en soldat, mais en brigand. En quittant Paris, madame de Beaufort, sauvée par lui, lui avait dit :

— Tu pourrais racheter tes crimes, en consacrant à la bonne cause ton énergie et ta popularité.

Ces paroles lui revenaient sans cesse à l'esprit, non qu'il se repentît du passé, et qu'il eût le désir de le réparer dans le but de se mettre en paix avec sa conscience, mais parce que, maintenant qu'il était riche, il avait soif de considération. C'est dans ces circonstances qu'il changea tout à coup de tactique, devint secrètement favorable aux royalistes et parut vouloir servir leurs plans. L'absence d'Agricol Moureau aidait à ses desseins. Seul, Agricol Moureau eût osé résister à Jourdan, et pu ameuter contre lui les patriotes d'Avignon, déjà fort refroidis à son égard. Mais Agricol Moureau était prisonnier au Luxembourg et Jourdan avait ses coudées franches. L'agent national délégué par le directoire des Bouches-du-Rhône, dans le district d'Avignon, tremblait devant le commandant de la gendarmerie, qu'il savait soutenu à Paris par Rovère et par Lafleur l'aîné. Les juges du tribunal criminel, les autorités municipales, les clubs montagnards redoutaient son audace, qu'il avait prouvée en diverses circonstances, et notamment à son retour de Paris. Il était donc le maître. La guillotine ne fonctionnait plus qu'à son gré et ne frappait que ses ennemis personnels.

Plus de quatre mois s'étaient écoulés ainsi. Ce temps avait suffi, d'une part, pour enrichir Jourdan, d'autre part, pour modifier ses idées dans le sens que nous venons d'indiquer. Ses relations avec les royalistes étaient secrètes et ne se trahissaient que par la tolérance qu'il témoignait à l'égard de ceux qui, n'ayant pas émigré, habitaient Avignon.

La Ratapiole elle-même avait trouvé grâce à ses yeux. Ayant appris qu'elle voulait fuir, il lui avait fait dire qu'elle pouvait être sans crainte, qu'il ne lui serait fait aucun mal. Néanmoins, elle avait cru prudent d'aller habiter Villeneuve. Bien que cette commune ne fût séparée d'Avignon que par le Rhône, la Ratapiole s'y trouvait plus en sûreté que dans Avignon, le territoire de Villeneuve appartenant au département du Gard, et échappant ainsi à la juridiction de Jourdan. A cette distance, elle ne redoutait rien de lui et pouvait cependant surveiller ses actions, dans lesquelles elle cherchait un moyen de venger sur le misérable les victimes massacrées par lui, et ses propres malheurs.

Tel était l'état des choses, lorsqu'au mois de janvier

1794, Jourdan, qui jusqu'à ce jour avait paru hésiter, se décida à se rendre à Bédoin, pour se donner franchement au parti qu'il voulait servir, et se concerter avec quelques-uns de ses membres sur ce qu'il y avait à faire. Il se prépara à ce voyage plusieurs jours à l'avance, se précautionnant contre les soupçons auxquels il allait s'exposer.

— Si, durant cette excursion, je suis rencontré par l'un de mes ennemis, se disait-il, et si l'on me met en demeure d'en rendre compte, j'alléguerai qu'elle avait pour but d'aller porter par ma présence un salutaire effroi dans une commune qui est un repaire de royalistes.

Mais, tout en raisonnant ainsi, il pensait qu'il valait mieux pour lui que ce voyage fût ignoré. Il avait auprès de lui, comme premier lieutenant, l'un des massacreurs de la Glacière, ancien soldat de l'armée de Vaucluse, nommé Chaussy, qu'il avait élevé au grade d'officier, et qui, pour ce motif, autant que parce que jadis il était parmi les braves brigands, professait pour son chef un dévouement sans limites. Jourdan n'hésita pas à se confier à lui, en accompagnant sa confidence des promesses les plus engageantes, qui devaient se réaliser si ses projets réussissaient. Chaussy devait, en son absence, prendre le commandement des gendarmes, et si quelque événement extraordinaire survenait, aviser immédiatement son commandant.

Tranquille de ce côté, Jourdan sortit d'Avignon durant une soirée obscure, accompagné de deux hommes sûrs. Une voiture l'attendait aux portes de la ville. Il voyagea toute la nuit, et arriva au point du jour en vue de Bédoin. La neige avait tombé durant plusieurs heures. De sa base à son sommet, le Ventoux était revêtu d'un manteau argenté. Les collines environnantes, les Alpines, qui de là se prolongent jusqu'aux grandes Alpes, les arbres, les routes, tout portait la même parure, d'une blancheur immaculée. Perdu dans la neige, Bédoin était bien le pays inaccessible et mystérieux qui convenait à des conspirateurs.

Jourdan, qui était né dans les montagnes de la Haute-Loire, et qui avait été contrebandier, vit sur-le-champ quel parti on pourrait tirer de cette situation pour organiser une guerre de partisans.

— Avec une armée de cinq mille hommes, se disait-il, on pourrait ravager tout le Comtat et tenir tête à toutes les troupes de la République. Si je pouvais seulement réunir mes braves brigands autour de moi!

Tandis qu'il faisait ces réflexions, la voiture allait entrer dans Bédoin. Il donna l'ordre au cocher d'arrêter. Il venait de se rappeler une circonstance qu'il avait négligée jusque-là. Parmi la population de cette commune, composée pour la plus grande partie de royalistes, se trouvaient environ cent individus, adeptes fervents des idées nouvelles. Ces patriotes, dont les opinions républicaines étaient jusqu'à ce jour demeurées impuissantes et étouffées, avaient, à diverses reprises, adressé des plaintes aussi vaines qu'énergiques aux autorités d'Avignon, pour leur signaler les ferments de haine contre la République entretenus par la faction royaliste de Bédoin, et pour se plaindre des avanies quotidiennes qu'ils avaient à subir. On dévastait leurs propriétés, la calomnie s'exerçait à leurs dépens. Il ne se passait pas de jour qu'on ne leur fît expier de quelque façon leur attachement à la République. Ils n'avaient pu obtenir justice, et les autorités elles-mêmes, impuissantes ou complices, se rangeaient contre eux avec les ennemis de la nation.

— Si l'un d'eux, pensa Jourdan, me voit entrer dans le village et frayer avec les chefs royalistes, il ira sur-le-champ le répéter à Avignon. On me demandera des explications qu'il me sera difficile de donner. Prenons nos précautions, afin d'éviter une surveillance qui pourrait avoir de funestes résultats.

C'est sous l'empire de ces idées qu'il avait fait arrêter sa voiture à quelque distance de Bédoin. Il réfléchit un moment sur le meilleur parti à prendre, et envoya l'un des hommes qui l'accompagnaient jusque dans le village, avec une mission secrète pour l'un des chefs les plus influents des royalistes.

— Tu lui diras que j'ai besoin de lui parler et que je l'attends ici.

Tandis que l'émissaire s'éloignait, le cocher, sur l'ordre de son maître, conduisait la voiture derrière des rochers, qui devaient l'abriter contre la curiosité des passants. Là, Jourdan mit pied à terre et se promena à grands pas pour réchauffer ses membres engourdis, en attendant le retour de son envoyé. Il avait, au préalable, vidé l'une des bouteilles de vin que renfermait le caisson de la voiture. Il attendit une demi-heure environ. Il commençait à s'impatienter, quand il vit apparaître son aide-de-camp.

Ce dernier n'était pas seul. Un homme de haute taille, jeune encore, — quarante-cinq ans environ, — aux manières élégantes, l'accompagnait. Jourdan s'avança vers l'inconnu.

— Vous êtes M. de Molière, ancien colonel du régiment d'Auvergne, réfugié à Bédoin ? demanda Jourdan.

— Et vous êtes M. Jourdan, commandant de la gendarmerie du district de Vaucluse ?

Jourdan s'inclina.

— Je vous attendais, reprit le colonel de Molière, ou plutôt nous vous attendions. Nous avons placé en vous toutes nos espérances. Avons-nous eu tort ?

Jourdan fit un signe ; il s'éloigna, afin de pouvoir parler sans être entendu des deux hommes qui formaient sa suite. Le colonel le suivit.

— Je suis prêt à causer avec vous, répondit Jourdan ; je me serais directement rendu à votre domicile, si je n'avais craint d'être reconnu par ceux qui ne doivent rien savoir de notre entrevue. J'ai quitté Avignon la nuit, afin de n'être pas suivi. J'irai chez vous ce soir, à neuf heures.

— Mais jusque-là, qu'allez-vous faire ?

— Entrer dans Bédoin, me rendre à la commune, convoquer les autorités, leur annoncer que je suis venu afin d'étudier sur place les menaces des royalistes, et d'aviser aux moyens de les déjouer. Je passerai la journée ainsi, et lorsque tout dormira, je m'échapperai pour aller dans votre maison.

— De cette manière, vous ne pourrez être compromis, dit M. de Molière. Je vais sur-le-champ convoquer mes amis.

— Soyons en petit nombre. Je crains les espions, objecta Jourdan.

— Je réponds des personnes que je vous présenterai comme de moi-même.

— A ce soir.

Les deux hommes, s'étant salués, se séparèrent. Le colonel fit un détour pour regagner son habitation tandis que Jourdan remontait en voiture. Un quart d'heure après, il faisait avec fracas son entrée dans Bédoin. Ses chevaux brûlaient le pavé, à la grande surprise des habitants du village, et vinrent s'arrêter devant la maison de la commune. Jourdan se fit reconnaître, s'installa dans la grande salle, et convoqua sur-le-champ les autorités municipales.

— Depuis plusieurs mois, leur dit-il, vous avez signalé cette localité comme un foyer d'aristocrates, de nobles et de curés. En ma qualité de commandant de la gendarmerie, je suis venu m'assurer par moi-même de la vérité de vos plaintes. Exposez-moi vos griefs.

Il s'assit d'un air solennel, déposa sur une table ses pistolets et son sabre, et regarda avec autorité les individus rangés autour de lui.

— Commandant, répondit l'un d'eux, les adresses que nous avons envoyées à Avignon n'avancent rien qui ne soit l'expression de la vérité. Bédoin compte deux mille habitants. Sur ce nombre, il n'y a pas plus de cent patriotes. Tous les autres, après avoir été les ennemis de la réunion à la France, sont devenus les ennemis de la République. Ils appellent de tous leurs vœux le rétablissement de la monarchie, que la nation a noyée dans le sang. Ils correspondent avec les Anglais de Toulon. Ils donnent asile à des émigrés; ils conspirent avec Pitt et Cobourg, et attendent une occasion propice pour massacrer les patriotes, qui sont, malgré leur petit nombre, un obstacle à leurs projets, et à l'œil vigilant desquels aucune de ces menées n'échappe.

— Mais savez-vous que vous me révélez là des choses terribles, s'écria Jourdan, et que la mort seule pourra punir d'aussi grands crimes?

— C'est la vérité.

Ce n'était qu'une partie de la vérité, car l'orateur ne disait pas que les quelques patriotes de Bédoin, bien qu'ils fussent accablés par le nombre de leurs adversaires, ne perdaient aucune occasion d'appeler à leur aide les patriotes des communes voisines, pour soumettre le pays à des exactions arbitraires, et que si, en masse, les habitants de Bédoin représentaient une force imposante dont les républicains avaient peur, isolément, ils étaient souvent victimes d'actes odieux de brigandage et de vol. Jourdan interrogea longtemps encore les membres de la municipalité. Il était midi, lorsqu'il eut appris tout ce qu'il désirait savoir. Les tiraillements de son estomac l'avertissaient qu'il n'avait pris, depuis la veille, d'autre nourriture que quelques litres de vin. Il se leva.

— Le premier acte que vous devez faire, dit-il, c'est de prouver que, malgré votre infériorité numérique, vous êtes les plus forts, parce que vous avez avec vous les principes et le Comité de Salut public. Aujourd'hui même, vous planterez en ma présence, sur l'une des places du pays, un arbre de liberté. Vous affirmerez ainsi votre droit, et malheur à quiconque voudrait s'opposer à cette manifestation.

— Vive le citoyen Jourdan! s'écrièrent avec enthousiasme les personnages présents, qui se réjouissaient à la pensée de terrifier leurs ennemis.

Jourdan sourit agréablement.

— Nous procéderons à cette cérémonie après déjeuner, reprit-il.

Puis, brusquement, il ajouta :

— Où déjeune-t-on, ici?

— Chez moi, répondirent dix voix.

C'était à qui aurait l'honneur d'offrir sa maison et sa

table au vaillant guerrier qu'avaient immortalisé la prise de la Bastille et les massacres de la Glacière.

— J'accepte ton hospitalité, dit-il au maire, et j'invite en ton nom ces braves patriotes à venir s'asseoir à ta table.

Pendant ce temps, la nouvelle de l'arrivée de Jourdan Coupe-Tête s'était répandue dans le village. Lorsqu'un peu plus tard il quitta la maison du maire, il trouva groupés autour de la porte tous les bons républicains. Il les harangua avec la chaleur d'un homme abreuvé de vin de Châteauneuf, et se plaçant à leur tête, il se mit à parcourir les rues de la commune, voulant, disait-il, en imposer aux suspects. Familièrement appuyé sur le bras du maire, il se faisait indiquer les maisons des aristocrates.

— C'est bon! c'est bon! faisait-il, en inclinant la tête de haut en bas, ils seront châtiés.

A l'extrémité du village, le maire lui montra une habitation plus élégante que les autres, en disant :

— C'est ici que demeure le chef des conspirateurs; il n'est pas du pays. C'est un ci-devant noble.

— Son nom?

— Florent de Molière.

Jourdan releva la tête avec vivacité, examinant d'un regard la maison dans laquelle il devait se rendre, le soir venu. Puis, ayant remarqué une auberge de l'autre côté de la rue, il envoya l'un de ses hommes y retenir une chambre pour lui.

— La route m'a fatigué, dit-il au maire. Je partirai demain matin seulement et je passerai la nuit ici.

La promenade terminée, on se rendit sur la grande place. Par les soins du maire, un arbre dépouillé de ses branches avait été apporté en cet endroit et un trou creusé en terre. De sa main robuste, Jourdan attacha à ce mât un drapeau surmonté d'un bonnet rouge, puis il le fit planter sous ses yeux, aux cris répétés de : Vive la nation !

— Que notre civisme soit comme cet arbre qui élève fièrement sa tête dans les airs ? s'écria Jourdan.

Puis, il prononça un discours auquel d'autres discours succédèrent, interrompus par des acclamations patriotiques. Par l'ordre de leurs chefs, qui avaient intérêt à éviter toute collision, les royalistes restèrent chez eux. On n'en vit dans les rues que quelques-uns mêlés aux curieux Lorsque le soir, à sept heures, Jourdan, accompagné par la foule jusqu'à l'auberge où il devait coucher, se retira, il pouvait dire comme Titus :

— Je n'ai pas perdu ma journée.

A neuf heures, il ouvrit doucement la croisée de la chambre qu'il occupait. Elle donnait sur la rue. Il avança la tête, regarda à droite et à gauche. Tout dormait dans l'auberge et dans le village. On n'entendait aucun bruit. On ne voyait aucune lumière.

Ayant franchi le rebord de la fenêtre, il sauta lestement au dehors, traversa la rue et alla frapper à une petite porte, qui s'ouvrit aussitôt. Il entra dans un corridor obscur. On lui prit la main, et une voix qu'il reconnut pour être celle de M. de Molière, lui dit :

— Qui êtes-vous ?
— Jourdan.
— Suivez-moi.

Il se laissa conduire. On traversa le corridor, puis un jardin, à l'extrémité duquel se trouvait une serre dont les vitrages étaient cachés sous des bottes de paille qui interceptaient la lumière et les bruits du dedans. On introduisit Jourdan dans cette serre où régnait une chaleur douce, à laquelle se mêlait le parfum des fleurs et des plantes qui y étaient enfermées. Il y avait là une douzaine d'hommes dont deux, ainsi que Jourdan l'apprit plus tard, appartenaient au clergé. Tous étaient jeunes ou dans la force de l'âge, à l'exception d'un seul, un vieillard de soixante-quinze ans, qui conservait encore sous ses cheveux blancs une taille droite, un bras vigoureux et un regard empreint d'une vivacité juvénile. A l'entrée de Jourdan, tout le monde se leva.

— Messieurs, dit le colonel de Molière, je vous présente M. le commandant Jourdan, qui a bien voulu faire

voyage de Bédoin tout exprès pour s'entretenir avec
vous.

Puis, il nomma à Jourdan les personnes présentes, en
commençant par le vieillard, qui s'appelait M. de Vaubone.

— M. de Vaubone habite Carpentras, dit le colonel à
Jourdan. Mais, ce matin, après vous avoir vu, je l'ai
envoyé chercher; il est notre doyen, et ses conseils nous
seront précieux.

— Ah ! commandant ! s'écria M. de Vaubone, naguère
j'ai maudit votre cruauté. Vous nous avez fait bien du
mal. Unissez-vous à nous pour le réparer; il vous en sera
tenu compte.

Toutes ces choses étaient dites avec une exquise politesse à laquelle Jourdan n'était pas fait et qui le déconcertait. Il ne trouvait pas un mot à répondre, balbutiait, ayant quelque peine à retrouver son audace accoutumée. Autour de la serre, on avait disposé des sièges; tout le monde s'assit. M. de Molière prit la parole :

— Avant d'aborder l'objet de ce conseil, je dois vous prévenir, commandant, que nous ne nous réunissons pas habituellement ici. Le lieu de nos séances doit demeurer secret pour quiconque n'est pas des nôtres. Vous le connaîtrez plus tard, si nous nous entendons. Pour aujourd'hui, j'ai dû vous recevoir dans ma maison.

On ne pouvait dire plus loyalement à Jourdan que la démarche qu'il faisait n'engageait encore ni lui ni personne. Il le comprit ainsi.

— Je suis prêt à écouter vos propositions, dit-il.

M. de Molière entra aussitôt en matière.

— Vous savez le but que nous poursuivons, fit-il en s'adressant à Jourdan. Nous voulons faciliter la tâche de ceux qui, sur divers points du territoire, à Toulon, à Lyon, en Vendée, se sont soulevés contre la Convention dans le but de substituer à son pouvoir celui du roi. Ce pays est encore sous le coup des révolutions qui l'ont, pendant trois ans, si profondément troublé. Naguère étranger à la France, il n'a subi qu'à contre-cœur la puissance qui veut s'imposer à lui. Il ne possède encore ni utilité ni stabilité. Il est comprimé, mais non apaisé. L'amour du trône et de l'autel y est toujours puissant. Le moment nous paraît bon pour le soulever.

— Mais c'est une révolte à main armée que vous me proposez, s'écria Jourdan.

— Veuillez m'écouter jusqu'au bout, répondit en souriant M. de Molière. Ce pays, je vous le répète, nous paraît prêt à un soulèvement. Que quelques citoyens audacieux aient le courage de lever l'étendard de l'Eglise et de la monarchie, et bientôt ils verront leur nombre se grossir de tous les mécontents. Les Marseillais, insurgés naguère, vaincus depuis, verront renaître leurs espérances. Ils nous apporteront un contingent précieux, et en quelques semaines, il sera formé, dans le Comtat, une armée redoutable contre laquelle la Convention, épuisée par les sacrifices qu'elle a faits en hommes et en argent, ne pourra rien.

— Tout cela me semble assez probable, interrompit Jourdan, qui ne demandait qu'à se laisser convaincre.

M. de Molière continua :

— La révolution du Midi trouvera un appui énergique dans la révolution de Vendée, dont elle relèvera du même coup le courage. Entre deux insurrections formidables, qui en provoqueront d'autres, la Convention sera écrasée.

— Et alors que ferez-vous?

— Nous appellerons à notre secours les armées alliées qui viendront nous aider à ouvrir les portes de Paris à l'héritier légitime de Louis XVI.

— Mais en quoi puis-je vous servir? demanda Jourdan.

— On dit que vous avez conservé tout pouvoir sur les soldats de l'ancienne armée de Vaucluse. Dispersés de tous côtés, jetés par l'inaction dans le parti de la République, ils se réuniront à votre voix. Prenez la tête du mouvement. Votre nom ralliera cinq mille hommes, et en même temps il sera un épouvantail pour ceux qui, jadis, combattirent à côté de vous, qui sont aujourd'hui nos ennemis, et qui connaissent la valeur de votre bras et la vigueur de vos résolutions.

Ce langage était fait pour flatter la vanité de Jourdan. C'est sur cette vanité bête que comptait M. de Molière. Ainsi qu'il le disait, le succès d'une insurrection comme celle que rêvaient lui et ses amis, n'était possible qu'autant que, par la volonté de ses auteurs, il porterait la terreur parmi les terroristes, en leur faisant une guerre cruelle, sans trêve ni pitié. Aucun homme ne convenait mieux que Jourdan à cette mission. Avec ses braves brigands, il procéderait à la besogne la plus difficile. Il ne reculerait devant aucun moyen pour réduire ses ennemis et pour assurer la victoire aux royalistes, qui, venant après lui, auraient tout le profit de cette sanglante révolte, sans en avoir la peine. Dans toute insurrection, il y a un bouc émissaire. Il porte seul le poids des horreurs commises. Dévastations, vols, pillages, outrages de toutes sortes sont mis à son compte, et les hommes dont il a été l'instrument ne se montrent que lorsque tout est fini, pour recueillir les bénéfices du mal qu'ils ont inspiré, sans le commettre de leurs propres mains. Les royalistes de Bédoin ne réservaient pas d'autre rôle à Jourdan que de le jeter en avant, en s'effaçant derrière lui, jusqu'à l'heure où ils trouveraient bon de se montrer, en le désavouant. Mais il ne possédait pas une intelligence suffisante pour deviner de tels projets. Il ne voyait qu'une chose, c'est qu'il serait le chef d'un grand parti qui l'enrichirait.

Il avait écouté M. de Molière avec attention. Quand ce dernier eut fini, il répondit :

— Je ne saurais prendre aucune détermination sans avoir réfléchi aux propositions que vous venez de me faire. Il est certain que mon nom est une puissance, que je n'ai qu'à vouloir pour gagner à vos projets plusieurs de ceux qui les combattent aujourd'hui. Mais si j'agis selon vos désirs, que m'en reviendra-t-il ?

— Eh ! monsieur, s'écria M. de Vauboné, qui jusqu'à ce moment avait gardé le silence, comptez-vous pour rien la possibilité qui vous est offerte de racheter votre passé, la satisfaction d'avoir servi la bonne cause ?

Cette sortie plus honnête que politique irrita Jourdan.

— Il n'est rien dans mon passé dont j'aie à me repentir, dit-il brusquement. Quant à la satisfaction dont vous me parlez, c'est quelque chose, mais ce n'est pas assez. Je joue ma tête.

Un grand silence accueillit ces paroles. Les personnes présentes se regardaient, non sans embarras. M. de Vaubone allait répondre. Mais le colonel de Molière, qui avait apprécié mieux que lui la situation et l'homme auquel ils avaient affaire, l'en empêcha en disant :

— Monsieur Jourdan, si vous adhérez à nos propositions, et si le succès couronne nos efforts, le roi n'oubliera pas qu'ayant été à la peine vous devez être aussi à l'honneur.

— Je veux des promesses formelles, ou rien n'est fait.

— Vous stipulerez vous-même vos conditions.

— J'ai commandé en chef l'armée de Vaucluse avec le titre de général. Je veux être rétabli dans ce grade dont j'ai été injustement dépouillé.

— Cela me paraît raisonnable, répondit le colonel en souriant.

— Je veux être anobli et avoir le droit de porter le nom de l'une de mes propriétés.

— Cela pourra se faire, reprit M. de Molière avec le même sourire.

— Je veux encore être mis à même de me constituer un revenu annuel de trente mille livres.

— Ce sera facile. Est-ce tout ?

Et M. de Molière souriait toujours, tandis que M. de Vaubone le regardait avec étonnement, sans s'expliquer la facilité avec laquelle il promettait à Jourdan tout ce que celui-ci demandait.

— On ne pourra, sous aucun prétexte, me tourmenter pour ce qui s'est passé dans le palais des Papes durant les nuits des 16 et 17 octobre 1791.

— Amnistie complète et oubli du passé, c'est entendu.

— Enfin, reprit Jourdan, qu'encourageait la grâce de

son interlocuteur, comme je ne pourrai engager des soldats sans les payer de mes deniers, une somme de 25,000 livres en or me sera préalablement comptée.

— C'est difficile; mais enfin on trouvera la somme. Elle vous sera remise dès que nos pourparlers auront eu pour résultat un arrangement définitif.

— Mais qui me garantira de l'exécution des promesses que vous me faites? demanda Jourdan.

— Ma parole, monsieur, répondit M. de Molière, et celle des personnes ici présentes, et que j'ai eu l'honneur de nommer devant vous.

Il y avait tant de dignité dans cette réponse, que Jourdan n'osa demander plus, et dut s'en contenter.

— Eh bien! je crois que nous nous entendrons facilement. Je vous demande huit jours encore. D'ici là, je vous aurai fait connaître ma décision.

— Soit, monsieur, nous attendrons huit jours votre bon plaisir; mais veuillez vous rappeler que le temps presse, et ne pas exiger un nouveau délai.

A ces mots, M. de Molière se leva. Tout le monde en fit autant. La conversation devint générale. On exposait des plans de campagne, on formait mille projets. Jourdan se taisait, feignant d'écouter, mais préoccupé seulement de la question de savoir s'il s'était vendu à un prix assez élevé.

— Comment n'avez-vous pas marchandé ce misérable? demanda M. de Vaubone au colonel.

— Qui veut la fin veut les moyens, mon vénérable ami, répondit celui-ci. Il aurait exigé des conditions encore plus exagérées que je les aurais acceptées.

Il était minuit lorsque Jourdan se retira.

Le colonel l'accompagna jusqu'à la porte de sa maison. Avant de le quitter, il lui dit :

— Commandant, dévouez-vous de corps et d'âme à l'œuvre que nous vous confions. Ni l'argent ni les bras ne vous feront défaut. Rappelez-vous le mouvement papiste de Brantes qui eut lieu en 1790, sous les ordres de M. de Flassans. Vous reconnaîtrez que le pays, qui put alors tenir en échec l'armée que vous commandiez, pourra vous fournir des bras vaillants.

— Oh! nous réussirons! s'écria Jourdan. Si je n'en étais pas sûr, je ne m'en mêlerais pas.

Il regagna l'auberge, rentra dans sa chambre aussi mystérieusement qu'il en était sorti, dormit d'un sommeil profond, et, au matin, partit pour Avignon. En arrivant, il se rendit auprès de l'agent du district, lui révéla qu'il arrivait de Bédoin, qu'il avait ranimé le courage des patriotes, et que, désormais, les royalistes de ce pays n'étaient plus à craindre.

Lorsque, du haut du rocher des Doms, contre lequel est adossé le palais des Papes, on contemple le paysage qui s'étend au delà d'Avignon, on voit de l'autre côté du fleuve, au pied de coteaux calcaires, une petite ville. C'est Villeneuve-lès-Avignon. Lorsque les papes siégeaient dans Avignon, Villeneuve eut son heure de gloire et d'éclat. Il s'y construisit des palais, des églises, des monastères, dont il ne reste aujourd'hui que des ruines. Les murailles fortifiées de la Chartreuse de Saint-André, qui fut tour à tour couvent et caserne, subsistent encore et donnent à Villeneuve la physionomie d'une cité féodale du moyen-âge.

C'est là qu'habitait la Ratapiole avec sa fille, depuis que, pour se mettre à l'abri de la haine de Jourdan, elle avait quitté Avignon. Miette grandissait. Son intelligence se développait avec sa beauté. Elle était la consolation, l'orgueil, la joie de sa mère. Depuis que Lusignan était mort, c'est-à-dire depuis deux ans, la Ratapiole ne se consolait pas. Mais sa douleur était surtout intérieure, et ce qui en paraissait n'était ni si violent, ni si persistant qu'elle ne pût se préoccuper du soin de venger son ami mort.

Elle surveillait Jourdan. De temps en temps, elle venait dans Avignon, s'informant des faits et gestes du misérable, cherchant une occasion de lui faire expier ses crimes. A l'exception de Jourdan, tous les ennemis de la Ratapiole étaient morts ou disparus. Brandefouaille et Cardeline avaient payé leurs fautes de leur vie. Minvielle et Lafleur jeune étaient montés sur l'échafaud. Lafleur l'aîné habitait Paris, devenu l'ami de Robespierre, et rendu presque fou, disait-on, par le souvenir de ses forfaits passés. Madame Lafleur était morte. Madame Minvielle, après avoir figuré dans les solennités républicaines d'Avignon, comme déesse de la Liberté, avait quitté la ville dans la crainte que les ennemis de son mari ne lui fissent expier les fautes dont elle avait été complice. Le Bossu et Languette étaient retombés l'un et l'autre dans l'obscurité d'où ils étaient un moment sortis.

Ainsi, de quelque côté que la Ratapiole tournât les yeux, elle voyait tous ses ennemis renversés. Seul, Jourdan Coupe-Tête restait encore debout. Et celui-là était le plus coupable, elle voulait qu'il fût châtié.

Autant qu'un certain nombre d'habitants d'Avignon, plus encore qu'aucun d'eux, la Ratapiole s'était émue en voyant, après le 10 août, Jourdan reprendre le pouvoir, et les autorités républicaines le soutenir au point de lui sacrifier Agricol Moureau. Elle avait été surprise de voir encore, depuis cette époque, Jourdan acheter plus ou moins secrètement des biens nationaux.

— Comment s'enrichit-il ? se demandait-elle.

Et elle se rappelait un temps où Jourdan n'avait que des dettes. Elle veilla, et acquit bientôt la preuve que Jourdan, grâce à l'influence que, par des menaces ou autrement, il exerçait sur les commissaires chargés de procéder à la vente des biens confisqués, se faisait adjuger telle ou telle propriété qu'il voulait avoir, préférablement à d'autres enchérisseurs qui l'eussent payée plus cher. Elle l'enferma dans une véritable chaîne de surveillants qu'elle avait intéressés à l'œuvre qu'elle poursuivait, parce que, comme elle, ils nourrissaient contre le misérable une haine profonde. Jourdan fut espionné jusque chez lui. La Ratapiole sut qu'il s'était absenté durant quarante-huit heures, accompagné de deux gendarmes qu'il considérait comme des hommes sûrs, comme des créatures à lui. A huit jours de là, elle était prévenue de ce qui s'était passé à Bédoin. Elle n'y voulait pas croire. Elle s'adressa aux amis qu'elle comptait parmi les royalistes demeurés secrètement dans Avignon. Elle leur fit en quelque sorte toucher du doigt la honte que leur parti allait encourir en mettant Jourdan à sa tête. On ne l'écouta pas. On voulait triompher, triompher à tout prix.

D'ailleurs, il était trop tard pour reculer. Huit jours après son voyage à Bédoin, Jourdan avait déclaré qu'il était prêt à prendre la tête du mouvement royaliste, aux conditions acceptées au nom des royalistes par M. de Molière. Grâce aux facilités que Jourdan lui avait fournies, celui-ci était venu à Avignon, apportant les vingt-cinq mille livres en or qui constituaient les arrhes du marché. Elles devaient servir au nouveau chef à payer les soldats qu'il enrôlerait. Il avait palpé les espèces et pris les engagements qu'on lui demandait.

Mais, après avoir reçu l'argent, il parut beaucoup moins pressé d'en faire l'emploi convenu. Il commença à alléguer divers prétextes : la nécessité de se mettre en rapport avec les Marseillais afin d'agir en commun ; la nécessité plus grande encore de ne procéder qu'avec la plus entière prudence, afin de ne pas éveiller les soupçons de ses ennemis. Grâce aux difficultés qu'éprouvaient, pour circuler dans Avignon et dans les alentours, les hommes connus par leurs sentiments royalistes, tels que M. de Molière, Jourdan gagna du temps. On eût dit qu'il ne cherchait pas autre chose, et qu'en reculant sans cesse l'époque où il entrerait dans l'action et tiendrait ses engagements, il ne poursuivait qu'un but : s'enrichir au détriment du parti qui l'employait, et l'abandonner ensuite après l'avoir dénoncé.

Les royalistes étaient consternés. Toulon d'une part, Lyon de l'autre, se trouvaient à la veille de succomber dans la lutte qu'ils avaient entreprise contre la Convention. On perdait chaque jour du terrain, et le moment s'approchait où tous les efforts des ennemis de la République allaient tourner contre eux.

Un soir, rentré chez lui, il sommeillait nonchalamment étendu dans un moelleux fauteuil, devant un bon feu que rendait nécessaire la température. Soudain un grand bruit retentit derrière lui. L'une des vitres de la croisée qui donnait sur la rue venait de se briser et de voler en éclats sur les dalles de l'appartement. Jourdan se retourna tout ému, se demandant, non sans inquiétude, comment ce carreau s'était ainsi brisé. Par l'ouverture qui venait d'être faite, il vit, à sa grande surprise, passer une main, puis un bras. La main alla tout droit, sans hésiter, à l'espagnolette. La croisée fut ouverte en un instant, et un homme, sur les épaules duquel flottait un manteau dont il avait rejeté les plis derrière lui, afin de conserver la liberté de ses gestes, enjamba l'appui de la fenêtre et entra dans l'appartement. Croyant qu'on en voulait à sa vie, Jourdan venait de sauter sur ses pistolets et de s'apercevoir, non sans effroi, qu'ils n'étaient pas chargés, que son sabre n'était pas à son côté. Il ouvrait la bouche pour appeler du secours, quand l'inconnu l'arrêta par ces mots :

— Eh, monsieur, rassurez-vous ! Je ne viens pas ici en ennemi. Ne me reconnaissez-vous pas ?

— M. de Molière ! s'écria Jourdan.

— Vous voyez bien que vous n'avez rien à craindre, reprit ce dernier, qui referma derrière lui la porte improvisée par laquelle il était entré.

— Mais cette manière de pénétrer chez moi, comment l'expliquerez-vous ?

— Parce que j'avais besoin de vous voir.

— Ne pouviez-vous pas vous y prendre autrement ?

M. de Molière se débarrassa de son manteau, approcha du feu le fauteuil dans lequel Jourdan était quelques minutes avant, s'y assit, et, étendant ses jambes sur les chenets, se mit à se chauffer aussi tranquillement que s'il eût été dans sa propre maison.

— Monsieur, dit-il enfin, il avait été convenu entre nous que pour ne nous compromettre ni l'un ni l'autre, lorsque j'aurais besoin de venir ici pour vous voir, je vous écrirais à l'avance, afin qu'il vous fût loisible de prendre certaines précautions propres à cacher ma présence dans cette ville et plus encore nos relations. Fidèle à cette convention, je ne suis venu à deux reprises dans Avignon qu'avec votre consentement : la première fois pour recevoir de vous l'assurance que désormais vous étiez des nôtres ; la seconde, pour vous apporter la somme qui rendait nos pourparlers définitifs.

M. de Molière parlait à haute voix, en jouant négligemment avec la chaîne de sa montre.

— Vous n'avez pas besoin de crier, lui dit vivement Jourdan. Je vous entends sans cela.

— Y a-t-il quelqu'un qui puisse nous écouter ? Je vous fais mes excuses.

Et il reprit sur un ton moins élevé :

— Un mois s'est écoulé depuis que vous avez reçu cette somme, et vous n'avez rien fait dans l'intérêt de la cause que vous aviez promis de servir.

— Qu'en savez-vous ?

— Prouvez-moi qu'il en est autrement..

Jourdan ne répondit pas.

— Donc, voilà qui est convenu, reprit M. de Molière, vous n'avez rien fait. A une personne que je vous ai envoyée à deux reprises, vous avez répondu en alléguant la difficulté d'agir sans vous compromettre. Cette raison pouvait être valable durant quelques jours, mais non au delà, car, en prenant des engagements vis-à-vis de nous, vous deviez prévoir ces difficultés. Il est plus simple de supposer qu'ayant reçu une somme considérable, et ayant jugé que l'entreprise dont elle formait le premier payement n'était pas sans périls, vous avez voulu garder l'une sans accomplir l'autre !

— Je ne vous ai pas donné le droit de suspecter ma conduite ! s'écria Jourdan.

— Permettez-moi de ne pas être de cet avis ; vous m'avez donné ce droit, car vous avez laissé perdre toutes les occasions qui se sont offertes à vous de mettre la main à l'œuvre. Vous vous sentiez sans doute coupable, de ce fait, et, aux lettres par lesquelles je vous demandais une entrevue, vous n'avez pas répondu, si bien qu'au risque d'y laisser ma peau, j'ai fait à franc étrier le voyage de Bédoin à Avignon.

— Mais vous pouviez être arrêté ! s'écria Jourdan.

— J'avais pris quelques précautions, comme celle d'entrer chez vous par la fenêtre, afin que nul ne pût dire que vous m'aviez reçu. Mais si l'on m'avait arrêté, je me serais réclamé de vous.

— Mais enfin, pourquoi cette visite ?

— Pour connaître vos intentions.

— Mes intentions ! elles sont subordonnées à ce qui est possible. Or rien n'est possible en ce moment. J'ai dépensé inutilement et sans profit les vingt-cinq mille francs que vous m'aviez remis. Les hommes que j'ai enrôlés et payés ont peur et ne veulent pas marcher.

M. de Molière se leva.

— Vous mentez ! Vous n'en avez enrôlé ni payé un seul, et, avec les fonds que nous ne nous sommes procurés qu'au prix des plus cruels sacrifices, vous avez acheté des biens nationaux.

Jourdan devint très pâle. Il voulait répondre, mais M. de Molière, continuant à parler, l'en empêchait.

— Vous vous êtes conduit comme un misérable, et ce que vous aviez été toute votre vie, vous l'êtes encore aujourd'hui. Il y a un mois, le succès de notre cause était certain. En soulevant Avignon et le Comtat, nous portions un coup terrible à la Convention. Aujourd'hui qu'elle est victorieuse, elle nous écraserait, et tous nos efforts n'ont eu pour résultat que de nous compromettre en pure perte. Voilà votre œuvre, monsieur. Eh bien ! dussé-je y laisser ma tête, vous serez puni.

— Et vous, monsieur, s'écria Jourdan exaspéré, vous ne sortirez d'ici que pour aller en prison; vous devenez mon prisonnier.

M. de Molière ne broncha pas.

— Soit ! arrêtez-moi, fit-il, je saurai m'expliquer devant mes juges. Je leur dirai...

— Vous leur direz : quoi ? Vous n'avez aucune preuve contre moi. Votre parole, je la démentirai ; vos témoins, je les récuserai, et c'est moi qu'on croira. D'ailleurs, qui vous dit que vous irez devant les juges ? Je peux, si je veux, vous jeter dans un cachot du palais des Papes, et vous y laisser mourir.

— Ce qui n'arrivera pas, s'écria M. de Molière.

Tirant rapidement un pistolet de sa poche, il visa Jourdan et fit feu. Ce dernier ne fut pas atteint. Mais lorsqu'il se remit de cette alerte, lorsque la fumée se fut dissipée, M. de Molière avait disparu. Au bruit de la détonation, on accourait de tous côtés.

— Un royaliste s'est introduit ici, dit Jourdan. J'ai voulu l'arrêter; il s'est défendu et a pu s'enfuir. Qu'on cherche de tous les côtés. A cette heure, il n'y a guère de citoyens dans les rues; qu'on arrête ceux qu'on y trouvera, je reconnaîtrai le coupable.

Il était dix heures du soir. M. de Molière, après s'être échappé de la maison de Jourdan, s'enfuyait à travers les rues d'Avignon. Il avait laissé son cheval à la porte Saint-Lazare. C'est cette porte qu'il cherchait à retrouver. Mais à cette heure avancée, dans cette nuit obscure, il se perdait parmi les rues peu ou mal éclairées. Vingt fois, il revint au point qu'il avait quitté quelques minutes auparavant. Plus il faisait d'efforts pour retrouver sa route, plus il s'égarait. Les lieux qu'il parcourait ne lui étaient pas connus, et c'est en vain qu'il voulait gagner la porte par laquelle il était entré dans la ville. Il ne rencontrait aucun passant auquel il pût demander son chemin. En ce moment tous les citoyens étaient enfermés chez eux, à l'exception de quelques farouches montagnards qui sortaient des clubs et rentraient dans leur domicile.

Au moment où il venait de s'engager dans une ruelle étroite qui donne dans la rue Calade, il entendit un bruit de pas derrière lui. Il ne savait pas que Jourdan avait donné l'ordre de le poursuivre. Mais l'instinct de la conservation lui dicta sa conduite. Il se jeta contre une porte cochère, s'enveloppa dans son manteau, et, la main crispée sur le manche d'un poignard qui ne le quittait pas, il demeura immobile. Quelques gendarmes passèrent en courant devant lui. Le lieutenant Chaussy marchait à leur tête. Ils étaient lancés à sa poursuite, mais ne le virent pas.

Quand ils eurent passé, il s'avança jusqu'au milieu de la rue, regardant à droite et à gauche, avec l'espoir qu'il verrait une lumière à quelque croisée, et qu'il pourrait trouver un refuge ou une issue dans l'une des maisons qui l'entouraient. Mais toutes les croisées étaient fermées et obscures. La maison sous la porte de laquelle il était abrité, était un de ces vieux hôtels comme Avignon en compte un certain nombre. Construite en pierres de taille noircies par le temps, elle avait deux étages. S'il eût été jour, M. de Molière aurait vu des sculptures au-dessus des croisées, et les armes d'un cardinal au-dessus de la porte cochère. Il eût été frappé de l'architecture de cette demeure, qui datait du temps du séjour des papes dans Avignon, et avait été construite à cette époque par un prince de l'Eglise.

Mais M. de Molière ne put rien distinguer de ces choses. Préoccupé uniquement du moyen de se soustraire aux poursuites dont il était l'objet, ayant clairement compris qu'aucun asile ne s'offrait à lui en ce moment, il se décida à revenir sur ses pas et à sortir de la petite rue par l'issue opposée à celle que les gendarmes venaient de prendre. Il allait mettre ce dessein à exécution quand soudain il entendit le bruit des pas se rapprocher. Il commença à courir; mais il avait à peine fait dix pas qu'il vit venir, lui coupant le passage, une nouvelle escouade de gendarmes. Il était pris entre deux patrouilles.

Il eut un mouvement qui dénotait plus de colère que d'effroi, et s'arrêta une minute, se demandant ce qu'il allait faire. En cet instant suprême, son sang-froid le sauva. Il revint prendre la place qu'il occupait un moment auparavant près de la porte cochère. Mais, s'étant appuyé contre cette porte plongée dans une obscurité plus profonde que le reste de la rue, au moment où il voyait les gendarmes venir des deux côtés au devant de lui, il sentit qu'elle cédait sous la pression involontaire qu'il lui avait fait subir. Il s'appuya plus fort. La porte s'entr'ouvrit assez pour lui permettre de passer, et s'étant mis de la sorte en sûreté, il la referma doucement.

Il se trouvait dans un corridor voûté, large, élevé, à l'extrémité duquel était une vaste cour. Au delà de cette cour, on voyait un perron, au-dessous duquel s'étendait un vaste abri en fer forgé, supporté par deux colonnes. Le perron conduisait à un escalier monumental. M. de

Molière courut de ce côté. Mais comme il allait gravir l'escalier, un homme s'élança de derrière l'une des colonnes, sauta sur M. de Molière, le saisit à la gorge, et, lui plaçant un couteau sur la poitrine, il lui dit d'une voix étouffée :

— Un pas de plus, un cri, vous êtes mort.

M. de Molière demeura immobile et silencieux.

— Comment êtes-vous ici ? demanda la même voix.

— J'ignore à qui j'ai affaire, répondit M. de Molière, et peut-être trouverai-je un ennemi là où je comptais trouver des amis. Peu m'importe. Quoi qu'il doive m'arriver, je dirai la vérité.

— C'est ce que vous avez de mieux à faire.

— Je suis poursuivi par les soldats de Jourdan Coupe-Tête. Tandis que je cherchais une issue pour leur échapper, une porte s'est ouverte devant moi, ou plutôt derrière moi.

— Celle de cet hôtel !

— Celle-là.

— L'avez-vous refermée ?

— Plus soigneusement qu'elle ne l'était.

— Qui êtes-vous ?

— Un royaliste proscrit.

Il y eut un moment de silence. L'homme au couteau s'était éloigné d'un pas. Il se baissa pour prendre une lanterne déposée derrière la colonne. Il en dirigea la clarté sur le visage de M. de Molière.

— Je ne vous connais pas. Mais votre réponse vous sauve momentanément. Vous allez me suivre. Rappelez-vous que si vous avez menti, vous ne sortirez pas vivant de cette maison.

On se mit en route. L'individu sur les pas duquel marchait M. de Molière se mit à gravir l'escalier.

Au premier étage, il entra dans une vaste salle éclairée par un quinquet. Sur une banquette, deux hommes sommeillaient. Ils furent aussitôt sur pied. L'homme au couteau leur parla à voix basse. M. de Molière comprit à ses gestes qu'il leur recommandait de veiller sur lui. L'inconnu entra, en effet, dans une pièce voisine, et M. de Molière resta seul au milieu de la salle, tandis que les deux sentinelles ne le quittaient pas des yeux. Au bout de quelques minutes, il s'entendit appeler. C'était l'inconnu qui venait de se montrer, et qui l'engageait à aller avec lui. M. de Molière obéit.

Il entra alors dans une galerie large et profonde, somptueusement meublée, sans croisées, et recevant le jour par des ouvertures pratiquées dans la voûte, et garnies de vitraux peints. En ce moment, elle était éclairée par des candélabres chargés de bougies. On n'en voyait pas l'extrémité, que cachait un grand rideau de soie rouge retenu à l'aide d'une tringle et d'anneaux de cuivre à la hauteur des voûtes. Un grand feu flambait dans une cheminée dont le manteau pouvait abriter plusieurs personnes, et au-dessus de laquelle on voyait un Christ de grandeur naturelle, peint sur toile. Autour de ce feu, trente individus étaient réunis, hommes, femmes et enfants, vêtus avec une simplicité qui équivalait à un déguisement, car il suffisait de voir les visages aux traits distingués et les mains fines, pour deviner un groupe de gens appartenant à la haute société, et accoutumés à porter, non des habits d'artisans, mais les habits de cour.

C'est auprès de ces personnes que M. de Molière avait été introduit. Il marchait au-devant d'elles, tout étonné du mystère qu'il venait de surprendre au milieu d'Avignon. Soudain, une voix se fit entendre.

— M. de Molière !

Et un vieillard s'avança au-devant de lui, les deux mains tendues.

— M. de Vaubone.

C'était M. de Vaubone, en effet, ce gentilhomme que l'on a déjà vu assister à l'entrevue secrète de Bédoin.

— Par quelles circonstances vous trouvez-vous ici ? demanda-t-il.

— Je vous le dirai tout à l'heure. Mais d'abord présentez-moi à vos amis. On a paru tout à l'heure me prendre pour un espion. On m'a conduit ici après m'avoir interrogé, en me menaçant de mort, si j'avais menti dans mes réponses.

— C'est que nous sommes tenus à certaines précautions, reprit M. de Vaubone.

Et prenant M. de Molière par la main, il le nomma à haute voix, en disant :

— Il est des nôtres.

Le nom de M. de Molière était connu par toutes les personnes présentes. Dès que M. de Vaubone l'eut présenté, il fut entouré, fêté, interrogé sur les circonstances qui venaient de le conduire à l'improviste dans un milieu sympathique et dévoué à la même cause que lui. Il y avait là ceux des nobles et des bourgeois d'Avignon qui n'avaient pas émigré, et que le respect qui entourait leur famille et leur nom avait jusque-là protégés contre les fureurs révolutionnaires. Ils se réunissaient fréquemment dans l'hôtel de l'un d'entre eux, avec leurs femmes, pour aviser aux mesures urgentes nécessitées par l'intérêt commun, et pour prier Dieu. M. de Vaubone, venu depuis quelques jours dans Avignon afin de voir un de ses parents, s'était joint à eux ce soir-là.

M. de Molière leur raconta les événements qui s'étaient passés durant cette soirée, et les causes qui les avaient fait naître. Presque tous connaissaient les projets qu'avaient un moment nourris les royalistes de Bédoin. Ils furent attristés d'apprendre que, par suite de la défection de Jourdan, il y fallait provisoirement renoncer, et que, sans doute, le misérable, maintenant que sa conduite odieuse était connue des hommes dont il avait été un moment le complice, allait poursuivre de sa haine, non seulement M. de Molière, mais encore ceux des habitants d'Avignon qu'il croirait attachés à la cause de la monarchie, et que depuis quelques semaines il paraissait ménager.

Comme M. de Molière, venait de terminer son récit, une femme, qu'il n'avait pas encore vue parce qu'elle s'était tenue jusque-là au dernier rang parmi les assistants, s'avança et dit :

— Ce que vous venez de raconter, monsieur, ne me surprend pas. Il est ici des personnes qui peuvent déclarer que je l'avais prévu.

— C'est vrai ! murmurèrent quelques voix.

— Elles peuvent également déclarer que j'ai fait tous mes efforts pour empêcher d'honnêtes gens d'ajouter foi un seul moment aux promesses de l'assassin de la Glacière, et de s'unir à lui. En ce moment, je considère comme un bonheur ce qui est arrivé. Une cause se déshonore en employant des auxiliaires comme Jourdan.

En voyant cette jeune femme, vêtue du costume provençal, que depuis longtemps la haute société d'Avignon avait abandonné aux paysans et aux ouvriers, en l'entendant s'exprimer avec cette franchise dont chacun semblait lui reconnaître le droit, M. de Molière parut surpris. Son regard demandait le nom de l'inconnue.

— Monsieur, dit alors un des hommes présents en faisant un pas au-devant de M. de Molière, ne vous étonnez pas du langage de la Ratapiole. Par son courage, par les périls qu'elle a courus, par les maux qui l'ont frappée, par les services qu'elle nous a rendus, elle a acquis le droit de faire toujours écouter parmi nous son opinion.

M. de Molière s'inclina. Il avait souvent entendu parler de la Ratapiole.

— Vous avez peut-être raison, la Ratapiole, répondit-il. Mais quand j'ai traité avec Jourdan, je croyais que son appui serait utile.

— Il ne pouvait que faire rejaillir sa propre honte sur ceux qui l'auraient employé. Ah ! vous ne connaissez pas cet homme. Il est pourri d'ambitions détestables et de vices ignominieux. Il n'a jamais commis que le mal, et c'est à cause de lui, et de lui seul, que, dans la nuit du 16 octobre 1791, le palais des Papes a vu massacrer soixante-et-une victimes.

— Eh bien, nul ne voudra-t-il tenter de débarrasser la société de ce monstre, de cet infâme ? s'écria M. de Molière.

— Qui pourrait sans frémir entrer en lutte avec lui ou se salir de ce sang déshonoré ? demanda la Ratapiole. Non ! non ! ce qu'il faut, c'est le pousser dans un piège qui le livrera au bourreau. Il doit périr de la main de ceux dont il a été l'idole, et monter à son tour sur cet échafaud que ses mains ont dressé. Pour ma part, je travaille à cette œuvre avec une ardeur qui s'accroît tous les jours, car je poursuis, moi, une vengeance personnelle.

La Ratapiole avait prononcé ces mots d'une voix énergique. Elle sentit tout à coup qu'on lui touchait le coude. Elle se retourna. C'était une femme âgée que chacun traitait avec respect, et qui dit :

— Mon enfant, la vengeance n'est pas digne de vous. Le Ciel nous enseigne la clémence et le pardon.

— Oh ! madame la marquise, libre à vous, qui êtes une sainte, de penser et de parler ainsi ; mais moi qui ai failli périr de la main de cet homme, qui ai tenu dans mes bras la tête expirante de celui que j'aimais, frappé par lui, qui ai juré d'aider de toutes mes forces à avancer le châtiment que méritent de si grands crimes, je ne peux être de votre avis. J'ai fait un vœu. Je le tiendrai et je rendrai service à tous. Pardonner à ce coupable, lui assurer l'impunité, ce serait préparer la mort d'autres innocents.

— La Ratapiole a raison, reprit M. de Molière. Et pour ma part, si je peux aider, de mon côté, au résultat qu'elle poursuit, j'y aiderai de toutes mes forces.

En ce moment, le bruit d'une sonnette se fit entendre. Les entretiens cessèrent sur-le-champ, et M. de Molière vit avec surprise les personnes qui l'entouraient s'éloigner de lui et aller s'agenouiller sur des chaises disposées devant le rideau rouge qui cachait l'une des extrémités de la galerie. Machinalement, il les imita, très intrigué, car il n'avait pas eu le temps d'interroger M. de Vaubone. Tout à coup, le rideau, glissant sur la tringle en fer qui le supportait, laissa voir un autel chargé de lumière et de fleurs. D'une porte latérale sortit, précédé d'un enfant de chœur, un moine franciscain qui portait sur la bure les ornements sacerdotaux. Il gravit les degrés de l'autel, y déposa les vases sacrés, redescendit, et la messe commença.

Après l'évangile, le moine se retourna vers les assistants et leur adressa une brève allocution pour réconforter leurs cœurs. On était en carême, et le prêtre préparait les fidèles réunis autour de lui à la communion pascale. Après cette homélie, la messe continua.

La cérémonie avait commencé à minuit. Il était une heure lorsqu'elle se termina. Le rideau rouge fut de nouveau tiré, et peu à peu les assistants se retirèrent pour regagner leur demeure.

M. de Vaubone, qui avait sa chambre dans l'hôtel, offrit à M. de Molière de la partager avec lui.

— Vous serez en sûreté ici, lui dit-il. On croit cette maison inhabitée ; elle est protégée contre les fureurs de la foule par le souvenir de la bienfaisance de ceux auxquels elle appartenait. On ne songera pas à vous y chercher. Demeurez-y jusqu'au jour où vous trouverez l'occasion de quitter la ville.

M. de Molière allait se rendre à ce conseil. La Ratapiole l'en détourna par ces paroles :

— Les hommes qui nous gouvernent sont aussi capricieux, aussi soupçonneux qu'ils sont cruels. A diverses reprises, par leurs ordres, des visites domiciliaires ont été pratiquées dans toutes les maisons d'Avignon. S'il leur prenait fantaisie d'en ordonner de nouvelles, cette demeure ne serait pas plus respectée que les autres, et vous auriez les plus grandes peines à vous échapper. Suivez-moi. Quand je viens dans Avignon, je prends mes dispositions pour pouvoir sortir de la ville et n'y coucher jamais. Vous en sortirez avec moi cette nuit-même.

— J'aime mieux ce parti, répondit M. de Molière. J'ai laissé mon cheval dans une auberge qui est hors des murs, près de la porte Saint-Lazare. Je pourrai le retrouver là et rentrer sur-le-champ à Bédoin.

Une heure après, M. de Molière et la Ratapiole étaient sortis d'Avignon.

XI

Le lendemain du jour où M. de Molière s'était soustrait, par la fuite, aux vengeances de Jourdan Coupe-Tête, ce dernier s'étant rendu, selon son habitude quotidienne, à l'hôtel de ville, y prit connaissance des lettres que venait d'apporter le courrier de Marseille. L'une de ces lettres était adressée par le directoire des Bouches-du-Rhône, siégeant à Marseille, à son agent à Avignon, et lui annonçait que le Comité de Salut public venait de désigner le conventionnel Maignet pour exercer en son nom le pouvoir suprême dans les départements des Bouches-du-Rhône et de Vaucluse. Le nouveau proconsul avait lui-même écrit au directoire de Marseille pour lui annoncer sa prochaine arrivée, et son passage par Avignon, le 22 pluviôse — 10 février — sans s'y arrêter, voulant d'abord se rendre au siège de son gouvernement. Ordre était donné aux autorités d'Avignon d'avoir à se transporter, à la date indiquée, à la rencontre du représentant Maignet, de le recevoir avec les honneurs dus à son rang, et de l'accompagner pendant qu'il traverserait le territoire de la commune.

— Le 22 pluviôse! s'écria Jourdan, après avoir pris connaissance de cette nouvelle ; mais c'est aujourd'hui même. Nous n'avons que le temps de préparer la réception du représentant du Comité.

Il retourna sur-le-champ au siège de la gendarmerie, afin de faire prendre les armes aux hommes placés sous ses ordres, et de se porter avec eux au-devant du proconsul. Quelque bonne humeur qu'il affectât, Jourdan était fort contrarié d'apprendre qu'il allait voir son autorité placée au-dessous d'un pouvoir supérieur au sien.

Jusqu'à ce jour, il avait régné en maître dans la ville, terrassé ses ennemis et spéculé en liberté sur les biens nationaux, sans que nul osât lui en faire un crime. L'arrivée d'un émissaire du Comité de Salut public le dérangeait dans l'exercice de ses infamies.

Cependant, en songeant qu'il allait être, parmi les habitants d'Avignon, le premier admis à voir Maignet, il reprit quelque courage, en se promettant de se poser à ses yeux comme un pur patriote, et de le mettre en garde contre les dénonciations, les accusations possibles et probables.

A midi, il se trouvait aux limites du territoire avignonnais, à cheval, en grand uniforme, à la tête de ses gendarmes et entouré des autorités de la ville. De temps en temps, il enfonçait ses éperons dans le ventre de son cheval et parcourait le front de la compagnie placée sous ses ordres. Après une demi-heure d'attente en pleine campagne, il commençait à s'impatienter. Le froid était vif, tous les visages violacés, et les pieds frappaient la terre durcie, afin de se réchauffer.

— Pour qui nous prend-il, le Parisien? dit tout à coup Jourdan à Chaussy, son lieutenant.

— Pourquoi nous l'envoie-t-on, commandant? demanda Chaussy. Que pourra-t-il faire dans l'intérêt de la nation, que nous n'ayons déjà fait, ce conventionnel?

— Il ne fera rien de mieux, et probablement il fera moins bien, répondit Jourdan. La position qu'on lui a donnée me revenait. Elle eût été la récompense de mes services. Mais on préfère en investir un inconnu qui n'est pas de ce pays, qui n'en connaît ni les hommes ni les choses !

— C'est une injustice!

— Oh! mais il faudra qu'il marche droit, reprit Jourdan d'un ton menaçant, sinon, malheur à lui !

Comme il venait de prononcer ces paroles, un mouvement se produisit parmi les personnes réunies sur ce point. A l'extrémité de la route, une chaise de poste était signalée.

— Gendarmes ! à vos rangs ! s'écria Jourdan d'une voix de stentor.

En même temps, les tambours de la garde nationale battaient aux champs. Cinq minutes plus tard, la chaise de poste s'arrêtait devant les troupes. Un homme en descendit. Il était jeune encore, — il avait à peine trente-cinq ans, — avec des traits doux et austères, des yeux où se lisait l'énergie. Il était vêtu comme les conventionnels : habit à larges revers et à longues basques, culotte et bottes. Une écharpe ceignait ses reins ; il était coiffé d'un chapeau à plumes. Jourdan s'avança vers lui :

— Tu es le citoyen Maignet?

— Et toi, qui es-tu?

— Jourdan, commandant de la gendarmerie, et en cette qualité chargé de te recevoir dans Avignon.

— Je ne m'y arrête pas aujourd'hui, répondit Maignet, assez haut pour être entendu de tous les personnages présents. Je suis dans la nécessité de continuer ma route sur Marseille. Mais je n'ai pas voulu passer sous les murs d'Avignon sans faire connaître aux habitants que, représentant délégué par la Convention nationale, je serai impitoyable pour les ennemis de la République. Le modérantisme, le tripotage sur les biens nationaux, les relations avec les émigrés, sont des crimes qui ne trouveront pas grâce devant moi.

— Bien parlé, citoyen représentant, répondit audacieusement Jourdan, et si tu veux m'écouter, je te désignerai ceux qui se sont rendus coupables des crimes dont tu parles.

— Tu me prépareras tes listes et tu me les enverras à Marseille. A mon retour dans cette ville, j'en apprécierai l'exactitude. En m'attendant, citoyen commandant, tu continueras à exercer le pouvoir dans Avignon. Je n'hésite pas à te le maintenir. Tu as beaucoup d'ennemis. Mais on m'a parlé de ton civisme. On m'a dit que tu avais bien mérité de la patrie. Actuellement, cela me suffit.

— Mes ennemis demeurent prudemment cachés, répondit Jourdan. Le jour où ils oseront se déclarer devant moi, ils rentreront dans la poussière d'où ils sont sortis.

— Apprête-toi à les confondre, et si tu n'as rien à te reprocher, ne crains rien.

Ayant dit ces mots, avec cet accent bref, saccadé, qui distinguait la plupart des hommes de ce temps placés au pouvoir, Maignet s'approcha des autorités pour leur adresser aussi quelques paroles.

Jourdan était ravi de l'accueil qu'il venait de recevoir.

— Je le tiendrai dans la main, pensait-il. Il est doux comme un enfant, timide comme un agneau. J'en ferai ce que je voudrai.

— Allons, citoyens, je vous quitte, dit tout à coup Maignet, en se rapprochant de sa voiture. Je ne vous dis pas adieu, mais au revoir.

— Quoi! citoyen représentant, tu nous quittes sans consentir à t'asseoir à la table de l'un de nous? s'écria Jourdan.

— J'ai pris ce matin un repas à Orange, répondit Maignet. Cela me suffit. J'ai hâte d'arriver à Marseille. Les prisons de cette ville sont remplies d'innocents et les rues remplies de coupables. Il est temps que la justice ait son cours. Le service de la République avant tout.

— Vive la République! s'écrièrent les assistants.

Maignet s'inclina et remonta dans sa voiture.

Maignet, dont l'histoire est peu connue, et dont la personne et le nom furent mêlés aux actes les plus odieux de la Révolution, appartenait à cette race d'hommes convaincus, mais sanguinaires et fanatiques, qu'enfantèrent ces années agitées. Il était né à Ambert, dans le département du Puy-de-Dôme, en 1758, d'une famille honorable et estimée. Son père, notaire dans le pays, lui fit étudier la jurisprudence et le poussa dans le barreau. Lorsque la Révolution éclata, le jeune Maignet était avocat au Parlement. Il quitta Paris, se rendit dans son pays, d'où il revenait deux ans plus tard avec le titre et le mandat de député à l'Assemblée législative, qui lui furent maintenus lors des élections pour la Convention nationale. Il y demeura d'abord inaperçu, vota la mort de Louis XVI, rejeta la proposition d'appel au peuple et celle d'un sursis. En avril 1793, il était envoyé en mission auprès de l'armée de la Moselle ; un peu plus tard, chargé d'aller procéder, en Auvergne, à une levée extraordinaire, destinée à augmenter les troupes qui assiégeaient Lyon, il vint dans cette ville au moment où Fouché et Collot-d'Herbois y exerçaient leurs sanglantes vengeances. Il ne fit qu'y passer et rentra à Paris, d'où, après s'être justifié d'une accusation de modérantisme portée contre lui, il repartit pour aller exercer le pouvoir suprême dans les départements des Bouches-du-Rhône et du Vaucluse.

Si le mot honnêteté s'entend comme probité et sincérité des convictions, Maignet était un honnête homme ; mais, comme la plupart des proconsuls de ce temps, il croyait que la République ne pouvait se fonder que sur un sol arrosé du sang de ses ennemis. De là l'horrible hécatombe qui marqua son séjour dans le Midi et qui a pour jamais attaché à son nom la flétrissure et l'opprobre. Il paraissait cependant animé d'intentions moins sanguinaires que ses pareils. En arrivant à Marseille, son premier acte fut de se rendre dans les prisons, d'en ouvrir les portes à une foule d'individus qui, très probablement, sans lui, seraient montés sur l'échafaud. Mais il avait reçu du Comité de Salut public des ordres formels. Il fallait enlever aux ennemis de la République toutes leurs espérances, frapper les fédéralistes de telle sorte qu'il ne leur fût pas possible de se relever.

— Sous un gouvernement révolutionnaire, disait-il, dans un temps où la masse entière des amis de la République est en guerre ouverte avec tous ceux qui conspirent contre elle, la justice, qui punit les attentats commis contre la souveraineté du peuple, doit avoir une marche aussi prompte que celle des autorités créées pour déjouer et prévenir les complots liberticides.

C'est en vertu de ces principes qu'il établit à Marseille une commission militaire pour juger les individus qu'il avait retenus ou jetés en prison pour crime de fédéralisme. Puis, mécontent de ce conseil de guerre, il le supprima, le remplaça par un tribunal criminel qui jugeait révolutionnairement, sans recours au tribunal de cassation.

C'est ici où commença le côté odieux de la mission de Maignet. La terreur fut bientôt organisée dans les deux départements placés sous sa surveillance, à Marseille surtout, où il séjournait encore. A la fin du mois de mars, il donna l'ordre à toutes les municipalités d'achever, dans l'espace de quinze jours, les arrestations des personnes suspectes. Tous ceux qui favorisaient une évasion étaient passibles de mort. En outre, les municipalités étaient responsables, si elles ne faisaient pas arrêter celui qui avait été dénoncé comme suspect par deux citoyens dont le patriotisme et la probité seraient reconnus. Ce système livra au bourreau plus d'innocents que de coupables, et servait moins la République que les vengeances particulières des citoyens. Marseille et Avignon, les contrées qui entourent ces deux villes, ont gardé, parmi leurs souvenirs les plus lugubres, le souvenir du proconsul Maignet, dont le patriotisme féroce les couvrit de sang.

Cependant Maignet ne voulait pas seulement repousser le mouvement contre-révolutionnaire du Midi, qui avait trouvé sa plus forte expression dans l'insurrection des Marseillais et dans la résistance des Toulonnais. Il voulait aussi en finir avec les spéculateurs qui déshonoraient la République. Il n'ignorait pas qu'une formidable association d'au moins cinq cents personnes trafiquait sur les biens nationaux, qu'elle avait à sa tête le représentant Rovère, et que le vol, la concussion, le pillage, étaient organisés entre de puissantes mains. Il n'ignorait pas qu'autour de cette association il s'en était formé de moins importantes, et que des citoyens isolés se livraient aux mêmes entreprises; mais il ignorait que Jourdan Coupe-Tête fût parmi ces derniers, et loin de le soupçonner, comme il avait besoin autour de lui d'hommes énergiques, décidés, instruments toujours prêts, toujours dociles de sa volonté, il était disposé à lui accorder sa confiance. Il résolut de frapper un grand coup contre ceux qu'il appelait les marchands du Temple.

Cette résolution, qu'il exécuta, fut la seule qui plus tard ait pu aider à réhabiliter sa mémoire. Elle était si bien celle d'un honnête homme, que lorsque, après des fortunes politiques diverses, il rentra dans la vie privée et reprit ses fonctions d'avocat dans le département du Puy-de-Dôme, ce souvenir de sa vie publique, aussi bien que la délicatesse qu'il apporta dans l'exercice de sa profession, lui valurent l'estime et la confiance de ses concitoyens, qui l'envoyèrent pendant les Cent jours au Corps législatif, Il était depuis quinze ans maire d'Ambert.

A Marseille, il suffit à Maignet de quelques semaines pour communiquer à tous ses agents un zèle, une activité semblables à la sienne. Dans Avignon, où il n'avait pas encore paru, les uns attendaient son arrivée avec impatience, les autres avec terreur. Les patriotes s'encourageaient mutuellement.

— Redoublons d'énergie, disaient-ils, secondons les efforts de Maignet. Donnons comme lui et avec lui du ton au gouvernement révolutionnaire, en livrant aux tribunaux tous ceux qui se soucient peu des intérêts de la patrie. Energie, activité, surveillance, observance des lois, et ça ira.

Et l'exaltation redoublait tous les jours, comme impatiente d'arriver au paroxysme.

Jourdan Coupe-Tête était moins rassuré que par le passé. Ayant, dès le premier jour de la révolution avignonnaise, donné la mesure de sa férocité, il était impuissant à frapper un coup plus terrible, alors que cela eût été nécessaire pour affirmer éloquemment son patriotisme. Et puis, il était las de cette vie d'émotions et d'aventures. La fortune rapidement acquise amollit les hommes. Elle leur enlève l'audace, l'énergie. Jourdan n'aspirait plus qu'à vivre honnêtement et en repos. Mais le repos, il ne pouvait plus le trouver que dans la mort. Il était entraîné par le fait même de ses crimes passés, à ne pouvoir plus se maintenir à la hauteur de sa réputation qu'en en commettant de nouveaux. Il était sans force pour résister à l'indignation publique déchaînée contre lui. Les patriotes contestaient son patriotisme. Les hommes modérés le couvraient de malédictions. Sa popularité s'affaiblissait tous les jours. Son nom était un objet d'horreur comme sa personne. Il ne sortait plus qu'entouré de ses gendarmes. Il craignait qu'on attentât à ses jours. Il faisait, durant la nuit, veiller deux hommes à sa porte, et son sommeil était troublé par des rêves affreux.

Son imagination s'exalta peu à peu, et il prit la résolution de frapper un coup qui, en montrant jusqu'où pouvait aller son audace, consternerait ses ennemis. Un matin, au moment où le tribunal venait d'ouvrir sa séance, Jourdan, à la tête de ses gendarmes, envahit le prétoire, et, sans ordre, sans motif avoué, il arrêta sur leur siège deux des juges et le greffier du tribunal, et les fit conduire en prison. Les montagnards, saisis d'indignation, se réunirent sur-le-champ pour aviser aux moyens de délivrer leurs magistrats et de tirer vengeance de cet acte inouï de despotisme. Le même jour, Maignet arriva dans Avignon. Ainsi qu'il le disait, il avait, à Marseille, coupé le mal dans sa racine. Il venait à Avignon pour en finir avec les ennemis de la République.

Deux jours après son arrivée dans Avignon, vers cinq heures du soir, Maignet était seul dans l'une des salles de l'appartement qu'il s'était choisi. Assis devant une table ronde couverte de papiers, il lisait des lettres, des documents, les annotait en marge. Quelquefois il se levait, et ouvrant la porte d'une pièce voisine où travaillaient ses secrétaires, il leur donnait un ordre rapide et revenait ensuite devant sa table de travail.

C'est là qu'il était depuis une heure environ, quand ayant pris, parmi les papiers épars devant lui, un assez volumineux cahier, l'ayant ouvert, il fit soudain un mouvement et ne put retenir un cri de surprise. C'était une dénonciation en règle contre Jourdan Coupe-Tête, signée de la garde nationale, et dans laquelle son faux patriotisme était mis à nu. Le nombre des signatures, le caractère particulier des signataires, qu'il savait être des patriotes, prouvaient à Maignet que cette dénonciation devait être l'objet d'un sérieux examen. Et cependant il demeurait confondu. Jusqu'à ce jour, autant par ce qu'il avait appris à Paris que par ce qui lui était revenu depuis son arrivée dans le Midi, il savait que Jourdan avait des ennemis. Mais il le croyait un bon patriote. Or, la garde nationale venait solennellement affirmer le contraire. La dénonciation remontait le cours des événements jusqu'aux premières heures de la Révolution.

« Citoyen représentant, disaient les gardes nationaux à Maignet, pour éclairer ta religion sur les événements d'Avignon, il est nécessaire de remonter aux différentes époques de la Révolution dans le ci-devant Comtat ; c'est en te traçant la conduite des individus que tu pourras apprendre à les connaître et à les juger ; tu verras, par ce détail, disparaître ce fantôme de réputation que différentes causes concourent à faire en faveur de Jourdan.

» L'amour de la liberté, l'horreur qu'inspirait le régime papal, firent naître en nous l'idée de repousser le despotisme par la voie de la force, et de tout entreprendre pour conquérir notre liberté.

» Dès le principe de nos mouvements révolutionnaires, des ambitieux se mirent à notre tête ; l'amour de la patrie agissait moins en eux que l'intérêt et les vues particulières.

» Nous vîmes un Lescuyer immolé à l'intrigue des jaloux qui aiguisèrent les poignards des fanatiques ; les Lafleur, prétendre à la domination de leur pays. On conçut le projet de former une république du ci-devant Comtat. Mais le peuple voulait être français.

» Pendant le cours de la guerre entre Avignon et Carpentras et après la mort tragique du général Patrice, le peu d'ordre et de discipline qui régnait dans l'armée des Avignonnais, le défaut des moyens et les entraves que le tyran des Français mettait alors à nos succès, rendaient dangereux le commandement de notre armée.

» Jourdan, qui n'avait rien à craindre, puisqu'il avait été obligé de changer de nom pour se soustraire à des poursuites juridiques, se proposa lui-même pour chef, au refus de Rovère : il fut accepté par nous.

» Il a partagé nos fatigues militaires pendant les guerres du ci-devant Comtat. Il lui arrivait assez souvent, à la vérité, de rester à table lorsque nous faisions le coup de fusil, et s'il a couru des dangers, il lui est arrivé plus souvent d'être menacé par les siens qu'il tyrannisait que par l'ennemi.

» Sa passion dominante était la manie d'emprisonner, et cette fureur augmentait souvent à proportion de la pointe de vin qui l'alimentait. Sa présence était beaucoup plus redoutable aux aristocrates des campagnes, qu'il attaquait en détail, qu'à l'ennemi qui l'attendait de pied ferme. L'ancien système d'attribuer au chef la gloire des soldats, le mal que les aristocrates ont dit de lui, lui ont fait une réputation que ni ses talents militaires, ni ses vertus civiques n'auraient pu lui faire. Des hommes adroits et méchants l'ont flatté pour le faire agir au gré de leur passion, lui ont persuadé qu'il était un homme important à la Révolution ; ce que les uns lui disaient par intérêt, les autres le lui disaient par flagornerie. Jourdan s'est cru, en effet, un grand personnage, et les hommes qui ne le voyaient que de loin l'ont jugé de même.

» Le grade de chef d'escadron que Rovère lui conféra, l'accueil que la Convention nationale et les Jacobins lui firent dans son dernier voyage à Paris, ont achevé de porter sa présomption au comble.

» C'est cette méconnaissance de lui-même et de ses pouvoirs qui a occasionné tous les actes de despotisme qu'il s'est permis en dernier lieu. »

Suivait une longue énumération des griefs relevés contre Jourdan depuis le jour où il avait été mis à la tête de la gendarmerie de Vaucluse. Ces griefs consistaient surtout en violations de la loi, en abus de pouvoir, en arrestations de patriotes et de magistrats révolutionnaires, en visites domiciliaires intempestives. La protestation continuait :

» Il résulte de ces observations que Jourdan s'est rendu coupable d'une infinité de délits. La loi ne doit faire aucune exception, soit qu'elle protège, soit qu'elle punisse ; passer sous silence les crimes de Jourdan et de ses complices, ce serait décréter l'impunité en faveur de Jourdan, et cette impunité serait dangereuse par son exemple.

» Que Jourdan ne fasse pas prévaloir les services qu'il a rendus à la Révolution ; ces services sont peu importants quand on les a bien connus. Qu'on dise encore moins qu'il pourrait être utile à la Révolution ; car ce serait une erreur bien grossière. Fera-t-on valoir ses talents militaires ? Il n'en a jamais eu aucun. Parlerait-on de ses vertus ? Ce serait une dérision. Depuis longtemps, bien loin d'effrayer les aristocrates, Jourdan emprisonnait les patriotes, tandis que les premiers se promenaient dans les rues.

» Mais, en demandant justice contre Jourdan, nous ne devons pas te laisser ignorer que ceux qui le dirigent, qui le poussent, sont encore plus méchants que lui. En attendant que ceux-là soient bien connus, il faut commencer par briser l'instrument perfide dont ils se servent. Tu es juste, tu es investi de notre amour. Nous t'entourerons toujours pour rétablir le règne de la loi. C'est dans ces sentiments que nous attendons ta décision. »

Telle était cette protestation, dans la partie qui concernait Jourdan.

— C'est grave ! murmura Maignet, après avoir terminé sa lecture. Arrêter des patriotes et laisser des aristocrates en repos, violer l'enceinte d'un tribunal, arracher les juges à leur siège ! ce sont de grands crimes, et s'ils sont démontrés !... Cependant, le comité m'avait signalé ce Jourdan comme un patriote très pur ! Je veillerai.

Et Maignet se leva pour sortir.

Mais un de ses secrétaires étant entré lui dit :

— Citoyen représentant, une femme qui, depuis ton arrivée, s'est présentée trois fois, demande de nouveau à te parler. Elle a, dit-elle, des choses très sérieuses à te communiquer.

— Qu'elle entre, répondit Maignet. Il faut recevoir tout le monde et à toute heure. C'est ainsi qu'on peut savoir la vérité.

Le secrétaire sortit et revint bientôt, suivi d'une femme enveloppée d'une mante brune.

— Je suis bien devant le citoyen Maignet? demanda cette femme.

— Tu y es, en effet.

— Je désire causer avec toi, mais avec toi seul.

Maignet fit un geste. Son secrétaire se retira. Alors l'inconnue laissa tomber sur ses épaules le capuchon de sa mante et Maignet vit un visage empreint de grâce et d'énergie. Bien que le cœur du terrible conventionnel fût depuis longtemps fermé aux émotions que peuvent faire naître dans l'homme la grâce des femmes, la majesté des vieillards et les supplications de l'enfance, il fut frappé cependant d'admiration. Donnant à sa voix plus de douceur que de coutume, il répondit :

— Je suis prêt à t'entendre, citoyenne. Assieds-toi et parle. Mais d'abord, dis-moi ton nom.

La femme répondit :

— On me nomme la Ratapiole.

Le nom de la Ratapiole était inconnu à Maignet.

— Je t'écoute, dit-il.

— Tu ne me connais pas, citoyen représentant, et je ne te connais pas davantage. Mais, on m'a donné l'assurance que tu étais venu dans cette ville pour y rétablir la justice.

— J'y suis venu pour faire triompher la cause de la République, qui doit être celle de tous les bons citoyens, interrompit Maignet.

— Alors, tu es bien celui que je cherchais, répondit la Ratapiole. Je viens te dénoncer un des plus misérables parmi les ennemis du peuple.

— Son nom? demanda vivement Maignet.

Sans lui répondre, la Ratapiole continua :

— Il a ouvert l'ère de ses crimes dans cette ville, en faisant massacrer soixante-et-une victimes innocentes.

— Son nom?

— Depuis, il a répandu la terreur dans cette ville.

— Je t'ai demandé son nom?

— Les prisons du palais des Papes sont par lui remplies d'innocents. Il a conspiré avec les royalistes, puis il les a abandonnés après avoir reçu le prix du secours qu'il leur avait promis.

— Mais dis-moi son nom ! s'écria Maignet.

— Nous l'appelons ici Jourdan Coupe-Tête.

Maignet eut peine à taire sa surprise. La coïncidence qui, à la même heure, lui livrait la lettre de la garde nationale et les plaintes de la Ratapiole, l'étonnait plus encore que la dénonciation elle-même. Il resta un moment immobile, le coude sur la table, le menton dans la main, fixant sur la Ratapiole ses yeux pénétrants, comme s'il eût voulu acquérir la certitude qu'elle ne le trompait pas. Elle put comprendre ce qui se passait en lui, car, se levant soudain et faisant un pas en avant, elle s'écria :

— Je dis la vérité. Je suis venue te la dire à toi, car on affirme que tu es juste, que tes vengeances sont terribles, que tu frappes impitoyablement, sans craindre de répandre leur sang, les ennemis de la nation ou plutôt les ennemis du pouvoir que tu représentes, et qu'il ne suffit pas de crier : Vive la nation ! pour paraître à tes yeux ce qu'on n'est pas.

— Je sonde les consciences ! fit Maignet.

— Eh bien, sonde la conscience de l'homme que je te dénonce. Interroge tous les habitants de cette ville, en les rassurant sur les suites de leur franchise, et la ville entière te répondra par ces mots : Jourdan a dix fois mérité la mort.

— A quel mobile obéis-tu en le dénonçant ? As-tu quelque grief contre lui ?

— J'en ai plus d'un.

— Prends garde, femme ; ne parle pas sans réfléchir, car si tu me trompais, c'est toi qui serais châtiée.

La Ratapiole secoua la tête.

— Oh ! je ne me trompe pas. Ce n'est pas seulement parce que Jourdan m'a fait du mal que j'appelle sur lui tes vengeances ; c'est encore parce que je veux délivrer mon pays d'un bourreau cupide et sanguinaire.

— Que t'a-t-il fait, à toi ?

— Ce qu'il m'a fait !... Par lui, j'ai été emprisonnée

dans les prisons du palais des Papes, en 1791. Par lui, j'ai été, innocente et faible, marquée pour la mort. Sans un miracle, j'aurais été, comme ses autres victimes, jetée dans la Glacière. J'étais sauvée; je me croyais pour toujours délivrée de son influence maudite. Il a fait assassiner l'homme qui allait m'épouser. Grâce à lui, je suis veuve.

— Mais, n'étais-tu pas une aristocrate?

— Aristocrate! moi! Tu n'as qu'à me regarder, citoyen représentant. Je suis du peuple et c'est le bien du peuple que je veux, que j'ai toujours voulu.

— Tu disais tout à l'heure que Jourdan a conspiré avec les royalistes.

— Il a reçu d'eux vingt-cinq mille livres en or.

— Il y a donc des royalistes dans ce pays?

La Ratapiole se mordit les lèvres jusqu'au sang. Si elle répondait étourdiment, elle pouvait, pour renverser Jourdan, perdre ses amis.

— C'est un fait connu de tous, qu'il y a quelques semaines encore, la ville était pleine de royalistes. Ils ont émigré en apprenant ton arrivée.

— Existe-t-il d'autres griefs contre Jourdan?

— Il a spéculé sur les biens nationaux. Il a profité de son influence, de la terreur qu'il inspire pour se faire adjuger à vil prix ceux qu'il voulait acquérir. Il les a payés en assignats.

— Lui aussi! murmura Maignet. Ceux en qui nous avons confiance trahissent la République, la déshonorent! Oh! il faut un exemple.

Et tout haut il reprit :

— As-tu la preuve des faits que tu viens d'avancer?

— Aucune!

— Comment puis-je ajouter foi à tes paroles?

— Interroge Jourdan lui-même.

— Il niera!

— Devant moi? Il n'osera pas.

— Tu consens à ce que je l'interroge en ta présence.

— Je t'en supplie.

— Eh bien, soit ! s'écria Maignet. Si tu as menti, malheur à toi ! Mais, si tu as dit vrai, malheur à lui !

Il se leva, ouvrit la porte qui donnait sur ses bureaux. A son appel, un de ses secrétaires accourut. Il lui donna un ordre. Puis, revenant dans son cabinet, comme si la Ratapiole n'avait pas été là, il se mit à compulser les papiers dont sa table était couverte. La Ratapiole le regardait, comme pour deviner ses impressions. Mais le visage du conventionnel était impénétrable. Seulement, de temps en temps, ses lèvres s'agitaient.

— Je serai impitoyable ! se disait-il. Nous ne sauverons la patrie qu'en chargeant avec les têtes de nos ennemis les canons qui défendent nos frontières. Il faut terrifier l'étranger.

Vingt minutes s'écoulèrent ainsi. Bientôt le secrétaire revint :

— Le commandant est dans la pièce voisine.

Maignet se retourna vers la Ratapiole, et, lui désignant la porte de sa chambre :

— Entre là, dit-il. Tu entendras notre entretien. Je t'appellerai quand j'aurai besoin de toi.

La Ratapiole obéit.

— Fais venir Jourdan, ajouta Maignet en s'adressant à son secrétaire.

Sur un signe de ce dernier, Jourdan entra. Il était, suivant sa coutume, en grand uniforme, la main posée sur la garde de son sabre. Il fit le salut militaire sans se découvrir; puis, d'une voix assurée :

— Lorsque tu m'as fait appeler, citoyen représentant, dit-il, je me préparais à me rendre auprès de toi. J'ai de graves révélations à te faire.

— Parle, répondit froidement Maignet.

La nuit était venue. On apporta des flambeaux. Maignet les plaça de telle façon que le visage de Jourdan était en pleine lumière et qu'il pouvait en voir tous les mouvements, tandis que le sien restait dans l'obscurité.

— Lorsque, il y a quelques semaines, tu passas devant Avignon sans t'y arrêter, tu m'ordonnas, après m'avoir muni de pleins pouvoirs, de veiller au salut de la République et de démasquer ses ennemis ; j'ai veillé.

— Qu'as-tu découvert ?

— J'ai découvert que le village de Bédoin, situé quelques lieues d'Avignon, est un foyer de conspiration. Les patriotes y sont opprimés par les aristocrates.

Maignet, penché sur son bureau, prenait des notes sous la dictée de Jourdan.

— Le chef des royalistes, reprit Jourdan, est un ci-devant noble qui s'appelle Florent de Molière. Il a voulu lever une armée pour combattre les soldats de la République et appeler dans le Comtat le fils du tyran.

— Comment sais-tu ces choses ?

— On a eu l'audace de me proposer le commandement de l'insurrection.

— Et tu as refusé ?

— J'ai refusé. En peux-tu douter ?

— Je n'en doute pas. Que sais-tu encore ?

— Il y a dans le Comtat des individus qui trafiquent sur les biens nationaux.

— Les connais-tu ?

— En voici la liste, répondit Jourdan en tendant un papier à Maignet. Le représentant Rovère est à leur tête.

Maignet prit le papier. Puis, se levant tout à coup, il marcha sur Jourdan, et d'un accent terrible :

— Misérable ! s'écria-t-il, non content d'avoir trahi la République, tu viens aujourd'hui trahir tes amis !

Jourdan resta cloué sur sa chaise, stupide de terreur et de surprise.

Maignet reprit :

— Tu as reçu des royalistes vingt-cinq mille livres en r pour prix des services que tu devais leur rendre ; tu as nspiré avec eux. Tu as aussi spéculé sur les biens naionaux !

Jourdan s'était levé, et reprenant quelque assurance :

— Qui ose m'accuser ? demanda-t-il audacieusement.

Moi ! dit une voix derrière lui.

Il se retourna. La Ratapiole, sur le seuil de la chambre

de Maignet, se tenait immobile, et son doigt désignait Jourdan.

— J'accuse cet homme, reprit-elle en faisant quelques pas. Tour à tour, il a été assassin, voleur et traître. Les coupables qu'il vient de dénoncer sont ses complices. Je ne cherche pas dans son passé au delà de 1791. En remontant plus haut, on trouverait des crimes sans nombre dans sa vie. Ceux qu'il a commis depuis suffisent pour le rendre indigne de vivre.

— Tu mens, coquine, tu mens! hurla Jourdan.

— Juge entre nous, citoyen représentant, dit la Ratapiole, avec calme, et envoie à la mort celui qui a menti.

Maignet hésitait encore, non qu'il doutât de la culpabilité de Jourdan : il en était certain. Mais il se demandait si l'on pouvait sans danger arrêter cet homme, dont il s'exagérait la popularité et l'influence dans Avignon. Après avoir longtemps réfléchi, il parut prendre une décision.

— La Ratapiole, fit-il, tu viens de me dire : Envoie à la mort celui qui a menti. Maintiens-tu ta parole?

— Je la maintiens.

— Eh bien, je l'accepte. Vous êtes en état d'arrestation tous les deux. Je vous laisse libres cependant de rentrer dans votre demeure ; seulement il vous est interdit d'en sortir. Vous serez gardés à vue.

— Gardé à vue! moi, le sauveur de la patrie, l'ami du peuple! s'écria Jourdan.

— Si tu n'as rien à te reprocher, ton innocence éclatera au grand jour et tu verras périr celle qui t'a dénoncé.

Jourdan dut se résigner. Il sortit accompagné de deux gardes nationaux que Maignet avait fait appeler et auxquels il confia le soin de le garder, en les avertissant qu'ils répondaient de lui sur leur tête. La Ratapiole dit alors :

— Citoyen représentant, j'habite Villeneuve. Si tu exiges que je ne quitte pas la ville, envoie-moi en prison. Je n'ai aucun domicile dans Avignon.

— As-tu des enfants? demanda Maignet.

— Une fille.

— Je ne veux pas qu'elle soit inquiète sur ton sort. J'ai l'assurance que tu n'as pas menti. Rentre chez toi et attends-y mes ordres.

C'est ainsi que la Ratapiole demeura libre sur parole.

Cependant Jourdan cheminait, ivre de fureur et de rage, accompagné de ses deux gardiens.

— Je me vengerai, murmura-t-il entre ses dents, de la Ratapiole d'abord, de Maignet ensuite. C'est elle qui m'a dénoncé ; mais c'est lui qui me perd en ajoutant foi à cette dénonciation.

Un moment, il se demanda s'il ne soulèverait pas ses gendarmes. C'étaient tous des hommes choisis par lui, qui lui étaient dévoués. Il se mettrait à leur tête, et, par ce coup d'audace, il aurait le temps de s'enfuir. C'est dans ces intentions qu'il se dirigeait vers la gendarmerie. Ses deux gardiens ne l'embarrassaient pas. Il n'avait qu'un cri à pousser, les gendarmes viendraient se ranger autour de lui et il s'enfuirait avec eux. Mais il comptait sans la prudence et la fermeté des gardes nationaux, qui savaient de quoi il était capable. A mesure qu'on approchait de la gendarmerie, ces deux hommes échangeaient des mots rapides et des signes. Tout à coup, l'un d'eux dit à Jourdan :

— Tu as entendu les ordres qui nous ont été donnés par le citoyen commissaire. Il nous a enjoint de te garder à vue, de t'empêcher de fuir, et nous a déclaré que notre tête lui répondait de toi. Je te préviens donc qu'au moindre mouvement que tu ferais pour fuir ou pour appeler à ton aide, tu mourras. Notre vie vaut la tienne, et si tu veux nous échapper, nous n'hésiterons pas à te frapper.

Honteux et dépité d'être ainsi deviné, Jourdan répondit par des injures. Il rentra chez lui furieux. Il demanda du vin et se mit à boire.

Dans le même moment, Maignet, qui se préparait à écrire à Paris afin d'y demander des ordres, recevait une visite qui allait dissiper tous ses scrupules, celle d'Agricol Moureau. Après cinq mois de détention au Luxembourg, durant lesquels il n'avait cessé d'envoyer à Robespierre lettres sur lettres pour protester de son innocence et accuser Jourdan, Agricol Moureau était enfin parvenu à obtenir sa liberté. Alors il s'était prodigieusement remué, afin de démontrer que Jourdan était un faux patriote. Il était rentré en faveur auprès de Robespierre. Il était parvenu à lui arracher l'ordre d'arrêter Jourdan Coupe-Tête et de le diriger sur Paris, où sa conduite serait examinée.

Porteur de cet ordre, Agricol Moureau partit sur-le-champ pour Avignon et y arriva le soir même du jour où Maignet avait cru devoir mettre Jourdan en état de détention provisoire. Un entretien que les deux farouches patriotes eurent ensemble, durant la nuit, décida du sort de Jourdan. A cinq heures du matin, tandis que la ville était encore endormie, le commandant de la gendarmerie fut saisi dans son appartement et conduit dans le palais des Papes, où on l'écroua.

Lorsque la nouvelle se répandit dans Avignon, il n'y eut qu'un unanime cri de joie, et ce jour-là le nom de Maignet, qui devait à quelques jours de là se couvrir d'opprobre et d'infamie, fut l'objet des bénédictions de toute la ville qu'il venait de délivrer du tyran qui avait été pour elle un fléau. Le même jour, Maignet fit prévenir la Ratapiole qu'elle pouvait se considérer comme libre. En ordonnant qu'après son arrestation Jourdan Coupe-Tête serait dirigé sur Paris, le Comité de Salut public avait voulu débarrasser la ville d'Avignon d'un homme qui la terrifiait et qui, selon Agricol Moureau, faisait haïr la République.

D'ailleurs, le tribunal avignonnais n'était pas apte à juger Jourdan avec impartialité. Injuriés à diverses reprises par le commandant de la gendarmerie qui avait même, au mépris de ses devoirs et de leurs droits, arrêté plusieurs d'entre eux dans l'exercice de leurs fonctions, les juges étaient pleins de haine contre lui et disposés à le condamner sans l'entendre. Or, ces crimes devaient être établis par des hommes froids, sévères et désintéressés, afin d'être châtiés comme ils le méritaient.

Le surlendemain du jour où Jourdan avait été arrêté, il apprit qu'il allait être dirigé sur Paris. Cette nouvelle le combla de joie. Il ne savait pas que l'ordre de son arrestation venait du Comité de Salut public. C'est Maignet et Agricol Moureau, son cruel ennemi, dont il avait appris le retour dans la ville, qu'il rendait responsables. Il se rappelait qu'à Paris il n'avait obtenu que des succès. A la Convention, il s'était vu admis aux honneurs de la séance. Au club des Jacobins, il avait été reçu avec enthousiasme. Huit mois s'étaient à peine écoulés depuis. Comment ne pas croire qu'il n'aurait qu'à se nommer pour voir ses anciens amis s'empresser autour de lui et faire tomber les accusations dont il était en ce moment l'objet ?

— Si cela arrive, pensait-il, je ferai sentir à Maignet et à Moureau le poids de ma main. Ils ont voulu me perdre. C'est eux qui seront perdus.

C'est plein de ces pensées qu'il partit pour Paris. Il avait obtenu, en payant les frais de son voyage, de voyager en poste. Il fit donc la route dans une excellente berline qu'entourait une escouade de cavaliers qui se relayaient de ville en ville. Malgré l'étroite surveillance dont il était l'objet, il put cependant, en traversant Valence, y laisser une lettre à l'adresse de son ami Jacquelou. Il lui racontait les circonstances à la suite desquelles il venait d'être arrêté et lui recommandait la surveillance de ses intérêts, jusqu'au jour où il serait sorti de prison. Malheureusement, il ignorait, au moment où il écrivait, que son complice était arrêté lui-même depuis la semaine précédente.

La lettre fut interceptée. Elle devint une charge accablante pour Jacquelou, que le tribunal de Valence jugea un peu plus tard et condamna à mort. Envoyée ensuite au Comité de Salut public, elle fut une preuve contre Jourdan lui-même.

Le commandant de la gendarmerie d'Avignon arriva à Paris dans les premiers jours de mai. Le chef de l'escorte qui veillait sur lui le conduisit sur sa demande à la Convention. Là, Jourdan eut l'audace de s'avancer jusqu'à la barre de l'Assemblée et de demander justice, ainsi que 'était le droit de tout citoyen. Il se nomma, disant qui il était, ce qu'il avait fait, les crimes dont on l'accusait

Puis il protesta de son innocence, accusant la haine et l'envie d'avoir voulu le perdre.

— Représentants du peuple, dit-il en terminant, vous avez subjugué l'aristocratie, vous avez détruit le fédéralisme ; mais, après avoir détruit ces ennemis puissants et astucieux, il vous reste à écraser les insectes qui peuvent devenir dangereux : les intrigants. Leurs morsures, quoique légères en apparence, pourraient produire le même effet que celle de la vipère sur le corps humain. Elles engourdiraient et détruiraient à la longue le corps social. Le midi de la France voit pulluler cette vermine dangereuse dans les grandes et les petites communes. Ils sortent des marais fétides du fédéralisme pour infecter les patriotes de 1789 ; par les représentants du peuple, ils disparaîtront, comme les huit mille aristocrates de la bataille de Sarrians.

En terminant sa harangue par une allusion à l'un de ses plus fameux exploits, Jourdan espérait émouvoir l'assemblée et se voir sur-le-champ remettre en liberté. En même temps, il cherchait sur les bancs, avec l'espoir de l'y trouver, son ami Rovère. Il l'appelait encore son ami, bien qu'il l'eût dénoncé à Maignet comme le chef d'une bande de spéculateurs. Rovère ignorait cette circonstance, et s'il eût été présent à la séance, il n'eût pas manqué de prendre la parole en faveur de Jourdan. Mais il était absent en ce moment, et Robespierre fit passer un billet au président pour lui tracer la réponse qu'il devait faire à Jourdan. Cette réponse équivalait à un arrêt de mort, car elle disait :

— Si tu es innocent, tu n'as rien à craindre. Le Comité de Salut public décidera.

Sans pouvoir rien obtenir de plus, Jourdan fut entraîné hors de la salle et conduit dans cette même prison du Luxembourg où Agricol Moureau était resté cinq mois en le maudissant.

Trois jours après l'arrestation de Jourdan, la Rataplole, à laquelle Maignet avait rendu sa promesse, partit pour le petit village de Bédoin, où nous avons déjà conduit nos lecteurs. Elle avait vu Maignet prendre des notes sous la dictée de Jourdan ; elle ne pouvait douter que Bédoin et ses habitants allassent devenir l'objet d'une surveillance toute spéciale. Elle allait donc avertir M. de Molière des dangers qui le menaçaient, lui et ses amis. Ce n'était pas qu'elle professât des sentiments royalistes plutôt que des sentiments républicains. Mais, au milieu des péripéties nouvelles que chaque jour amenait, c'est parmi les royalistes que les honnêtes gens semblaient être. La Ratapiole n'était poussée à cette démarche que par le désir d'éclairer un galant homme sur la portée d'un péril qu'il paraissait ignorer. Quant à elle, elle était si fermement convaincue de l'existence de ce péril et de la surveillance très active à laquelle Bédoin était soumis, que, ne voulant pas se compromettre, elle ne consentit pas à y prolonger son séjour au delà de deux heures. Après avoir raconté à M. de Molière ce qui s'était passé sous ses yeux, elle repartit, contente d'avoir accompli un devoir, mais résolue à ne plus se mêler désormais aux événements.

Les nouvelles qu'elle venait de faire connaître à M. de Molière avaient causé à celui-ci autant de douleur que d'irritation. Il réunit quelques-uns de ses amis, résolus comme lui, et les leur communiqua.

— Nous n'avons plus que deux partis à prendre, leur dit-il : nous enfuir ou nous préparer au combat, car il est certain que Maignet, averti par Jourdan de nos desseins, va mettre ses limiers à notre poursuite.

— Nous résisterons ! répondit-on.

— C'est mon désir. Résistons, et, en attendant, prouvons aux républicains que nous ne les redoutons pas.

Cet entretien, qui se prolongea fort tard, avait lieu entre des hommes jeunes et exaltés. Les têtes s'échauffaient. Ils conçurent le plus imprudent des projets, sans qu'il s'en trouvât un seul parmi eux ayant conservé assez de sang-froid pour en détourner les autres. C'est la réalisation de ce projet qui les perdit. L'événement se passait le soir du 1ᵉʳ mai. La nuit était sombre. Elle favorisa les desseins des exaltés, à la tête desquels, malgré son âge, se trouvait M. de Molière.

Il existait sur l'une des places de Bédoin un arbre de la

liberté. C'était celui qui avait été planté par Jourdan dans des circonstances dont nos lecteurs n'ont pas perdu le souvenir. Un bonnet rouge le surmontait; c'est contre cet innocent emblème que se porta la fureur des royalistes. Ils étaient là une poignée d'hommes. Aucun d'eux ne se dit qu'il allait attirer sur toute la population, même sur des innocents, des vengeances cruelles.

Ils arrachèrent l'arbre de la liberté, le brisèrent et le jetèrent dans un fossé, le bonnet phrygien, mis en lambeaux, dans un puits. Non contents de ce premier exploit, ils coururent à la maison commune. Les décrets de la Convention étaient affichés contre le mur. Ils arrachèrent les affiches, les lacérèrent, en répandirent les fragments dans la boue. Puis ils parcoururent le village en poussant des cris terribles ; ils ne se séparèrent qu'après avoir acquis la conviction que la population était terrifiée pour longtemps.

Par quelle aberration de cerveau les malheureux avaient-ils été entraînés à un acte aussi audacieux, aussi imprudent? Il serait difficile de le dire. Ce qu'on peut affirmer, c'est qu'ils préparèrent les représailles les plus froidement cruelles qui aient été exercées dans le Midi, celles que nous allons raconter. Lorsque, au lever du jour, les patriotes de Bédoin trouvèrent dans les rues du village les débris de l'arbre de liberté et les affiches déchirées, ils furent stupéfaits et indignés. Ils se réunirent sur-le-champ à la maison commune pour aviser à la conduite qu'ils devaient tenir. Ils étaient en petit nombre et ne formaient qu'une faible partie de la population de Bédoin. S'ils ne répondaient pas au défi qui venait de leur être jeté par les royalistes, c'en était fait d'eux. Ils ne tarderaient pas à être écrasés plus encore qu'ils ne l'avaient été jusqu'à ce jour. Ils résolurent de porter plainte à l'agent national du district qui siégeait à Carpentras. Cet agent, nommé Lego, transmit sur-le-champ leurs réclamations à Maignet.

Maignet entra dans une épouvantable colère. Il se rappelait que Jourdan lui avait signalé Bédoin comme un foyer de conspirateurs.

— Ils osent me braver! s'écria-t-il. Je les frapperai d'une manière terrible.

Et aussitôt il dicta ses ordres. Le 4ᵉ bataillon de l'Ardèche, commandé par un jeune homme de vingt-trois ans, nommé Suchet, qui devait s'illustrer plus tard et devenir duc et maréchal de l'empire, fut mis à la disposition de l'agent Lego, chargé du soin de préparer le châtiment. Les soldats arrivèrent le 4 mai dans Bédoin. Ils forcèrent tous les habitants à se constituer prisonniers dans l'église paroissiale. Quelques-uns avaient pris la fuite. Ils furent tous saisis par les soldats envoyés à leur poursuite et ramenés avec les autres. Lego et Suchet montèrent successivement en chaire pour accabler de menaces les malheureux, dont la plupart étaient innocents du crime de lèse-nation qui leur était imputé. Puis on les somma de faire connaître les coupables.

— C'est le seul moyen que vous ayez, leur dit Lego, d'échapper à un châtiment général.

Nul ne lui répondit.

— Malheur sur vous! s'écria-t-il.

Et il sortit. Mais ce fut pour revenir bientôt. D'un regard il foudroya cette foule tremblante, mais résignée. Puis, sous ses yeux, il fit brûler l'autel, les ornements d'église, les tableaux, les statues des saints et des saintes, ce qu'il appelait les outils des prêtres. L'incendie allumé au fond de la nef, la fumée, les cris des soldats couchant en joue ceux des habitants de Bédoin qui voulaient fuir, tout cela formait un horrible spectacle.

Ce n'était que le premier acte de la tragédie. On fit un choix parmi la population. Les uns reçurent l'ordre de rentrer chez eux; les autres, au nombre de deux cents environ, furent déclarés suspects, prisonniers jusqu'au moment où il aurait été statué sur leur sort, et l'église leur fut assignée pour prison. Le même jour, Lego expédiait à Maignet une longue lettre dans laquelle il racontait les actes auxquels il s'était livré, et réclamait contre les coupables une énergique répression. La réponse de Maignet ne se fit pas attendre. Le redoutable proconsul ordonnait que le tribunal criminel d'Avignon, chargé de juger le crime de lèse-nation commis par les habitants de Bédoin, se transporterait sans retard dans ce village, pour y instruire la procédure, y rendre des jugements et les faire exécuter. Il ordonnait, en outre, qu'après cette exécution, vingt-quatre heures seraient accordées aux habitants pour évacuer leurs maisons, et qu'à l'expiration de ce délai, la commune serait livrée aux flammes.

Dès le lendemain, le tribunal de Vaucluse, accompagné du bourreau, de ses valets et de la guillotine qui, depuis plusieurs mois, fonctionnait dans Avignon, arrivait à Bédoin, et la procédure commençait. M. de Molière, M. de Vaubone, leur famille, leurs amis, n'avaient pas eu le temps de fuir. Ils faisaient partie des malheureux prisonniers enfermés dans l'église. Ils comparurent les premiers devant le tribunal. Ils y furent ce qu'étaient alors par toute la France les infortunés que le bras redoutable du Comité de Salut public atteignait, c'est-à-dire superbes de courage et de fierté. Le tribunal déclara que la commune de Bédoin avait été en état de contre-révolution depuis son annexion à la France.

Quant aux accusés, convaincus, au nombre de soixante-trois, d'avoir attenté à la liberté du peuple français; d'avoir provoqué le rétablissement de la royauté en France ; d'avoir cherché à pervertir l'esprit public et entravé la marche du gouvernement révolutionnaire ; d'avoir participé aux mouvements fédéralistes qui tendaient à renverser la République, en rompant son unité, ils furent condamnés à mort. Dans le libellé du jugement on lit ces mots : *A Bédoin l'infâme.* 9 prairial, an II de la République, une, indivisible et impérissable.

Ils entendirent leur arrêt sans pâlir. Il y avait dans cette foule des gens de conditions diverses, des nobles, leurs femmes, des paysans, des prêtres, des religieuses.

Au jugement rendu contre eux, ils répondirent par le cri unanime de : Vive le Roi! Il leur fut accordé deux heures pour se préparer à la mort. Ils y marchèrent vaillamment, chacun d'eux jaloux de donner aux autres l'exemple du courage. Une partie de l'exécution eut lieu à la place même où Jourdan avait élevé l'arbre de la liberté dont la chute avait suivi la sienne.

Soixante-trois personnes moururent ce jour-là dans Bédoin.

Le tribunal qui rendait ces sentences au nom de l'égalité fit cependant des distinctions. Seize des condamnés, six nobles, six prêtres, deux femmes, deux religieuses, montèrent sur l'échafaud. Les quarante-sept autres, coupables d'une moindre importance, entraînés dans un vallon à quelques mètres du village, rangés sur une seule ligne, furent fusillés par les soldats de Suchet. La plus âgée des victimes avait soixante-treize ans ; la plus jeune dix-neuf ans. Ils furent tous enterrés dans la même fosse.

Mais ce n'était là qu'une partie du châtiment dont Maignet voulait frapper Bédoin l'infâme. Il ne lui suffisait pas d'avoir mis à mort soixante-trois victimes, condamné à la déportation treize femmes dont le seul crime était d'être épouses, mères et filles d'émigrés. Il voulait anéantir jusqu'au pays qui avait servi d'asile aux conspirateurs. Cinq jours plus tard, les habitants ayant reçu l'ordre d'évacuer leurs demeures et d'aller habiter les communes voisines entre lesquelles le territoire de Bédoin était désormais divisé, le village fut livré aux flammes. On vit des bandes de soldats courir dans les rues, des torches à la main, et mettre le feu aux maisons tandis que des malheureux entraînaient à la hâte leur bétail, emportaient leurs meubles sur des charrettes. Quatre cent trente-trois furent consumées. Les flots de fumée, les colonnes de flammes remplissaient l'air. Les toits s'effondraient avec fracas entre les murs noircis. L'huile, le vin coulaient sur le pavé brûlant.

Les vers à soie prêts à éclore étaient précipités dans l'immense brasier. Excités par la vue de leur œuvre de dévastation, les soldats riaient, criaient, chantaient. Soudain, l'un d'eux remarqua que l'église ne voulait pas brûler. Il le dit à ses camarades.

— Il faut la faire sauter ! s'écria l'un d'eux.

La proposition parut séduisante. Trois barils de poudre

furent traînés dans l'église, placés dans les caveaux. On y mit le feu à l'aide d'une mèche, et les soldats se retirèrent à quelque distance, se groupèrent sur un rocher. Cinq minutes plus tard, une détonation effroyable se fit entendre. Des morceaux de poutre, des pierres furent lancés dans les airs comme s'ils sortaient du cratère d'un volcan, et les gros murs du temple se renversèrent avec fracas.

Assis sur les collines voisines, les habitants de Bédoin considéraient d'un œil morne la destruction de leurs foyers, sans oser pleurer ni gémir, les gémissements et les larmes étant un crime. Quand de cette commune, qui comptait naguère deux mille habitants, qui était prospère et florissante, il ne resta plus rien que des ruines, les soldats, les juges, le bourreau, se retirèrent. Mais, avant de quitter ces lieux dévastés où ceux qui les avaient habités ne purent revenir qu'un an plus tard, l'agent Lego fit creuser une enceinte afin d'en interdire l'accès, et des poteaux furent placés de distance en distance, supportant un écriteau sur lequel étaient écrits ces mots : *Il est défendu de passer outre, sous peine de mort.* Le même jour, les incendiaires rentrèrent en triomphe dans Carpentras. Le tribunal retourna à Avignon. Quant au bataillon de Suchet, il était désigné quelques jours plus tard pour aller purger deux villages des Bouches-du-Rhône, Eyguières et Eygalières, devenus, disait Maignet, un dangereux repaire de contre-révolutionnaires.

Les habitants de Bédoin errèrent longtemps dans les champs. Les uns se construisirent des huttes misérables au pied du mont Ventoux. Les autres cherchèrent asile dans des églises abandonnées. On en vit dans des grottes, et si malheureux qu'ils y fussent, ils préféraient leur misère avec la liberté, plutôt qu'un adoucissement à leur sort matériel dans des villages où ils eussent été opprimés et surveillés. Et puis, ils conservaient l'espérance de revenir sur le sol natal. Cette espérance, nous l'avons dit, se réalisa l'année suivante.

Tel fut le sort de la commune de Bédoin, coupable d'avoir donné asile à des royalistes, coupables eux-mêmes d'imprudence et de folle audace, surtout en se confiant à Jourdan, dont la dénonciation fut une des causes principales de leur désastre. Au reste, le coup féroce dont Maignet les avait frappés n'était qu'un prélude à des coups plus épouvantables. Dix jours après l'incendie de Bédoin, le Comité de Salut public, sur le rapport de Maignet, décréta qu'il serait établi à Orange une commission de cinq membres pour juger, révolutionnairement et sans appel, les ennemis de la République trouvés dans les environs de cette ville. Cette commission, dont les actes sont étrangers à ce récit, siégea trente-neuf jours, tint quarante audiences, et prononça trois cent vingt et une condamnations à mort.

Tandis que le dramatique épisode de Bédoin se déroulait, Jourdan continuait à rester détenu dans les prisons du Luxembourg. C'est en vain qu'il avait adressé à Robespierre, à Rovère, à Duprat l'aîné, lettre sur lettre ; il n'avait obtenu aucune réponse. Il ne pouvait croire cependant qu'il fût si près du châtiment.

— Ils n'oseront pas me traduire devant le tribunal, pensait-il J'ai été trop populaire autrefois pour qu'ils puissent supposer que je ne le suis plus. Ils auront peur de soulever contre eux les vrais patriotes.

Et, confiant dans cette opinion, il attendait du temps une éclatante réparation de l'injustice dont il se disait frappé.

La prison du Luxembourg contenait un grand nombre de détenus. Mais en raison de son étendue, du voisinage du jardin, elle était l'une des moins tristes de Paris. On y jouissait d'une liberté relative. Les détenus s'y étaient divisés par groupes dont les membres vivaient entre eux, se visitaient dans leurs cachots, se réunissaient dans le préau, dans la salle commune, pour causer et jouer ensemble, s'asseyant à la même table et partageant le même repas. C'est en vain que Jourdan avait voulu se rapprocher de quelques-uns des prisonniers. Tous s'étaient également éloignés de lui, comme si son nom n'eût inspiré que mépris, terreur ou colère. Il n'avait donc pu se faire un ami. Il vivait seul, et le bruit s'était répandu autour de lui, qu'il n'était là qu'à titre d'espion du Comité de Salut public. Il supportait donc déjà la peine de ses crimes passés. Il ne trouvait dans son malheur ni sympathie ni estime. Pour les royalistes, c'était un assassin ; pour les patriotes suspects de modérantisme, un traître ; pour tous, un misérable.

Dans l'après-midi du 6 prairial, — 25 mai, — au moment même où, à deux cents lieues de là, MM. de Molière et de Vaubone comparaissaient devant le tribunal qui devait les condamner à mort, Jourdan Coupe-Tête était assis dans un coin de la salle où se réunissaient, durant la journée, les détenus du Luxembourg. Autour de lui, des hommes, des femmes marchaient à pas comptés, cherchant par des causeries et des jeux, à charmer les tristes loisirs de leur captivité. Il y avait là des femmes élégantes et belles, des jeunes filles étiolées par l'air des prisons, de vaillants gentilshommes. La gaîté de leurs entretiens, la coquetterie de leurs parures, leur marche légère et dégagée, semblaient comme autant de bravades adressées à la mort, qui, d'un moment à l'autre, pouvait les frapper, mais dont le voisinage ne parvenait à altérer ni la générosité de leur cœur, ni la grâce de leur esprit.

Jourdan regardait les promeneurs passer sous ses yeux. Il enviait leur sérénité. Il aurait voulu, lui aussi, faire bon visage aux appréhensions qui assiégeaient sa pensée. Mais il ne pouvait leur imposer silence. Ces sinistres pressentiments s'obstinaient à rester devant ses yeux sans qu'il pût les écarter.

Il avait beaucoup maigri depuis trois semaines. Ses traits s'étaient allongés, sa physionomie était plus sombre ; ses cheveux plats, démesurément longs, s'éparpillaient sur le collet gras de son habit. Il ne portait plus son uniforme de chef d'escadron de la gendarmerie, et sous le costume bourgeois dont il était revêtu nul n'aurait reconnu l'homme qui avait fait trembler en d'autres temps toute une ville. Son visage blafard révélait le mal dont il souffrait, mal ignominieux pour un soldat, car c'était la peur.

Ce jour-là, cependant, il semblait calme et mieux

portant. Peut-être n'était-ce qu'un effet du printemps !
Le soleil, le ciel bleu qu'il pouvait contempler de la place
où il se trouvait, à travers les croisées, avaient rempli
son âme d'espoir. Il se voyait à quelques jours de là,
remis en liberté, se vengeant de Maignet, qui avait voulu
le perdre, et jouissant en repos du bien qu'il avait gagné.
Soudain il s'entendit appeler à haute voix. Il tressaillit,
se retourna et resta terrifié. Un homme vêtu de noir était
devant lui. C'était un huissier du tribunal révolutionnaire.
Jourdan le regarda d'un air stupide.

— Citoyen Jourdan, dit l'huissier, prépare-toi à quitter
le Luxembourg. Aujourd'hui même tu seras transféré à la
Conciergerie.

— Pourquoi me fait-on subir ce changement?

— Ceci te l'apprendra.

En même temps l'huissier remit à Jourdan un papier
couvert d'une écriture fine, serrée, à peine lisible. Puis il
s'éloigna. Resté seul, Jourdan déroula le papier, et tout à
coup devint très pâle. Il venait de lire ces mots : « Acte
d'accusation contre Mathieu Jourdan. » Il porta la main
à son front, essuyant la sueur dont il était couvert ; puis,
malgré le trouble qui obscurcissait sa vue, il essaya de
parcourir le document qui venait de lui être remis.

Tous les crimes de Jourdan, ceux des premières années
de sa jeunesse, ceux qu'il avait commis dans Avignon,
ses méfaits de toutes sortes, étaient longuement énumérés dans l'acte d'accusation. Fouquier-Tinville, accusateur public, avait signé ce mémoire et disait en le terminant :

« D'après l'exposé ci-dessus, l'accusateur public a
dressé la présente accusation contre le susnommé pour
avoir méchamment et à dessein conspiré contre la République : en coopérant aux crimes et complots du dernier
tyran ; en entretenant des correspondances criminelles
avec les émigrés ; en persécutant les patriotes ; en dilapidant les domaines nationaux ; en violant à force ouverte
l'enceinte sacrée des sociétés populaires ; en trahissant
la patrie à la tête des armées, par une désobéissance
meurtrière aux ordres du général en chef ; en conservant

une collection nombreuse des effigies de la race infâme des Capets, ce qui annonce évidemment le désir du retour de la monarchie et l'attachement le plus lâche pour la famille qui a été précipitée du trône ; en entretenant des intelligences et correspondances avec les ennemis de la République, et notamment avec Dumouriez et Cobourg, tendant à ébranler la fidélité des soldats de la patrie, à faire passer du côté des tyrans coalisés le dix-septième régiment de hussards, et à faciliter le progrès de leurs armes sur le territoire français.

« En conséquence, l'accusateur public requiert qu'il lu soit donné acte, par le tribunal assemblé, de la présente accusation ; qu'il soit ordonné qu'à sa diligence et par l'huissier du tribunal, porteur de l'ordonnance à intervenir, ledit susnommé sera pris au corps et écroué sur les registres de la maison de la Conciergerie, pour y rester comme en maison de justice ; comme aussi, que ladite ordonnance sera notifiée tant à la municipalité qu'à l'accusé.

» Fait au cabinet de l'accusateur public, le 6 prairial, an deuxième. »

Après avoir lu l'acte qui l'accusait, Jourdan entra dans une violente colère.

— C'est un tissu de mensonges ! s'écria-t-il, je le prouverai.

En effet, il n'avait jamais tenté de détourner du parti de la République les soldats qui le servaient. On n'avait jamais trouvé chez lui des médailles à l'effigie de Louis XVI. Il n'avait correspondu jamais ni avec Cobourg, ni avec Dumouriez. Mais, comme son arrestation avait été le résultat d'une dénonciation formelle d'Agricol Moureau, qui l'avait présenté comme participant à une conspiration contre la nation et comme ayant de nombreux complices, les crimes de ces derniers étaient reprochés à Jourdan comme les siens propres, et tous retombaient sur lui.

Le soir même, il fut transféré à la Conciergerie. Son passage y fut à peine remarqué. Vivement préoccupé de sa défense, il ne parla à personne, restant absorbé dans ses pensées, réfléchissant aux partis qui pouvaient, dans cette redoutable occurrence, assurer son salut. Il eut un moment la pensée d'écrire à Duprat et à Rovère.

— Ils ne peuvent m'abandonner, se disait-il.

Et tout aussitôt il se rappelait que, depuis un mois, ils le laissaient en prison, sans le sauver de cette humiliation de comparaître devant le tribunal révolutionnaire.

— Et pendant ce temps, ajoutait-il, Maignet gouverne dans le Midi ; Agricol Moureau exerce l'autorité dans Avignon !...

Cette pensée que ses ennemis jouissaient de leur liberté, tandis que lui-même restait détenu, lui causait une rage indicible.

— Allons, dit-il d'un accent farouche, je parlerai au tribunal ! Je lui ferai entendre des vérités qui l'obligeront à m'acquitter.

Il comparut devant le tribunal le surlendemain, 8 prairial, à dix heures du matin. Il s'était revêtu de son uniforme de chef d'escadron de gendarmerie, et, afin de séduire ses juges, il avait attaché sur sa poitrine une image représentant le portrait de Marat, sous la protection duquel il entendait se placer. Il avait rêvé un triomphe d'audience. Il comptait émouvoir le tribunal, transporter la foule. Il se voyait devenir héros populaire comme Marat, accusé lui aussi, et comme lui reconduit en triomphe dans sa demeure à travers les rues de Paris. Il n'y eut rien de tout cela. On sait combien étaient sommaires les procédés du tribunal. Dumas occupait le fauteuil de président ; Fouquier-Tinville, celui de l'accusateur public.

Jourdan fut interrogé rapidement, sans plus de cérémonie que s'il se fût agi du premier venu. Il essaya de se justifier par ses réponses d'abord, par un discours qu'il prononça ensuite, dans lequel il fit son éloge, mais dont Fouquier détruisit tout l'effet par un seul mot.

— Citoyens jurés, n'oubliez pas que cet homme a été un malfaiteur, et qu'absous par vous de ses crimes politiques, il aurait à répondre de tous les vols qu'il commit autrefois.

Les jurés ne délibérèrent pas longtemps. Jourdan, qui, durant leur délibération, avait été entraîné hors de la salle, fut rappelé pour entendre le chef du jury déclarer que, à l'unanimité, l'accusé était déclaré coupable.

— C'est une infâmie ! s'écria Jourdan. Vous allez verser le sang innocent. Il retombera sur vous !

— Silence, accusé, dit sévèrement le président.

Jourdan voulut répondre. Les mains de deux gendarmes se posèrent sur ses épaules et l'obligèrent à s'asseoir.

— Je suis votre commandant, murmura-t-il, en se retournant vers eux plein de rage.

— Tu es un traître, répondirent-ils.

Alors il se couvrit le visage de son mouchoir et parut étranger à ce qui se passait autour de lui. L'accusateur public requit, conformément aux articles de la loi révolutionnaire, l'application de la peine de mort, et, séance tenante, le tribunal rendit le jugement suivant :

« Le tribunal révolutionnaire,

« Attendu qu'il est constant que dans le département des Bouches-du-Rhône, et particulièrement à Avignon et dans son district, il a été formé des conspirations contre la liberté, contre la sûreté du peuple français, — l'unité et l'indivisibilité de la République française, — par suite desquelles les biens nationaux auraient été dilapidés, en s'en procurant à vil prix l'adjudication par les intrigues et la terreur; en abusant de l'autorité militaire pour persécuter et incarcérer arbitrairement des patriotes, des fonctionnaires publics, même dans le sein des sociétés populaires; en méconnaissant l'autorité judiciaire, administrative, de police, et même de la représentation nationale, pour y substituer un pouvoir arbitraire et oppresseur; enfin en protégeant des fédéralistes, des contre-révolutionnaires, des hommes suspects;

« Que Mathieu Jourdan, chef d'escadron de la gendarmerie, est convaincu d'être auteur ou complice de ces conspirations;

« Le tribunal, après avoir entendu l'accusateur public sur l'application de la loi, condamne le susnommé à la peine de mort, conformément à l'article 4 de la section première du titre premier de la seconde partie du code pénal, à l'article 2 de la seconde partie du titre premier dudit code, et à la loi du 4 décembre 1792, desquels il a a été fait lecture,

« Déclare les biens dudit condamné acquis à la République, conformément à l'article 2 de la loi du 10 mars 1793, dont il a été aussi fait lecture ;

« Ordonne qu'à la diligence de l'accusateur public, le présent jugement sera mis à exécution dans les vingt-quatre heures, sur la place de la Révolution, imprimé, publié et affiché dans toute l'étendue de la République. »

Après avoir entendu la lecture de ce jugement, le greffier ayant appelé une autre affaire, Jourdan fut entraîné, pâle, défait et stupide d'effroi, à la Conciergerie, dans la salle affectée aux condamnés.

. . . .

Il est trois heures de l'après-midi. Le jugement qui a condamné Jourdan Coupe-Tête à mort a été prononcé à onze heures. Il doit être exécuté à quatre heures. Donc, Jourdan n'a plus que quelques instants à vivre, à moins qu'un miracle ne vienne le sauver.

Il est dans une salle où l'on retient les victimes depuis le moment de la condamnation jusqu'à celui du départ pour l'échafaud. C'est la salle des condamnés : une vaste pièce aux murs et au pavé nus, n'ayant d'autre ameublement que quelques bancs et une table où les riches peuvent s'asseoir pour faire un confortable et fin repas avant d'aller à la mort, s'il leur convient de s'offrir cette dernière jouissance.

Jourdan n'a ni le sang-froid ni la philosophie qui peuvent inspirer à celui qui va mourir la gaieté nécessaire au suprême festin. Il est assis ou plutôt accroupi dans un coin de la salle, en proie à une terreur sombre, plus intense que ne le fut jamais celle de ses nombreuses victimes.

Il porte encore l'uniforme de la gendarmerie. Mais il le

porte sans coquetterie, sans vanité. Il ne songe plus à se redresser sous le poids de ses broderies et de son panache. Il ne peut plus appuyer la main sur la poignée de son sabre, car on l'a désarmé. Son chapeau lui tombe sur les yeux. C'est à peine si l'on peut voir ses larmes. Et cependant il pleure. L'effroi l'a rendu craintif et docile comme un enfant... Son visage est recouvert d'une pâleur verdâtre; ses cheveux sont mouillés d'une sueur froide. Ses mains s'agitent fiévreusement sous l'empire d'un tremblement nerveux.

Autour de lui, se tenant éloignés de sa personne, se trouvent cinq malheureux condamnés à périr comme lui et avec lui. L'un est un jeune homme; l'autre, une jeune fille. Il suffit de les voir pour deviner que le couteau fatal va frapper en eux un amour dans sa floraison. Ils sont beaux l'un et l'autre. Ils ne demandent qu'à vivre de leur tendresse, ignorés, perdus. Mais ils avaient émigré. On les accusa d'avoir conspiré, et la main redoutable du Comité de Salut public s'est appesantie sur eux. Du moins, ils mourront avec courage. Leur âme est remplie d'une foi ardente et vive. Dans la mort, ils voient la délivrance; ils l'appellent de leurs vœux. Ils mourront dans l'attitude des héros et des martyrs, le sourire aux lèvres. Ils n'y auront cependant aucun mérite, car ils sont assurés qu'ils vont passer d'un monde où tout est misère dans une sphère céleste où rien ne les séparera plus.

Cet autre condamné est un soldat. Officier, la fortune a rendu ses armes impuissantes. Il va payer de son sang une involontaire défaite qui fut cependant plus glorieuse qu'une éclatante victoire. Malgré tout, il aime la République, et au moment où elle le tue, lui qui l'avait si bien servie, il lui pardonne son ingratitude.

Celui-ci est un vieillard. Il pleurait son roi mort. Il n'a pu cacher ses larmes ni taire ses regrets. Il mourra. Que lui importe? Il a vu se dissiper ses illusions, et disperser tout ce qui lui était cher. Le repos dans la tombe vaut mieux que la vie faite d'amertume et de deuil.

Enfin, dans ce coin, cette femme qui prie en roulant entre ses mains amaigries un rosaire de bois, c'est une religieuse. Dire ce qu'elle fut, c'est dire aussi quel crime on lui reproche.

Tels sont les condamnés qui vont mourir avec Jourdan. Ils ont une foi qui les soutient, un souvenir qui les attendrit. Une espérance qui les console. Ils aiment, ils prient, ils pleurent, et les heures passent pour eux sans leur apporter les terreurs de l'agonie.

Jourdan n'a pas de croyance. Il se souvient qu'autrefois, lorsqu'il se rendait à l'abbaye de Bellecombe, il lui arrivait souvent d'entrer dans la chapelle pour voir passer les longues processions des religieuses traversant la nef en allant du cloître au chœur. Il croisait ses mains et récitait machinalement les prières que sa mère lui avait apprises. Mais, depuis, il les a oubliées. Son âme est bourrelée de remords, de craintes ; son cerveau peuplé de sanglantes visions. Lady Macbeth, ayant été criminelle, voyait toujours sur ses mains une tache de sang. C'est un fleuve rouge qui coule sous les yeux de Jourdan Coupe-Tête, un fleuve dont les flots charrient, immobiles, pâles, comme des fleurs fauchées, toutes ses victimes. Il voudrait s'arracher à ce spectacle. Il ne peut, et si, par un effort suprême, il parvient à échapper à son passé qui l'étreint, l'accable et le tord, c'est pour se retrouver sous l'horrible influence du présent. Alors, il a des frissons et des gestes de convulsionnaire, car il croit sentir sur son cou l'attouchement glacé de l'acier qui tranchera ses jours. Et puis une question s'impose despotiquement à son esprit. Cette question est celle-ci :

— Quand je serai mort, qu'adviendra-t-il de moi ? Y a-t-il un ciel ? Y a-t-il un enfer ?

Il voudrait savoir, avoir la puissance de sonder l'inconnu qui est au delà de nous. Le nom de Lucifer, des chaudières de poix bouillante, des brasiers incandescents, des torrents de plomb en fusion, passent et repassent devant ses yeux. Il sent la chaleur des flammes. Des fourches acérées s'enfoncent dans ses chairs pantelantes, et tout le fatras de préjugés et d'exagérations que la superstition impose aux âmes grossières vient s'ajouter à ses terreurs. Alors il pleure, il crie, il se désespère, s'arra-

16

chant les cheveux, frappant sa tête contre les murailles, dans toute l'éclatante violence d'un effroi qui va jusqu'à la folie. Ses compagnons, troublés par ses cris, veulent s'éloigner, demander au geôlier l'autorisation de passer dans une salle voisine. Il les supplie de ne pas le quitter. Il redoute de rester seul. La solitude transformerait cette prison à ses yeux égarés et en ferait un gouffre semblable à celui de la Glacière.

En ce moment, par une circonstance singulière qu'explique la disposition particulière de son esprit, il revoit dans leur ensemble, aussi bien que dans leurs épisodes particuliers, les nuits des 16 et 17 octobre 1791, les innocents morts durant cette nuit l'entourent, le poursuivent avec des gestes menaçants, de leurs plaintes et de leurs sanglots. Elles sont toutes là, ces victimes de sa férocité. Il peut en compter soixante-et-une et voir parmi elles madame Niel, madame Crouzet, Marie Chabert, la belle patinière, l'abbé de Nolhac, le vieux Lamy. Leur cercle va se rétrécissant, et au milieu des fantômes qui le poursuivent, ses cheveux se dressent.

Mais tout à coup, il recule brusquement. Au sein de ces visions qui l'assaillent ainsi, une femme a surgi qui l'a frappé au visage en l'appelant assassin. C'est la Ratapiole. Alors il fait un violent effort sur lui-même et le rêve se dissipe.

— Oh! je ne veux pas mourir, s'écrie-t-il tout à coup. On n'aura pas raison de moi. Je parlerai au peuple. Je le soulèverai.

Et, gesticulant, il marchait à grands pas, sans voir que ses compagnons le regardaient avec autant de curiosité que de mépris.

— Je veux boire, reprit-il.

Il courut à la porte, frappa violemment pour se faire ouvrir, en criant :

— Du vin ! du vin !

Un guichetier se présenta.

— J'ai soif, je veux boire. Donne-moi du vin, du meilleur. Je payerai.

Le guichetier disparut et revint au bout de quelques instants, rapportant trois bouteilles qu'il avait envoyé acheter dans un cabaret du voisinage. Pendant ce temps, Jourdan avait pris dans un portefeuille qu'il portait toujours sur lui, entre la chemise et la peau, un assignat de cinquante livres. Il le remit au guichetier, qui, sans s'arrêter à rechercher comment il se pouvait faire que le prisonnier eût cette somme à sa disposition, le fit disparaître dans sa poche et s'éloigna.

Alors, Jourdan commença à boire. Un quart d'heure après il redemanda du vin et bientôt l'ivresse hideuse et brutale commença. Le visage de Jourdan se colorait. Il n'avait plus cette pâleur, indice certain de l'effroi qui glaçait son cœur. Ses yeux s'animèrent. Il se mit à prononcer des paroles incohérentes, à faire des gestes désordonnés! Puis il reprit sur un banc la place qu'il occupait tout à l'heure et tomba dans une somnolence qui lui donnait toutes les apparences de l'insensibilité.

Soudain, plusieurs hommes entrèrent dans la salle. Les femmes condamnées poussèrent un cri. C'étaient le bourreau et ses aides.

— Nous en avons six aujourd'hui, dit l'exécuteur. A l'œuvre !

Il procéda à la toilette des condamnés, en commençant par ceux qui se présentaient les premiers. Les cheveux tombaient et les têtes dépouillées se penchaient tristement, déjà prêtes à recevoir le coup fatal. Alors on vit les prisonniers, par un mouvement unanime, s'agenouiller, réciter les prières des agonisants et recommander leur âme à Dieu.

Jourdan sommeillait toujours. L'un des aides du bourreau s'approcha de lui, le secoua brutalement pour l'obliger à se mettre sur ses pieds.

Jourdan fit entendre un sourd grognement et ne se leva pas.

— Il est tout à fait ivre, murmura l'aide. Tant mieux pour lui, il ne se sentira pas mourir.

Il fit sauter le chapeau que Jourdan avait conservé sur sa tête, puis il promena ses ciseaux à travers les cheveux du misérable, qui dormait toujours.

— Et maintenant, en route ! s'écria le bourreau.

Une charrette attendait dans la cour. On entraîna les prisonniers de ce côté. Ils montèrent sur le char qui devait les conduire à la mort. Jourdan dormait toujours. Sur un ordre de l'exécuteur, les valets se mirent à quatre, l'enlevèrent comme une plume et le jetèrent sur la charrette. Les condamnés se retournèrent sans pouvoir retenir un geste d'horreur. On se mit en route.

Le mois de mai était dans tout son éclat. Le ciel était bleu. Sur le bord de la Seine, qu'on longeait pour se rendre à la place de la Révolution, un gazon vert poussait sur les berges, et l'on voyait, de l'autre côté du fleuve, les arbres du jardin des Tuileries, épanouis dans leur printanière floraison. Parmi les condamnés, ceux qui se faisaient surtout remarquer par leur insouciance étaient précisément ce jeune homme et cette jeune fille que nous avons montrés déjà, livrés à l'exaltation et à l'espérance de leur amour. En vain, la populace, à travers laquelle passait la charrette, les injuriait ; ils restaient sourds aux injures. En vain ils pouvaient voir déjà se dresser sur l'horizon bleu, du côté de la place de la Révolution, l'armature, les charpentes de la guillotine ; ils demeuraient insensibles à l'approche de la mort. Sous les splendeurs de la nature ensoleillée, ils ne songeaient même pas à se dire qu'il était affreux de quitter la vie. Ils s'aimaient, ils croyaient, et, pressés l'un contre l'autre, ne pouvant s'enlacer, car leurs bras étant liés, ils ne pouvaient voir et comprendre qu'une chose, c'est que la mort allait les unir pour l'éternité. Ils étaient si touchants ainsi, qu'ils inspiraient, à ceux qui devaient mourir avec eux, de l'envie, de la pitié, du courage.

Seul, Jourdan ne les voyait pas. Il était assis sur la charrette, les jambes pendantes, la tête inclinée, secoué par les cahots causés par le choc des roues sur les pavés, auxquels il n'avait pas la force de résister. Le regard éteint, il semblait avoir perdu jusqu'à la faculté de penser, et les cris de la foule ne parvenaient pas à le tirer de cette insensibilité. Soudain la charrette s'arrêta. On était arrivé. Une immense acclamation se fit entendre et il y eut comme un frémissement dans la multitude de sans-culottes et de tricoteuses qui entouraient l'échafaud. A ce cri, Jourdan parut revenir à lui. Il promena sur cet océan de têtes menaçantes un regard épouvanté. Puis il sauta brusquement à terre, comme s'il eût voulu fuir. Des soldats le rejetèrent brutalement du côté de ses compagnons, qui étaient à leur tour descendus de la charrette.

— Je ne veux pas mourir, s'écria-t-il tout à coup. Je suis un ami du peuple, moi ! Ce sont les aristocrates qui m'ont dénoncé.

Il ne fut pas entendu, sinon par ceux qui étaient le plus près de lui. D'ailleurs, on ne lui laissa pas le temps d'achever. Sur l'ordre du général Henriot, qui, en sa qualité de commandant de la garde nationale de Paris, se trouvait sur les lieux à la tête d'une forte escouade de soldats, Jourdan fut entraîné du côté de l'échafaud.

La raison lui était complètement revenue. Il voyait clairement la mort en face de lui.

— Je suis innocent, disait-il d'une voix étouffée par la rage et par la peur. Braves patriotes ! je suis des vôtres ! J'ai pris la Bastille !... J'ai coupé la tête du gouverneur !... Je suis Jourdan Coupe-Tête !... J'ai fait précipiter dans un trou les aristocrates d'Avignon !

Il écumait, il résistait aux exécuteurs. Il hurlait, et, semblable à un homme qui se noie, il s'attachait avec énergie aux individus chargés de contenir ses fureurs.

— Ficelez-le ! s'écria soudain une voix.

C'était à peine dit que ce fut fait. Jourdan Coupe-Tête, chargé de cordes qui s'enroulaient du haut en bas de son corps et l'empêchaient de faire un seul mouvement, fut hissé sur l'échafaud comme une masse inerte, n'attestant la vie qui l'animait encore que par des rugissements formidables auxquels répondaient les acclamations, les huées et les rires de la populace. Une minute plus tard, sa tête roulait sous l'échafaud. Les soixante-et-une victimes de la Glacière étaient vengées.

FIN

ÉMILE COLIN — IMPRIMERIE DE LAGNY

EXTRAIT DU CATALOGUE
DE LA
Librairie G. MARPON et E. FLAMMARION
RUE RACINE, 26, PRÈS L'ODÉON

ŒUVRES DE CAMILLE FLAMMARION

Ouvrage couronné par l'Académie française

ASTRONOMIE POPULAIRE

Quatre-vingtième Mille

Un beau volume grand in-18 jésus de 840 pages
Illustré de 360 gravures, 7 chromolithographies, cartes célestes, etc.
Prix : broché, 12 fr.; — Relié toile, tr. dor. et plaque, 16 fr.
Le même ouvrage, édition de luxe, 2 vol. gr. in-8°, 30 fr.

LES ÉTOILES ET LES CURIOSITÉS DU CIEL

DESCRIPTION COMPLÈTE DU CIEL, ÉTOILE PAR ÉTOILE,
CONSTELLATIONS, INSTRUMENTS, ETC.

Quarantième Mille

Un volume grand in-8° jésus, illustré de 490 gravures, cartes
et chromolithographies
Prix : broché, 12 fr.; — Relié toile, tr. dorées avec plaque, 16 fr.

LES TERRES DU CIEL

VOYAGE SUR LES PLANÈTES DE NOTRE SYSTÈME
et descriptions des conditions actuelles de la vie à leur surface
OUVRAGE ILLUSTRÉ
DE PHOTOGRAPHIES CÉLESTES, VUES TÉLESCOPIQUES, CARTES & 400 FIGURES
Un volume grand in-8°
Prix : broché, 12 fr.; — Relié toile, tr. dorées et plaque, 16 fr.

LE MONDE AVANT LA CRÉATION DE L'HOMME

ORIGINES DU MONDE
ORIGINES DE LA VIE — ORIGINES DE L'HUMANITÉ
Ouvrage illustré de 400 figures, 5 aquarelles, 8 cartes en couleur
Un volume grand in-8° jésus
Prix : broché, 10 fr.; — Relié toile, tr. dor., plaques, 14 fr.

*Souscription permanente de ces ouvrages en Livraison à
10 centimes et en série à 50 centimes*

ŒUVRES DE CAMILLE FLAMMARION (Suite)

DANS LE CIEL ET SUR LA TERRE
TABLEAUX ET HARMONIES
Illustrés de quatre eaux-fortes de Kauffmann
1 volume in-18 grand jésus. — Prix : 5 fr.

LA PLURALITÉ DES MONDES HABITÉS
AU POINT DE VUE DE L'ASTRONOMIE
DE LA PHYSIOLOGIE ET LA PHILOSOPHIE NATURELLE
33ᵉ édition. — 1 vol. in-18 avec figures. — Prix : 3 fr. 50

LES MONDES IMAGINAIRES ET LES MONDES RÉELS
REVUE DES THÉORIES HUMAINES SUR LES HABITANTS
DES ASTRES
20ᵉ édition. — 1 vol. in-18 avec figures. — Prix : 3 fr. 50

DIEU DANS LA NATURE
OU LE SPIRITUALISME ET LE MATÉRIALISME DEVANT LA SCIENCE
MODERNE
20ᵉ édition. — 1 fort vol. in-18 avec portrait. — Prix : 4 fr.

RÉCITS DE L'INFINI
LUMEN. — HISTOIRE D'UNE AME. — HISTOIRE D'UNE COMÈTE.
LA VIE UNIVERSELLE ET ÉTERNELLE
10ᵉ édition. — 1 vol. in-18. — Prix : 3 fr. 50

SIR HUMPHRY DAVY

LES DERNIERS JOURS D'UN PHILOSOPHE
ENTRETIENS SUR LA NATURE ET SUR LES SCIENCES
Traduit de l'anglais et annoté
7ᵉ édition française. — 1 vol. in-18. — Prix : 3 fr. 50

MES VOYAGES AÉRIENS
JOURNAL DE BORD DE DOUZE VOYAGES EN BALLONS, AVEC
PLANS TOPOGRAPHIQUES
1 volume in-18. — Nouvelle édition. — Prix : 3 fr. 50

BIBLIOTHÈQUE SCIENTIFIQUE POPULAIRE

PUBLIÉE SOUS LA DIRECTION DE

CAMILLE FLAMMARION

LA

CRÉATION DE L'HOMME

ET LES

PREMIERS AGES DE L'HUMANITÉ

PAR

H. DU CLEUZIOU

UN VOLUME GRAND IN-8° JÉSUS

ILLUSTRÉ DE 350 GRAVURES

5 grandes planches tirées à part et 2 cartes de dolmen

Prix broché...............	10 francs
Prix, le volume tranches dorées..	14 francs

ALPHONSE DAUDET

LA BELLE-NIVERNAISE
Histoire d'un vieux Bateau et de son Équipage
ÉDITION DE GRAND LUXE
Illustrée par MONTÉGUT, de 200 Gravures dans le texte
et de 21 Planches à part tirées en phototypie
Un beau volume grand in-8° jésus
Prix : broché, 10 fr. — Relié toile, tr. dor., pl. or, 14 fr.
Demi-chagrin, 16 fr.

HECTOR MALOT

LA PETITE SŒUR
Un beau volume grand in-8° jésus
ILLUSTRÉ
PAR CHAPUIS, DASCHER, G. GUYOT, H. MARTIN, MOUCHOT,
ROCHEGROSSE, VOGEL
GRAVURE DE F. MÉAULLE
PRIX :
Broché : 10 fr. — Relié toile, tranches dorées : 14 fr.
Demi-chagrin, tranches dorées : 16 fr.

ALPHONSE DAUDET

TARTARIN SUR LES ALPES
ÉDITION ILLUSTRÉE DE 150 COMPOSITIONS
PAR
MM. MYRBACH, ARANDA, DE BEAUMONT, ROSSI, MONTENARD
Frontispice et couverture, aquarelles de ROSSI
PORTRAIT DE L'AUTEUR
Un volume in-18. — Prix............. 3 fr. 50
Reliure toile, plaque : 5 fr. — En belle reliure d'amateur : 6 fr.

TARTARIN DE TARASCON
ÉDITION ILLUSTRÉE
PAR MONTÉGUT, ROSSI, MIRBACH, ETC.
Un volume in-18. — Prix...... 3 fr. 50

Dʳ P. LABARTHE

DICTIONNAIRE POPULAIRE

DE

MÉDECINE USUELLE

D'HYGIÈNE PUBLIQUE ET PRIVÉE

Illustré de près de 1,100 figures

PUBLIÉ PAR LE DOCTEUR PAUL LABARTHE

AVEC LA COLLABORATION

De professeurs agrégés de la Faculté de Médecine,
de Membres de l'Institut, de l'Académie de Médecine, de Médecins
et de Pharmaciens des Hôpitaux,
de Professeurs à l'École pratique, d'anciens chefs de clinique
et des principaux spécialistes.

---

*L'ouvrage forme deux beaux volumes grand in-8° jésus
de près de 2,000 pages.*

PRIX DES DEUX VOLUMES :

Brochés : 25 fr. — Reliés, demi-maroquin : 35 fr.

Ouvrage indispensable aux familles, et contenant la description de toutes les maladies, leurs symptômes et leur traitement; les secours aux empoisonnés, aux noyés, etc.; l'hygiène des enfants, des femmes, des vieillards, l'hygiène de chaque profession, etc., etc.

OUVRAGE COURONNÉ PAR L'ACADÉMIE FRANÇAISE
MARIE ROBERT HALT

HISTOIRE D'UN PETIT HOMME
ÉDITION DE GRAND LUXE, ORNÉE DE 100 GRAVURES
UN VOLUME GRAND IN-8° JÉSUS
Prix : broché, **10 fr.** ; relié toile, tranches dorées, **14 fr.**
Demi-chagrin, **16 fr.**

MARIE ROBERT HALT

LA PETITE LAZARE
ÉDITION DE GRAND LUXE ILLUSTRÉE PAR GILBERT
UN VOLUME GRAND IN-8° JÉSUS
Prix : broché, **10 fr.** ; relié toile, tranches dorées, **14 fr.**
Demi-chagrin, **16 fr.**

JOSEPH MONTET

CONTES PATRIOTIQUES
EAUX-FORTES ET ILLUSTRATIONS DE
Jean Béraud, Gilbert, Le Révérent, Sergent, Chaperon, Caran d'Ache, Willette, etc.
UN VOLUME IN-16 SUR PAPIER DE LUXE
Prix : broché, **5 fr.** ; relié toile, tranches dor., plaque or, **6 fr.**

PAUL DÉROULÈDE

MONSIEUR LE HULAN
OU LES TROIS COULEURS
ILLUSTRÉ DE **16** COMPOSITIONS DE KAUFFMANN
Tirées en couleur
UN ÉLÉGANT ALBUM IN-4°
Relié richement avec plaque en couleur. — Prix : **5 fr.**

AUTEURS CÉLÈBRES, A 60 CENT. LE VOLU[ME]

1ʳᵉ Série.
- N° 1. CAMILLE FLAMMARION, Lumen.
- 2. ALPHONSE DAUDET, La Belle-Nivernaise.
- 3. ÉMILE ZOLA, Thérèse Raquin.
- 4. HECTOR MALOT, Une Bonne Affaire.
- 5. ANDRÉ THEURIET, Le Mariage de Gérard.
- 6. L'ABBÉ PRÉVOST, Manon Lescaut.
- 7. EUGÈNE CHAVETTE, La Belle Aliette.
- 8. G. DUVAL, Le Tonnelier.
- 9. MARIE ROBERT-HALT, Histoire d'un Petit Hom[me]
- 10. B. DE SAINT-PIERRE, Paul et Virginie.

2ᵉ Série.
- N° 11. CATULLE MENDÈS, Le Roman Rouge.
- 12. ALEXIS BOUVIER, Colette.
- 13. LOUIS JACOLLIOT, Voyage aux Pays Mystérieux.
- 14. ADOLPHE BELOT, Deux Femmes.
- 15. JULES SANDEAU, Madeleine.
- 16. LONGUS, Daphnis et Chloé.
- 17. THÉOPHILE GAUTIER, Jettatura.
- 18. JULES CLARETIE, La Mansarde.
- 19. LOUIS NOIR, L'Auberge Maudite.
- 20. LÉOPOLD STAPLEAUX, Le Château de la Rage.

3ᵉ Série.
- N° 21. HECTOR MALOT, Séduction.
- 22. MAURICE TALMEYR, Le Grisou.
- 23. GOETHE, Werther.
- 24. ED. DRUMONT, Le Dernier des Tremolin.
- 25. VAST-RICOUARD, La Sirène.
- 26. G. COURTELINE, Le 51ᵐᵉ Chasseurs.
- 27. ESCOFFIER, Troppmann.
- 28. GOLDSMITH, Le Vicaire de Wakefield.
- 29. A. DELVAU, Les Amours buissonnières.
- 30. E. CHAVETTE, Lilie, Tutue, Bébeth.

4ᵉ Série.
- N° 31. ADOLPHE BELOT, Hélène et Mathilde.
- 32. HECTOR MALOT, Les Millions honteux.
- 33. XAVIER DE MAISTRE, Voyage autour de ma Chambre.
- 34. ALEXIS BOUVIER, Le Mariage d'un Forçat.
- 35. TONY RÉVILLON, Le Faubourg Saint-Antoine.
- 36. PAUL ARÈNE, Le Canot des six Capitaines.
- 37. CH. CANIVET, La Ferme des Gohel.
- 38. CH. LEROY, Les Tribulations d'un Futur.
- 39. SWIFT, Voyages de Gulliver.
- 40. RENÉ MAIZEROY, Souvenirs d'un Officier.

5ᵉ Série.
- N° 41. ARSÈNE HOUSSAYE, Lucia.
- 42. La Chanson de Roland.
- 43. PAUL BONNETAIN, Au Large.
- 44. CATULLE MENDÈS, Pour lire au Bain.
- 45. ÉMILE ZOLA, Jacques Damour.
- 46. JEAN RICHEPIN, Quatre petits Romans.
- 47. ARMAND SILVESTRE, Histoires Joyeuses.
- 48. PAUL DHORMOYS, Sous les Tropiques.
- 49. VILLIERS DE L'ISLE-ADAM, Le Secret de [...]
- 50. ERNEST DAUDET, Jourdan Coupe-Tête.

CHAQUE OUVRAGE EST COMPLET EN UN VO[LUME]
Envoi franco contre mandat ou timbres
LA SIXIÈME SÉRIE EST EN PRÉPARATION

PARIS. — IMP. C. MARPON ET E. FLAMMARION, RUE